한번은
경제 공부

ECONOMICS EXPLAINED

ECONOMICS EXPLAINED

: Everything You Need to Know About How the Economy Works and Where It's Going
by Robert Heilbroner and Lester Thurow

Copyright ⓒ 1982, 1987, 1994, 1998
by Robert Heilbroner and Lester Thurow

한번은

경 제

ECONOMICS

공 부

로베르트 하일브로너 · 레스터 서로 지음 | 조윤수 옮김

부 · 키

여러분이 미처 알아차리지 못했겠지만 오늘날 경제 부문에는 당혹스러운 변화가 일고 있다. 그렇다고 자본주의가 사망 직전의 상태에 놓이게 되었다는 것은 아니다. 다만 이러한 변화로 인해 우리 주변의 세상이 바뀌고 있고, 또 앞으로도 계속 바뀌어 나갈 것이 확실한데, 이것이 모두 우리 마음에 드는 식으로 진행되지는 않으리라는 의미일 뿐이다.

이러한 변화 중의 하나는 '세계'의 규모가, 즉 경제 활동 측면에서 서로 밀접하게 연결되어 있는 국가의 수가 늘어나고 있다는 것이다. 예를 들면 1980년대 후반만 해도 집 주변의 가게에서 구입하는 컴퓨터 하드웨어는 대부분 미국산이었다. 그런데 오늘날에는(저자는 1998년에 개정판 머리말을 썼다.-옮긴이) 이런 것들이 한국, 대만, 싱가포르 등의 나라에서 수입된다. 물론 이것이 '세계화' 과정의 한 부분에 불과하지만, 향후 10년 동안에도 지금과 같은 속도로 변한다면 미국 경제는 심각한 영향을 받게 될 것이다. 한국산 모니터가 미국산보다 저렴하다는 짐에서는 좋겠시만, 시애틀에서는 일자리가 줄어드는 데 비해 서울에서는 일자리가 늘어난다는 짐에서는 나빠시는 식으로 말이나.

또 다른 변화는 소득 분배와 관련이 있다. 솔직히 말해서 현재 최상위

5

계층의 소득은 빠른 속도로 늘어나고 있는데 다른 계층의 소득은 줄어들고 있다. 경제의 장기적 성장은 상당 부분 노동 계층이나 중산층의 구매력 강화 여부에 달려 있다. 그런데 부유층은 갈수록 더 부유해지고 중산층은 점점 가난해지니 앞으로의 경제 전망에 확신을 가질 수 없다. 도대체 왜 이런 일이 벌어지는 것일까? 그 대책은 어떤 것들이 있을까?

세 번째 당혹스러운 경향은 기술에 관한 것이다. 여기서 말하는 기술은 자본주의의 발전과 산업의 근대화 과정에서 핵심적인 역할을 수행해 온 새로운 제품이나 새로운 제조 기술, 새로운 제조 공정을 말하는 것이 아니다. 과거에는 중요한 기술 혁신이 이루어지면 그에 상응해 새로운 산업 영역이 창출되던 것과는 달리, 이제는 기술 혁신이 이루어지면 어떤 종류의 작업이 사라지는 현실을 가리킨다. 경우에 따라서는 상당한 솜씨를 필요로 하는 작업까지 사라지고 있다. 은행의 현금자동입출금기(ATM)에서 돈을 찾을 때에는 이제 더 이상 필요가 없어진 은행원의 흔적을 찾아보라. 은행까지 갈 일이 갈수록 뜸해지기는 하지만 어쨌든 은행에 가면 왜 전보다 근무하는 은행원의 수가 줄어들고 있는지도 물어보라. 그것이 혹 책상마다 놓여 있는 컴퓨터와 관계가 있는 것일까? 전화를 걸었는데 "○○을 원하시면 1번, XX를 원하시면 2번을 눌러 주십시오" 하는 목소리가 들리거든, 그렇게 말하는 전화 교환원은 과연 누구인지도 한번 생각해 보라.

이 책이 이전 판본과 다른 점은 바로 이러한 당혹스러운 흐름에 대해 설명하려 한다는 것이다. 시장이 어떻게 움직이고, 미시 경제와 거시 경제가 무엇을 의미하는지에 대한 설명은 이전 판본과 별로 달라진 것이 없다. 또 경제 부문에서 어떤 일이 벌어지고 있는지, 경제가 제대로 돌아가고 있는지 아닌지를 이해하는 데 필요한 용어와 개념을 단순화하고 명확히 하고자 노력했다는 점도 다르지 않다. 하지만 이 책에서 중요하게 거론되는 당혹스러운 문제들은 새롭게 제기되는 것으로, 이전 판본에서는 없었던 내용이다. 이런 문제가 몇 년 전에 비해 훨씬 더 중요해졌고, 현재의 경제 상황으로 볼 때 독자들 대부분이 이 문제를 설명해 주기를 원한다고 믿고 있는 까닭이다.

우리는 책을 쓰면서 다음 두 가지에 초점을 맞추었다. 첫째, 이 책에서 강조하는 문제는 새롭게 대두되는 것이어서 이해하는 데 어려움이 있겠지만 여러분을 맥빠지게 할 의도는 없다. 아니, 정반대로 독자들께 앞으로 전개될 상황에 대해 미리 경고함으로써 사전에 대비할 수 있게 하고 싶었다. 다가오는 시대는 실패할 수도 있지만 성공의 가능성도 높은 만큼, 위험성은 높아지겠지만 그에 따른 보상 역시 커질 가능성이 있다.

둘째, 경제를 설명하거나 분석하는 데에서 우리가 취한 견해와 관계 있다. 이 책에는 논란에 휩싸일 게 뻔한 의견이 적지 않게 실렸다. 하지만 논란에 휩싸일 만한 의견은 그럴 여지가 있다고 분명히 밝혀서 마치 경제학적 진리인양 슬그머니 넘어가지는 않았다. 이전 판본에서도 언급했던 것처럼 이 책은 경제 이론을 주입하기 위한 것이 아니라 경제 현상을 이해할 수 있도록 한 것이다. 따라서 당면한 도전에 대응할 방안을 알고 있다고 독자를 설득하는 것은 우리가 원하는 바가 아니다. 그보다는 예전과는 다른 방식으로 나타나는 새로운 도전에 여러분이 관심을 갖게 만드는 것이 우리의 바람이다.

차례

1부

경제학의 기초

경제학, 경제 주체, 경제의 흐름

1

자본주의의
출현과
시장의 탄생

우리는 자본주의 경제 체제 속에서 살고 있다. 정치가들은 자본주의에 대해, 경우에 따라 자본주의라는 용어가 마음에 들지 않을 때는 자유 경쟁 체제에 관해 끊임없이 언급한다. 자본주의가 미래에도 지속된다거나, 결국은 쇠퇴하여 로마 제국같이 사라질 것이라는 이야기도 들린다.

자본주의의 미래가 우리와 우리 후손의 삶에 엄청난 영향을 미칠 수밖에 없는 만큼 이보다 더 중요한 경제 현안은 없을 것이다. 2장에서 살펴보겠지만 과거의 위대한 경제학자들은 이 문제에 지대한 관심을 기울였다. 하지만 보기에 따라서 예전보다 더 현명하다고도 할 수 있고 더 우둔하다고도 평가할 수 있는 현대의 경제학자들은 상대적으로 장기 전망에 그리 큰 관심을 두지 않는다. 하지만 자본주의의 기원에 대한 최소한의 이해 없이는 자본주의를 이해할 수 없다. 이는 의사가 환자의 병력을 파악한 후에야 환자를 잘 알 수 있게 되는 것과 마찬가지 이치이다. 따라서 자본주의의 기원을 파악하고 나서 현재의 경제 체제를 연구하는 것이 바람직하다.

주변의 자연 경관이나 성경처럼 오래되어 익숙하기 때문인지 많은 사람이 자본주의를 인간의 속성과 일치하는 제도로 받아들이곤 한다. 그러나 조금만 더 깊이 생각해 보면 전혀 그렇지 않다는 사실을 바로 알 수 있다. 그 누구도 이집트 왕을 자본주의자라 하지 않는다. 그리스에 상인과 무역업자들이 있었다고는 하지만, 호메로스가 묘사한 그리스인들이 상업 사회를 이루었던 것은 아니다. 중세 유럽 역시 자본주의 사회가 아니었다는 것은 굳이 말할 필요가 없다. 이렇듯 과거의 그 어느 사회에 대해서도 자본주의라는 용어가 사용되지 않았다. 마르코 폴로가 인도와 중국의 찬란한 문명을 묘사할 때에도, 아라비안 나이트에서 보게 되는 고대 아프리카의 거대한 제국이나 이슬람 사회에 대해서도 이는 마찬가지였다.

문명 발달 단계가 서로 다른 이들 사회가 자본주의 체제가 아니라는 것은 그 어떤 공통된 면이 있어서라기보다는, 반대로 그 무엇인가가 공통적으로 결여되어 있기 때문이다. 따라서 바로 이 공통적으로 결여된 면을 이해하면 자본주의 자체의 독특하고도 특별한 점을 명쾌하게 인식하게 된다.

첫째, 자본주의 이전 시대의 사회에는 사유 재산 제도가 없었다. 그렇다고 소수의 개인이 막대한 부를 소유할 수 없었던 것은 아니다. 다만 법적으로 모든 사람에게 재산을 소유할 권리가 인정되지 않았을 뿐이다. 예를 들어 토지가 그 토지를 경작하는 농부 소유인 경우는 거의 없었다. 자본주의 이전 시대의 사회에 공통으로 등장하는 노예는 예외적으로 사적 소유가 인정되었는데, 이는 재산이 아닌 소유물로 간주되었기 때문이다. 개인의 재산이 신성불가침이라는 생각은 인격이 신성불가침이라는 생각과 마찬가지로 아직 확립되지 않았다. 16세기의 비교적 계몽된 왕권인 튜더 왕조조차 수도회를 비롯해 많은 이들로부터 재산을 빼앗았을 정도였다.

둘째, 자본주의 이전 시대의 사회에는 자본주의의 핵심 요소라 할 수 있는 시장 체제가 갖춰져 있지 않았다. 물론 이들 사회에도 양념이나 금, 노예, 옷, 도기, 음식 등을 파는 시장이 존재하기는 했다. 다만 고대 아시아, 아프리카, 이집트, 로마 제국의 영역을 두루 살펴볼 때 현재와 같이 경제 전체를 묶어 주는 거래망이 없었다는 것이다. 이 때문에 생산과 분배는 대부분 전통 규범이나 지배자의 지시에 따라 이루어졌다. 또 시장에서 거래되는 것은 대개 소량의 잉여분 정도였다. 하지만 이보다 중요한 것은 토지를 사고팔거나 노동력을 고용하거나 돈을 빌려 주는 조직화된 시장이 없었다는 사실이다. 결국 자본주의 이전 시대의 사회에서 시장은 장식에 지나지 않았고, 오로지 전통과 통제에 의해 지배되었던 셈이다.

이런 상황에서 경제적 자유라는 관념은 별다른 의미가 없었다. 생각해 보라. 농부에게는 이주의 자유가 없고, 직공은 생계유지를 위해 물물거래에 얽매여 있으며, 노동자와 고용주의 관계는 농노와 영주의 관계나 다름없는데, 그 누가 계약의 권리나 노동력 사용에 대한 권리에 관심을 가지겠는가? 자본주의와 그 이전의 제도를 갈라놓는 명백한 구분점이 바로 여기에 있다. 자본주의 제도하에서 피고용자는 자기 선택에 따라 노동하거나 노동하지 않을 법적 권리가 있다. 이 같은 권리는 디킨스적 빈곤의 상황에서는 그다지 의미가 없을지 모르지만, 영주의 땅에 법적으로 얽매여 영주가 부과하는 일을 하지 않으면 안 되는 농노라는 준(準)노예 상태와는 완전히 다르다.

이와 같은 사회 구조에서 이윤 추구 행위는 바람직한 것으로 받아들여지지 않았다. 따라서 더 나은 생활을 영위하고자 하는 야심 있는 이들은 부와 명예를 얻는 방법으로 군대에서 업적을 쌓거나, 궁정 관리로 일하거나, 성직자로 출세하는 길을 택하곤 했다. 심지어 중세 화가들은 상인의 얼굴은 뒤틀리고 욕심 많은 모습으로, 군인과 관리들은 고귀한 모습으로 묘사하기도 했다. 이윤 추구는 이렇듯 고귀한 인물에게는 품위가 떨어지는 행위로 받아들여졌다. 교회에서도 이윤 추구는 죄와 다를 바 없는 불쾌한 행위로 여겨졌으며, 이자를 받고 돈을 빌려 주는 고리대금업은 지옥행에 해당하는 대죄였다.

그 결과 사회의 부는 이윤을 추구하는 데 노력을 기울이는 사람의 소유가 아니라, 토지와 특권을 위해 싸우는 가운데 권력을 쟁취한 사람의 소유가 되었다. 이 투쟁에서 승리하면 부유해졌는데, 때에 따라서는 상상조차 할 수 없을 정도로 부유해졌다. 그 방법은 바로 권력을 통해서였다. 예를 들어 율리우스 카이사르는 스페인 총독 시절에 막대한 재산을 모았는데, 이는 다른 총독들의 경우에도 마찬가지였다.

마지막으로 자본주의 이전 시대의 사회는 경제생활이 정체되어 있었는데, 이는 어떤 면에서는 가장 의미심장한 사실이라 할 수 있다. 물론 당시의 농부나 상인들이라면 정체되어 있다는 사실을 받아들이려 하지 않을 것이다. 전쟁이나 기아를 비롯해 무자비한 세금 징수와 약탈 행위에 끊임없이 시달려 왔기 때문이다.

하지만 오늘날과 비교해 볼 때 자본주의 이전 시대의 사회가 대단히 정체되어 있었던 것은 사실이다. 다른 무엇보다 경제생활을 영위하기 위한 기본적인 생활 리듬과 기술이 일정한 데다가 반복적이었다. 농부는 씨를 뿌려서 곡식을 거둬들이고, 도공과 대장장이는 물건을 만들거나 해머 작업을 하고, 직조공은 직물을 짜는데, 그때 사용하는 도구라는 것이 수십 년, 수세대, 심지어 수세기에 걸쳐 거의 똑같았다. 르네상스 시대 그림의 배경에 보이는 옷이나 도구, 건물의 소재, 운반 도구 등을 그리스 시대 화병에 그려진 것과 비교해 보라. 거의 차이가 없지 않은가. 천 년이 넘도록 실질적으로 별다른 변화가 없었던 것이다. 자본주의가 역사의 무대에 등장한 이래 우리 생활에 얼마나 엄청난 변화를 가져왔는지는 이것 하나만으로도 충분히 실감할 수 있다.

시장 체제의 등장

자본주의는 이렇듯 영원한 '인간의 속성'을 의미한다기보다는 전통적인 생활 방식이 전면적으로 붕괴되면서 세상에 등장했을 뿐이다. 그런만큼 당시 대부분의 사회에는 자본주의 발전을 가로막는 인습이 많았다. 기존의 것과는 전혀 다른 원칙과 지극히 낯선 경제생활 방식의 등장을 가로막는 장애물이 사회마다 이런저런 형태로 있었다. 하지만 경제생활을 영위하는 데 전통적 관습과 통제 대신 시장 체제를 도입하고자 했을 때 겪었던 것보다 더 어려운 장애물은 아마도 없을 것이다.

시장 체제란 무엇인가? 시장 체제는 기본적으로 경제 행위가 전통적인 관습이나 누군가의 지시 혹은 통제에 따라 이루어지는 것이 아니라, 시장이 주는 기회와 제약에 따라 스스로의 의지로 실행하는 것이다. 따라서 시장 체제하에서 대부분의 개인은 자신들이 원하는 직업을 자유롭게 찾을 수 있고, 또 일자리를 구하러 다니지 않으면 안 된다. 이와 달리 농노나 인습에 얽매인 기술자들은 태어나면서부터 하는 일이 정해져 있어서 다른 일을 한다는 것 자체가 대단히 어려웠다. 시장 체제하에서는 또 모든 사람이 땅을 사고팔 수 있었다. 농장이 시장으로 변할 수 있었던 것도 그 덕분이다. 그에 비해 자본주의 이전 시대의 사회는 대부분 토지 매매가 불가능했다.

마지막으로 자본 시장은 은행을 비롯한 다른 금융 기관을 통해 저축과 투자라는 흐름 속에서 재화가 유기적으로 생산 과정에 투입되는 것으로, 그 과정에서 돈을 빌린 이는 돈을 빌려 준 이에게 재물의 사용 대가로 이자를 지불하는 것을 의미한다. 자본주의가 출현하기 전까지만 해도 이런 흐름은 찾아볼 수 없었다. 예외가 있다면 사회적으로 멸시받는 고리대금업자가 개인적으로 운영하는 극히 소규모의 자본 시장 정도뿐이었다.

시장 체제하에서는 노동력, 토지, 자본을 가리켜 '생산 요소(factors of production)'라고 하는데, 이 생산 요소들이 시장에서 생산과 어떻게 결합되는지가 경제학 연구에서 많은 부분을 차지한다. 생산 요소는 가장 중요한 것인 만큼 여기에 대한 답을 찾지 않으면 안 되기 때문이다. 그렇다면 시장 체제 이전에는 생산 요소들이 어떻게 사용되었을까? 그 답은 너무나 의외지만 우리에게는 많은 것을 시사해 준다.

자본주의 이전 시대에는 생산 요소라는 게 없었다. 물론 인간의 노동력을 비롯해 자연의 선물인 땅이나 천연자원, 사회의 산물인 자본은 늘 존재해 왔다. 그러나 노동력이나 토지, 자본은 판매되는 것이 아니었다. 노동력은 농노나 노예가 당연한 사회적 의무로서 제공하는 것이어서 대가를 지불할 필요가 없었다.

게다가 농노는 영주 소유의 설비나 장비를 사용한 대가로 사용료를 지불해야 했고, 생산한 곡식의 일정 부분을 영주 몫으로 넘겨 줄 때에도 보답을 전혀 기대할 수 없었다. 마찬가지로 토지 역시 사고파는 부동산이 아니라 오늘날의 군(郡)이나 주(州)처럼 행정이나 군사력의 기본 단위로 간주되었다. 또 자본도 시장 가치를 반영한 추상적인 금액이 아니라 귀중품이나 기술자들의 필수 장비 정도로만 여겨졌을 뿐이다. 오늘날에는 주식이나 채권이 상속 재산으로 매매되지 않으면 이상하게 받아들여지지만, 중세에는 유동 자본이라는 개념이 오히려 생소하게 여겨졌다.

임금이 필요 없는 노동력, 대여되지 않는 토지 그리고 개인의 재산이 어떻게 생산 요소가 되어 몇 야드의 옷감이나 몇 되의 밀 같은 일상용품처럼 사고팔 수 있게 되었을까? 그 답은 거대한 혁명을 통해 관습과 통제의 세계가 붕괴되고, 현재와 같은 시장 체제가 자리 잡게 되었다는 것이다. 그 기원은 훨씬 더 이전까지 거슬러 올라갈 수도 있지만 대략 16세기부터 시작되었다고 할 수 있는데, 때로는 점진적으로 때로는 격렬한 변화 과정을 통해 중세 유럽 세계의 인습과 유대를 무너뜨리고 우리가 아는 시장 체제로 이끌어 갔다.

길고 복잡한 데다 때로 피비린내 나는 이 과정을 잠깐 언급하도록 하자. 영국에서는 이른바 엔클로저(enclosure)라고 해서 공동 목초지를 사유화하기 위해 소작인들을 추방하는 과정이 특히 가혹했는데, 이는 지주들이 곡물보다 수익성이 좋은 양모를 얻기 위해 양의 목초지를 만들려는 과정에서 벌어졌다. 대표적인 예로 서덜랜드 지역의 공작부인들은 1820년까지 79만 4000에이커에 달하는 자신의 땅에 살던 1만 5000여 명에 이르는 소작인 및 거주민을 모두 추방하고 13만 1000마리의 양으로 채워 넣었다. 그 결과 전래의 경작지에서 쫓겨난 이들은 도시를 유랑하며 노동력을 팔게 되었다.

프랑스에서는 생산 요소의 등장으로 토지 귀족들이 고통을 겪었다. 16세기에 신대륙에서 유럽으로 유입된 금으로 말미암아 물가가 오르면서 봉건 영주들이 불리한 처지에 놓이게 된 것이다. 중세의 모든 것이 그랬듯이 봉건 영주가 농노로부터 거둘 수 있는 세금은 고정되어 변동이 없었다. 그에 비해 상품 가격은 고정되어 있지 않았다. 봉건 영주들은 이 문제를 해결하기 위해 농노로부터 거둬들이는 세금을 여러 꾸러미의 계란이나 옷감 몇 척, 며칠 간의 노동 같은 현물에서 현금으로 바꿔 나갔다. 하지만 물가가 그보다 더 빨리 오른 탓에 결국 봉건 영주들은 생계비를 대는 것조차 불가능하게 되었다.

몰락 귀족이라는 새로운 계층이 나타나게 된 것은 이런 과정을 통해서였다. 1530년만 해도 프랑스 제보당 지역에서 가장 부유한 장원의 영주라고 해야 그 소득은 5000리브르에 불과했다. 하지만 도시에 거주하는 몇몇 상인의 소득은 6만 5000리브르에 달했다. 힘의 균형은 이미 토지 귀족에게 불리하게 되었고, 그에 따라 많은 귀족이 빈곤한 상류층으로 전락하게 되었다. 그러자 벼락부자가 된 상인들은 몰락한 토지 귀족들이 내놓은 토지를 서둘러 사들였는데, 이는 토지를 대대로 내려오는 재산이 아니라 잠재적 자본으로 보았기 때문이다.

이런 식으로 경제사를 잠시 훑어보는 것만으로도 중요한 사실을 깨달을 수 있다. 그것은 생산 요소 없이는 시장 체제 역시 존재할 수 없지만, 그렇다고 생산 요소가 자연 질서처럼 영원불변한 것은 아니라는 점이다. 생산 요소는 노동을 일상생활과 분리하고, 조상들로부터 물려받은 토지를 부동산으로 창출하며, 재산을 자본으로 전환하는 역사적인 변화 과정 속에서 생겨났다. 그리고 자본주의는 사고방식에서 법률, 사회적 관계에 이르기까지 역사상 그 어느 때보다도 근본적이고도 광범위하게 이루어진 혁명적 변화의 산물이었다.•

자본주의가 혁명적 양상을 띠게 된 것은 시장 체제가 자리 잡기도 전에 기존의 봉건적인 생활 방식이 해체되어 버렸기 때문이다. 이런 측면에서 자본주의를 정의할 때 중요한 역할을 하는 경제적 자유라는 요소를 다시 생각해 볼 필요가 있다. 경제적 자유는 관습과 통제의 속박에서 벗어나고자 하는 사람들의 노력에서 비롯된 것이 아니었다.

• 자본주의의 기원을 둘러싼 여러 가지 흥미로운 질문 중 하나는 자본주의가 어째서 유럽에서만 발생하고, 여타의 다른 지역에서는 일어나지 않았느냐는 것이다. 그 이유 중 하나는 로마 제국의 붕괴로 말미암아 많은 도시가 그 누구에게도 충성할 필요가 없어졌다는 점에 있다. 이 도시들은 이후 자연스럽게 무역과 공업의 중심지가 되었고, 결국은 왕이나 영주들과 각종 권리를 두고 흥정할 수 있을 정도로 강력해졌다. 자본주의는 이런 식으로 중세 제도의 틈새에서 성장했다. 여타의 다른 지역에서는 이와 유사한 자극이나 기회가 없었다. 1974, 1980, 1989년에 세 권으로 출판된 이매뉴얼 월러스틴(Immanuel Wallerstein)의 《근대 세계 체제(The Modern World System)》(Academic Press)는 논쟁의 여지는 있지만 자본주의의 부상을 다룬 중요한 연구이다. 페르낭 브로델(Fernand Braudel)이 1981, 1982, 1984년에 세 권으로 출간한 《물질문명과 자본주의(Capitalism and Civilization)》(Harper and Row)도 참고할 만하다.

오히려 당시 사람들에게 경제적 자유는 느닷없이 닥친 것으로, 때로는 원치 않은 고통스러운 변화였다.

무자비한 데다 불공정하다고 하지만 유럽 봉건주의는 그래도 어느 정도의 경제적 안정을 보장해 주었다. 농노 생활이 아무리 비참하다 해도 어려운 때에는 영주의 창고에서 소량이나마 곡물이 지원되었고, 숙련공들이 아무리 착취당한다 해도 자기가 속한 길드의 규정에 따라 일터에서 그냥 쫓겨나지는 않았으며, 영주가 아무리 쪼들린다 해도 지대를 비롯한 각종 세금은 법과 관습에 따라 정해진 만큼은 기대할 수 있었다. 중국이나 인도, 일본 같은 다른 지역에서도 형태가 다르기는 하지만 이런 식의 관습과 통제가 복합적으로 작용하여 경제적 안정이 보장되었다.

시장 체제의 느닷없는 출현은 지진에 가까웠다. 영국과 프랑스, 스코틀랜드 저지대에서 수세기에 걸쳐 발생한 이 지진으로 말미암아 관습과 통제의 요새가 무너졌고, 그 결과 사회적 안정 역시 붕괴되었다. 자본주의의 경제적 자유는 사실상 양날의 칼이었다.

법적 계약을 체결할 권리가 없던 개인에게는 이 새로운 자유야말로 귀중한 성취였다. 신흥 부르주아 상인들에게는 경제적 자유야말로 사회적 신분 상승으로 이어지는 증서나 다름없었다. 또 빈곤 계층에게는 경제적 계약의 자유가 곧 희망 없는 인생에서 벗어날 수 있는 기회였다. 하지만 경제적 자유에는 비정한 면도 있었다. 이제는 생존하기 위해서는 모든 사람이 스스로의 힘으로 험한 물결 속에 빠져 죽지 않으려고 사력을 다하여 가라앉지 않도록 기를 써야 했다. 그러지 않으면 수많은 상인과 무수한 실직 노동자처럼 순식간에 시야에서 사라질 뿐이었다.

　시장 체제는 이처럼 발전과 기회, 성취의 발판이기도 했지만 불안과 동요, 고통의 원인이기도 했다. 따라서 경제적 자유에 따른 손익 여부야말로 여전히 자본주의의 중요 현안이라고 할 수 있다.

생산 기술의 발전

시장 체제의 탄생과 더불어 근대적인 경제생활을 가능하게 만든 근본적인 변화가 시작되었다. 그것은 과학과 기술이 일상생활 한가운데로 편입되었다는 것이다.

　물론 기술이 근대에만 볼 수 있는 것은 아니다. 선사 시대 거석문화를 형성한 거대한 돌덩어리들을 비롯해 정교하고 우아하며 기념비적인 이집트의 피라미드, 벽돌 틈새로 칼날조차 들어가지 않을 정도로 딱 들어맞게 쌓아 올린 잉카의 석벽, 중국의 만리장성, 마야의 천문대 등은 모두 인간이 오래전부터 상당한 무게의 석재를 움직이고 들어 올릴 수 있는 능력, 울퉁불퉁한 표면을 깎고 다듬을 수 있는 능력, 복잡한 문제를 계산할 수 있는 능력을 지녔음을 증명한다.

　그러나 자본주의 이전 시대의 기술이 뛰어났다고는 하지만 그 범위나 수준은 한정되어 있있다. 앞에서 보았듯이 농부나 기술자 들이 사용하는 도구가 1000여 년 동안 거의 변하지 않았다. 이런 도구를 개량하는 것은 서서히 이루어졌다. 그리스나 로마의 전성기에도 동물의 숨통을 조이지 않으면서도 마음내로 세어할 수 있게 해 주는 굴레 같은 단순한 발명품조차 나오지 않았을 정도이다. 경작용 동물을 황소

◎ 기술이 바뀌면 결과가 달라진다

중세까지는 지주의 경작지 중 반만 경작하고 반은 묵혀 두었다가, 다음 해에 두 경작지를 서로 바꿔 경작하는 이포 농법(二圃農法)이 지배적이었다. 그러고 나서 삼포 농법(三圃農法)으로 경작 방식이 바뀌면서 경작지가 3분되었다. 삼포 농법에서는 첫해에 경작지의 3분의 1에 겨울 곡식을, 3분의 1에 여름 곡식을 재배하고, 나머지 3분의 1을 묵혀 둔다. 이듬해에는 겨울 곡식을 재배했던 곳에는 여름 곡식을 재배하고, 여름 곡식을 재배했던 곳은 묵혀 두고, 묵혀 두었던 곳에는 겨울 곡식을 재배한다. 이어서 세 번째 해가 되면 여름 곡식을 재배했던 곳을 묵혀 두고, 묵혀 두었던 곳에는 겨울 곡식을, 겨울 곡식을 재배했던 곳에는 여름 곡식을 재배하는 식으로 순환하는 구조이다.

결국 삼포 농법의 도입으로 매년 묵혀 두는 경작지의 비율이 2분의 1에서 3분의 1로 줄어들게 된다. 예를 들어 전체 경작지에서 600부셸의 곡물이 생산 가능하다고 하자. 만일 이포 농법을 따르면 300부셸의 곡물 생산을 기대할 수 있다. 경작지의 2분의 1을 묵혀 두기 때문이다. 하지만 삼포 농법을 따르면 전체 경작지의 3분의 2를 경작할 수 있는 만큼 400부셸의 곡물 생산을 기대할 수 있다. 게다가 당시에는 묵혀 두는 땅은 두 번 갈아주는 데 비해 경작했던 땅은 한 번만 갈아준다. 따라서 삼포 농법에 의해 묵혀 두는 땅의 비율이 줄어들면서 땅을 가는 시간도 줄어들었고, 그에 따라 농부의 생산성도 높아졌다. 자본주의 이전 시대의 기술 진보와 관련해 좀 더 알고 싶으면 린 화이트(Lynn White)의《중세 기술과 사회 변동(Medieval Technology and Social Change)》(1962) 및 조엘 모키어(Joel Mokyr)의《부의 레버(The Lever of Riches)》(1990)를 참조하면 도움이 된다.

에서 짐수레 말로 바꾸어 30퍼센트 정도 효율성 증가를 가져온 것도, 따로 설명해 놓았듯이 전통적인 이포 농법(二圃農法)에서 삼포 농법(三圃農法)으로 윤작 방식을 개선한 것도 중세에 와서야 이루어진 일이었다. 따라서 자본주의 이전 시대의 기술은 통치자나 성직자, 전사의 필요에 따라 소모적으로 사용되었을 뿐 일상생활에 적용은 실질적으로 무시된 것이나 마찬가지였다.

이렇게 된 데에는 이유가 있었다. 일상생활에 활용되는 기술 변화를 통해 우선적으로 기대할 수 있는 것은 노동 생산성 향상과 산출 증대이다. 그런데 생산이 주로 농노나 노예, 인습에 얽매인 직공에 의해 이루어지고, 관습과 통제에 의해 규제되는 당시 사회에서는 생산 증대를 추구할 동기를 찾기 어려웠다.

농업의 경우 지대의 비율이 높기 때문에 산출이 늘어난다 해도 그 중의 태반이 땀 흘려 일구고 거둔 농노나 노예가 아니라 영주에게 돌아가게 되어 있었다. 따라서 영주야말로 농산물 생산 증대의 최대 수혜자라 할 수 있지만, 문제는 고귀한 귀족인 이들이 씨 뿌리고 곡식을 거두는 하찮은 일에 대해서는 알고 싶어 하지도 않고 관심도 없다는 것이다. 기술자들의 경우에도 사정은 비슷했다. 자기가 취급하는 품목의 생산 기술을 진일보시켰을 경우 기술자라면 당연히 자기가 속한 길드의 동료들과 공유하려는 것이 보통이다. 그런데 오랜 세월에 걸쳐 시골 시장에서 소량의 두기나, 집기, 의류 따위를 파는 데 익숙해 있는 길드 동료들이 과연 늘어난 생산물을 소화해 줄 만한 소비자를 찾아낼 수 있겠는가? 더 직접적으로 말해 여분의 생산물에 과연 임자가 나서기는 하겠는가?

자본주의 이전 시대의 사회에서는 이렇듯 변화를 추구할 동기가 거의 없었고, 따라서 생산 기술의 진보 또한 정체될 수밖에 없었다. 심지어 사회의 영향력 있는 세력들은 기술 진보가 자칫 사회에 동요를 일으킬 수도 있다고 생각해 반대하기까지 했다. 생활의 모든 면이 기존의 삶의 방식을 반복하기만 하면 되는 사회에서 생산 기술이 계속 변동하고, 기술의 한계를 극복하고자 끊임없이 노력하는 사회를 상상할 수 없었던 탓이리라.

이와 같은 방해 세력들은 노동, 토지, 자본이라는 신흥 시장이 부상하면서 잔인할 정도로 쓸려 나갔다. 농노는 경작지를 등진 채 자신의 노동력을 파는 노동자가 되어야 했고, 고귀한 봉건 영주는 이윤만 추구하는 벼락부자들에게 무자비하게 밀려나야 했으며, 길드의 장인 및 기술자는 영리만 생각하는 기업이 자신들의 생계수단을 빼앗아 가는 것을 지켜볼 수밖에 없었다. 필연적이고도 절박하게 경제생활에 새로운 의식이 주입되기 시작했다. 어느 정도는 안정적이던 삶이 갈수록 생존을 위해 치열한 경쟁을 하게 되었다. 선조들이 하던 대로 따라 하는 것이 경제적으로 가장 이익이라는 막연한 생각이 경제생활이 불안정해지면서 타격을 받았고, 최악의 경우에는 각자 살아남기 위해 생존 경쟁을 벌이지 않으면 안 된다는 인식으로 바뀐 것이다.

시장의 중요성이 증대하고, 그에 따라 시장의 압력이 거세지면서 기술의 위치에 급격한 변화가 일어났다. 특히 자본 혁명이 준비되고 있던 소규모 작업장과 영세 공장에서 그랬다. 이들이 자유 경쟁이라는 험한 파도 속에서 살아남기 위해서는 버티고 설 수 있는 발판이 있어야 했다. 그런데 탐구심 높고 생산의 실제 과정을 잘 아는 야심만만한 자본주의자에게 그 발판은 바로 기술 그 자체였다. 기술의 발명 혹은 개량을 통해 생산비를 낮추거나 경쟁 기업보다 우수한 제품을 만들어 낼 수 있기 때문이었다.

18세기 후반에서 19세기 초반에 걸쳐 기술 지향적인 기업가들이 속출하게 된 것은 이런 과정을 통해서였다. 이들은 경제사에서 완전히 새로운 사회 계층이었다. 파이프, 풀무, 교량은 물론이고 와트(John Watt)가 발명한 최첨단 증기 엔진에 동력을 공급하는 실린더에 이르기까지 모든 생산물을 철로 만들어야 한다고 주장한 윌킨슨(John Wilkinson) 같은 이는 제철업자의 아들로 제철 분야의 기술 혁신에 선도적인 역할을 했다. 심지어 그는 철로 배를 건조한 적도 있는데, 비록 나중에는 존경을 받았지만 당시에는 엄청난 비웃음의 대상이었다. 또 최초로 효율성 좋은 방적기를 발명하여(아마도 훔쳤을 것이다) 부자가 되었고, 나중에는 커다란 제분소 소유주가 된 아크라이트(Richard Arkwright)는 이발사였다.

그 밖에 철사나 못을 만들어 내는 데 쓰이는 연철의 제련 과정을 고안해 낸 어니언스(Peter Onions)는 무명의 십장에 불과했고, 강철 만드는 방법을 개선한 헌츠먼(Benjamin Huntsman)은 시계 제작자였다. 물론 개중에는 농업 기술의 선구자인 털(Jethro Tull) 경처럼 이례적으로 귀족 출신 인물도 몇몇 있기는 했다. 하지만 각 산업 분야에서 기술을 선도한 사람들 대부분은 변변찮은 출신이었다.

산업 혁명의 도래

산업 혁명은 이와 같은 새로운 활력에 의해 탄생했다. 지속적으로 이루어지는 경이적인 변화를 통해 생산 기술 및 생활 구조에 일대 혁명을 일으킨, 아직도 완성되지 않은 역사의 첫 장이 비로소 열린 것이다.

그 결과는 몇 가지 수치만으로도 확인할 수 있다. 영국의 경우 1701년에서 1802년 사이에 방적 및 방직 기술이 점차 개량되면서 면화 사용량이 60배나 증가했고, 1788년에서 1839년 사이에 제철 과정에서 최초의 기술 혁신이 일어난 뒤로 선철 생산이 6만 8000톤에서 134만 7000톤으로 20배 가까이 늘어났다. 프랑스의 경우 1815년 이래 30년 동안에 철 생산량이 5배로 증가했으며, 석탄 생산량은 7배, 수송량은 10배나 확대되었다. 일찍이 경제사학자인 랜즈(David Landes) 교수는 영국의 석탄과 관련해 《풀려난 프로메테우스(The Unbound Prometheus)》에서, "1870년 영국의 증기기관 출력량은 400만 마력이었는데, 이만한 출력량을 내기 위해서는 600만 마리의 말이나 4000만 명의 사람이 필요하다. … 4000만 명에 달하는 사람들이 소비하는 밀의 양만 해도 1년에 3억 2000만 부셸에 달하는데, 이는 영국에서 생산하는 밀의 세 배 이상에 달하는 양이다"라고 설명한 바 있다. 산업 혁명이 전적으로 와트의 간단하면서도 비범한 발명품인 증기엔진에 기반한 것이라고 해도 과장이 아닌 셈이다.

그렇지만 일상생활에서 기술 진보의 효과는 이런 수치로는 실감하기 어렵다. 오늘날 사람들은 물건을 흔해 빠지고 어디서나 구할 수 있는 것으로 간주한다. 하지만 지금 우리가 아무렇지도 않게 여기는 물건조차 17세기 후반까지는 아주 진귀한 것이었다. 소작인은 자기 재산을 식기 몇 점, 테이블 하나, 그리고 멀쩡한 옷 몇 벌 하는 식으로 꼽았고, 셰익스피어 같은 인물조차 아내 해서웨이(Ann Hathaway)에게 '두 번째로 좋은 물건인 침대'를 주겠다고 유언으로 남길 정도였다. 쇠못은 아주 희귀한 물건으로, 미국 개척자들은 쇠못을 회수하기 위해 자기 집을 불태웠는가 하면, 애덤 스미스 시대의 스코틀랜드 지역에서는 돈으로 사용되기도 했다.

기술 덕분에 보다 많은 지역에서, 보다 많은 사람들이, 보다 많은 물건을 사용할 수 있게 되었다. 신발, 외투, 종이, 창문, 의자, 혁대 등은 지금은 일상적인 물품에 불과하지만 자본주의 이전 시대까지만 해도 소수 특권 계층을 제외한 누구나 간절히 원하는 것이었다. 우리의 생활 수준은 이런 식으로 자본주의를 통해 점차 나아졌고, 상품의 수나 다양성, 품질 등이 일정한 속도로 꾸준히 개선된 결과 이제 사회 구성원 대부분이 혜택을 누릴 수 있게 되었다. 이 같은 과정은 이전에는 결코 없었던 일이다.

기술이 가져온 두 번째 변화는 산업 기자재의 크기 자체가 놀랄 정도로 커졌다는 점이다. 이는 처음에는 주로 제철 기술에서, 이후로는 제강 기술에서 기술 진보가 이루어지면서 그에 맞춰 생산 설비가 확대되었기 때문이다. 예를 들어 철광석 제련에 쓰이는 전형적인 용광로의 경우 그 높이가 1770년대에는 10피드였으나 한 세기 뒤에는 100피트를 상회하게 되고, 쇠를 녹이는 도가니의 경우 커다란 주전자보다 그다지 크지 않은 냄비 정도 크기에서 문자 그대로 집채만 한 크기로 바뀌었다. 직공들이 사용하는 베틀 역시 커졌다. 직공들이 사는 오두막에 들어가는 크기에서 공장에 설치하지 않으면 안 될 정도의 어마어마한 기계 덩어리로 변해 우리를 압도할 정도가 된 것이다.

여기에 발맞춰 사회의 생산 능력 역시 놀랄 만큼 확대되었다. 새로운 기술은 얼마 지나지 않아 소규모 기업 조직에서 관리할 수 있는 수준을 넘어섰다. 생산 설비의 규모가 확대되고, 그에 따라 생산 속도 역시 빨라지면서 생산량이 시냇물 규모에서 강 규모로 커졌기 때문이다. 이제 생산량을 관리할 수 있는, 즉 원자재의 안정적인 공급을 계획하고 생산 공정을 감독하며, 특히 최종 생산물을 판매하기 위한 시장을 확보할 수 있는 보다 큰 조직이 필요했다.

이렇듯 기술적 기반이 복잡해지자 기업의 규모 역시 그에 상응해 확대되었다. 2장에서 보겠지만 18세기의 마지막 25년 동안이라면 10명 규모의 공장이라도 애덤 스미스의 주목을 받을 만했다. 하지만 19세기 초반 25년 동안에는 보통 수준의 섬유 공장도 고용된 노동자의 수가 수백 명에 달하게 되었다. 그로부터 50년이 지나자 대다수 철도 회사는 애덤 스미스 시대라면 한 나라의 군대를 구성할 수 있을 만큼의 많은 노동자를 고용할 정도가 되었고, 또다시 50년이 지난 1920년 무렵이 되면 대규모 제조업체의 경우 18세기 도시 인구만큼의 노동자를 고용할 정도가 되었다.

아울러 기술은 인간 활동에서 가장 기본이 되는 노동의 본질을 바꿔 놓는 데 결정적인 역할을 했다. 기술은 복잡한 생산 공정을 세분화함으로써 많은 공정이 반복될 수 있도록 했고, 많은 부분을 기계 장치의 보조를 받을 수 있게 했다. 이 과정을 흔히 분업이라고 한다. 애덤 스미스는 평범한 노동자들의 생산성을 높이는 데 가장 큰 공헌을 한 것이 바로 이 분업이라고 설명한다.

　분업은 사회생활의 방식마저 바꾸었다. 일이 대단히 세분되면서 단조롭고 지루해진 결과 노동에서 소외가 생겨나고, 개인의 자급자족 수준이 현저히 떨어지게 된 것이다. 자본주의 이전 시대에는 대부분의 사람이 자신의 생계유지에 필요한 것을 직접 생산하거나, 아니면 교환할 만한 물건을 생산했다. 즉 농부는 곡식을, 기술자는 옷이나 신발, 도구 등을 생산하는 식이다.

　그러나 일이 점점 세분되어 감에 따라 생산물은 조각 그림 맞추기 게임의 조각처럼 하나의 부품에 지나지 않게 되었다. 사람들은 실을 잣거나 옷을 짜는 것이 아니라, 실을 잣고 옷을 짜는 기계에 원료를 넣고 레버를 조작할 뿐이었다. 신발 공장 노동자라면 신발의 윗부분이나 아랫부분, 굽을 만드는 것이지 신발을 만드는 게 아니었다. 따라서 작업자 혼자 물품을 생산해 낼 수 없었고, 생산된 물품도 복잡한 시장 조직을 통하지 않고서는 다른 상품과 교환할 수 없게 되었다. 기술은 인간을 물질적 욕구로부터 해방시켰지만, 한편으로 시장 조직의 작용에 얽매이게 만들었다.

　이런 기술의 위력으로 말미암아 사람들은 이제 전례 없는 변화를 겪게 되었다. 이 중 몇 가지는 문자 그대로 물질생활의 새로운 지평을 열어 주었기 때문에 환영받았다. 부자들의 전유물이었던 여행이 19세기 미국으로 대규모 이주가 있은 후 일반인들도 가능하게 된 것이 그 예라 할 것이다.

　그러나 기술이 가져온 변화는 부정적인 면도 있었다. 노동의 필요를 고갈시키는가 하면 창출하고, 창출하는가 하면 고갈시키는 도저히 이해할 수 없는 시장의 힘에 휘둘리는 과정에서 모든 직업이, 평생에 걸쳐 축적해 온 기술이, 수세대에 걸쳐 땀 흘려 이룩한 기업이, 대대로 이어지던 산업이 기술 변화의 위협에 직면해 있음을 깨닫게 된 것이다. 점차 생산 설비는 인류의 동지가 아닌 적으로 받아들여졌다. 19세기 초반 자신들의 가내 수공업이 공장과의 경쟁에서 갈수록 밀려나게 되자 직공들이 무리 지어 자신들이 증오하는 공장 건물을 불태워 버린 것도 그런 이유에서였다.

시장 체제와 기술로 말미암아 생겨난 변화는 이외에도 무수히 많다. 그러나 지금까지 살펴본 변화의 양상만으로도 자본주의 혁명이 세상을 어느 정도로 근본적이고도 철저하게 바꿔 놓았는지를 이해할 수 있을 것이다. 기술이야말로 자본주의가 마법 램프에서 불러낸, 다시 마법 램프로 들어가는 것을 줄기차게 거부해 온 요정이었다.

정치적 조류의 변화

이제 시장과 기술에 내재된 불안정하고 혼란스러우며 혁명적이기까지 한 특성들이 최종적으로 자본주의를 어떤 양상으로 몰아가고 있는지를 주목할 필요가 있다. 자본주의는 정치적 조류마저 변하게 했는데, 이는 자본주의 역사에서 시장의 출현이나 기술 변화를 저해하는 장벽의 제거만큼이나 의미심장한 일이었다.

민주주의적 혹은 의회주의적 제도의 출현이 바로 이와 같은 정치적 변화 중 하나였다. 고대의 아테네나 중세 아이슬란드 의회 제도의 역사가 보여 주듯이 민주 정치 제도는 역사적으로 자본주의보다도 훨씬 오래되었다. 그럼에도 상인 계층의 사회적 부상 과정은 유럽의 봉건주의적 특권 및 법률 제도에 대한 투쟁과 밀접하게 관련되어 있다. 자본주의 이전 시대의 경제 질서를 뒤집어 버린 역사적 흐름은 결국 정치 질서마저 뒤바꿔 놓았다. 시장 체제의 출현과 더불어 보다 개방적인 정치 과정이 자리 잡기 시작했다.

그렇다고 자본주의가 정치적 자유를 보장한다거나 정치적 자유를 위해 자본주의가 필요하다는 주장에 휩쓸려서는 곤란하다. 우리는 이미 몇몇 자본주의 국가가 전체주의적 독재자의 손아귀에 떨어지는 것을 목격한 바 있다. 독일의 히틀러 집권이 그 대표적 사례이다. 또 스웨덴 같은 자본주의 국가가 민주주의적 자유를 손상하지 않은 채 사회복지 국가 형태로 변모하는 것도 목격한 바 있다. 게다가 초기 자본주의 시대에는 정치적 자유의 행사가 대단히 제한적이었다는 사실도 유념할 필요가 있다. 예를 들어 애덤 스미스는 꽤 유복하게 살았지만, 그렇다고 투표할 권리를 얻을 정두의 재산을 소유하지는 못했다.

하지만 의도적으로 시장 체제를 없애고자 했던 공산주의 국가에서는 정치적 자유가 거의 존재하지 않았던 것이 사실이다. 따라서 증명할 수는 없지만 공식적으로 자본주의를 채택했는지의 여부와는 상관없이 경제적 계약이 자유롭게 이루어지는 사회와 우리가 익히 알고 있는 민주주의적 권리 사이에는 긴밀한 관계가 있는 것은 틀림없다.

경제적 자유가 바로 시장 체제의 근간이기 때문에 자본주의는 애덤 스미스 이래 자유방임주의(laissez-faire)*, 즉 경제에 개입하지 않는 것을 기본 철학으로 삼아 왔다. 그런 만큼 경제학을 더 깊이 공부하다 보면 시장에 개입하지 않았을 때와 개입했을 때 각기 어떤 일이 벌어질 수 있는지는 물론, 자유방임 사상의 변천 과정도 알 수 있게 된다.

하지만 자유방임과 정부 개입을 둘러싼 논란을 살펴보기에는 아직 이른 감이 있다. 그러니 여기서는 일단 자본주의가 자유방임뿐 아니라 경제적 개입을 가져온 강력한 동인이었다는 것을 언급하는 정도면 충분할 것이다. 자본주의 시스템의 운용 방식을 바꿔 놓는 데 강력한 힘이 된 것은 바로 자본주의가 성장하면서 촉진된 민주주의적 자유와 정치적 평등이었다. 실제로 애덤 스미스 사후 몇 년 지나지 않아서부터 벌써 영국에서는 아동 노동의 금지를 꾀하는 법안이 제출되는 등 자유방임 사상에 대한 도전이 시작되었고, 결국 1833년에는 어린이와 여성 노동의 남용을 막기 위한 감독관 제도의 도입을 골자로 한 공장법(Factory Act of 1833)이 시행되면서 자유방임 사상에 도전하는 사례가 나타났다.

오늘날에도 똑같은 정치적 동기에서 자유방임적 자본주의가 무분별하게 작동되지 않도록 단속하고 있다. 최저 임금법의 시행 등을 통해 사회보장 제도를 구축하고, 환경 관련 법안 등을 통해 특정 영역에서 시장 기능을 인정하지 않는 식으로 말이다.

이처럼 경제적 욕구에 입각한 자유방임과 민주주의적이고 정치적

• 한 무리의 상인들이 1661년부터 1683년까지 프랑스 재무장관을 지낸 콜베르(Jean Baptiste Colbert)를 방문했을 때 콜베르는 프랑스 경제에 기여한 공로를 치하하면서 상인들에게 무엇을 해 줬으면 좋겠는지를 물었다고 한다. 그때 상인들의 대답이 "우리를 내버려 두십시오(laissez-nous faire)", 즉 정부가 간섭하지 말아 달라는 것이었다. 그런데 콜베르야말로 당시 프랑스 산업을 옴짝달싹 못하게 만들고 있는 복잡한 관료적 규제의 적극 옹호자였다. 따라서 콜베르가 상인들의 이런 건의를 얼마나 기껍게 받아들였을지는 충분히 상상할 수 있으리라.

지향점을 목표로 한 개입 사이의 팽팽한 긴장이라는 자본주의의 특징은 초기부터 있어 왔다. 이것이 오늘날까지 지속되면서 자유방임과 개입의 갈등이 자본주의 제도에 내재된 역사적 성격의 하나로 자리 잡게 된 것이다.

2

경제학의
창시자, 혁명가,
구원 투수

　　　　　　　　　　　　　　경제학은 주로 자본주의라는 사회 체제를 연구한다. 앞에서 경제사를 되짚어 봄으로써 이제 자본주의에 대해서는 어느 정도 알게 되었다. 하지만 경제학이 무엇인지는 아직 제대로 파악하지 못한 상태이다. 경제학이 주로 자본주의에 대한 학문이라는 것, 다시 말해 관습이나 통제에 의해서가 아니라 시장 원리에 따라 결정되고, 관성이나 타성이 아니라 역동적 기술에 의해 추진력을 얻는 사회가 어떻게 협력을 이루며 움직여 나갈 수 있는지를 설명하고자 하는 노력이라는 것 정도만 알게 되었다.

　경제학의 기본 목표를 파악하는 데에 애덤 스미스, 카를 마르크스, 존 메이너드 케인스라는 위대한 경제학자 세 사람이 남긴 역작을 검토하는 것보다 더 좋은 방법은 없다. 성향이 보수적이냐, 급진적이냐, 자유주의적이냐에 따라 이 세 사람의 이름만 듣고도 혈압이 오를 수는 있다. 하지만 이는 이 책의 주제와는 무관하다. 이 책은 단지 스미스,

마르크스, 케인스가 자본주의를 고찰할 당시 무엇을 보았는지를 설명하고 있을 뿐이다. 좌파건 우파건 관계없이 이들 세 사람의 시각을 통해 경제학이 무엇을 다루는지를 분명하게 이해할 수 있도록 하기 위해서 말이다.

경제학의 창시자, 애덤 스미스

애덤 스미스(Adam Smith)는 대단히 탁월한 지적 능력의 소유자로 경제학의 창시자이기도 하다. 그는 미국이 독립 선언을 한 해인 1776년에 자신의 걸작 《국부론(The Wealth of Nations)》을 발표했는데, 읽은 사람은 거의 없겠지만 그 제목을 들어 보지 못한 이 역시 거의 없을 정도로 높은 명성을 얻었다. 역사적으로 볼 때 독립 선언문과 《국부론》 중 어느 것이 더 중요한지를 말하기란 쉽지 않다. 독립 선언문은 "생명, 자유, 행복 추구"를 목표로 하는 사회를 만들자는 새로운 외침이요, 《국부론》은 이런 사회가 어떻게 작동하는지를 설명하는 것이기 때문이다.

스미스는 《국부론》 첫 부분에서부터 복잡한 문제를 제기한다. 우리가 익히 알고 있는 바와 같이 개인은 시장에서 돈을 벌겠다는 욕망에 따라, 스미스 식으로 설명하면 '더 나은 조건'을 위해 행동한다는 것이다. 따라서 질문은 명백하다. 시장은 이렇듯 이기적이고 이윤을 추구하는 개인이 이렇게 다른 사람을 협박해서 돈을 뜯어낸다든가 하는 일을 못하게 될 수 있는가? 사기 이익만 챙기려는 반사회적이고 위험한 자극이 가득한 속에서 어떻게 사회 유지에 필요한 합의를 도출할 수 있는가?

여기에 대한 답은 시장 체제의 핵심 메커니즘인 경쟁에서 찾을 수 있다. 다른 사람은 전혀 고려하지 않고 자신의 이익만 추구하는 개인은 그와 똑같이 행동하는 다른 사람과 경쟁하게 된다. 결국 사는 사람이건 파는 사람이건 경쟁자가 제시하는 가격과 경쟁하지 않을 수 없는 것이다.

스미스의 추론에 따르면 이런 경쟁에서 다른 제조업자보다 높은 가격을 매기는 제조업자는 구매자를 찾을 수 없고, 현재보다 더 높은 임금을 요구하는 노동자는 일자리를 찾을 수 없으며, 경쟁자보다 낮은 임금을 지불하는 고용자는 노동자를 구할 수 없다. 시장 메커니즘은 이런 방식으로 참여자들에게 질서를 지키도록 강제한다. 즉 구매자는 다른 구매자들과 경쟁해야 하므로 판매자에게 무작정 가격을 깎을 수 없고, 판매자는 다른 판매자들과 경쟁해야 하므로 구매자에게 무조건 자신의 뜻을 관철시킬 수 없다.

그러나 시장 체제에는 지금까지 설명한 것과 맞먹는 또 다른 중요한 기능이 있다. 그것은 누군가가 그 어떤 지시를 내리지 않아도 사회가 원하는 상품을 사회가 원하는 양만큼 생산하도록 조정하는 기능이다. 소비자들이 항아리는 생산된 양보다 더 많이 원하고, 냄비는 덜 원한다고 가정하자. 그 결과 항아리의 재고가 부족해지면 항아리 가격이 올라가고, 반대로 냄비는 남아도는 만큼 냄비 제조업자들은 재고 처분을 위해 가격을 낮추지 않을 수 없다.

이렇게 되면 복원력이 작동한다. 항아리 가격이 올라서 항아리 산업의 이윤은 높아졌지만, 냄비 가격은 떨어져서 냄비 산업의 이윤이 감소한 상황에서 다시 자기 이익을 높이고자 하는 동기가 작용하게 된다. 호황인 항아리 산업의 고용주들은 공장을 넓히고, 노동자를 추가로 고용하고, 설비를 늘리는 등 사업 확장에 나선다. 하지만 불황인 냄비 산업의 고용주들은 공장을 줄이고, 노동자를 해고하는 식으로 생산 요소의 사용을 줄임으로써 자본 투자를 축소한다.

그 결과 항아리 생산은 늘어나고 냄비 생산은 줄어든다. 사람들이 처음에 원하던 대로 생산이 이루어지게 되는 것이다. 이렇듯 개인의 이기적인 행동은 스미스의 멋진 표현을 빌리면 보이지 않는 손(invisible hand)이 조종하기라도 한 것처럼 시장의 압력에 의해 사회적으로 바람직한 방향으로 나아간다. 경쟁 체제 덕분에 개인의 이기적 행동이 사회적으로 유용한 결과로 변환되고, 이 모든 과정을 나타내는 것이 보이지 않는 손이라는 말이다. 결국 보이지 않는 손에 의해 사회가 필요로 하는 재화와 용역의 생산이 보장되고, 사회가 정상적으로 돌아갈 수 있는 셈이다.

시장 체제가 어떻게 이와 같은 놀라운 위업을 달성하는지에 대한 스미스의 논증은 지금까지도 줄곧 관심의 대상이 되고 있다. 지금도 경제학 연구의 많은 부분이 보이지 않는 손이 어떻게 작동하는지와 관련된 세세한 검토일 정도로 말이다.

예를 들어 보이지 않는 손이 항상 작동하는 것은 아니며, 경우에 따라서는 전혀 영향을 미치지 못하는 분야도 있다. 수고했다는 표시로 주는 팁과 같은 시장 외적인 보상 방식이 시장 체제를 불문하고 관습에 따라 계속되고 있고, 기업의 고용이나 해고 또는 조세 부과 같은 정부 권력의 행사에서 보듯이 통제가 여전한 것도 그 예라 할 수 있다. 게다가 안보나 치안처럼 사적으로 거래될 수 없는 공공재는 시장 체제를 통해서는 공급할 방법조차 없다. 이런 문제는 스미스도 파악하고 있었고, 공공재의 경우 정부가 공급할 수밖에 없다는 점을 인정했다. 그런데 문제는 남아 있다. 시장이 항상 사회의 윤리적 기준이나 바람직한 기준을 충족시키는 것은 아니며, 심지어 이윤만 남는다면 해로운 재화도 생산할 수 있지 않은가?

이 문제는 적당한 시점에 다시 검토하도록 하자. 지금은 스미스의 근본적인 통찰에 초점을 맞추는 것이 중요하다. 스미스의 가르침에 따르면 질서 있는 사회를 만들어 나가는 데 강력한 힘이 되는 것은 바로 시장 체제이기 때문이다.

스미스는 아울러 시장에서 자율적으로 규제가 이루어짐을 입증했다. 개개인이 제시한 가격이나 임금, 이윤이 일정 범위를 벗어난다 해도 경쟁의 힘을 통해 원래대로 되돌려 놓는다는 것이다. 이렇듯 시장이 시장 스스로의 보호자로서 작동하는 것, 이것이 바로 시장의 미덕이다. 여기서 기묘한 역설이 탄생한다. 경제적 자유의 상징인 시장이 경제를 가장 엄격히 관리하는 관리인의 역할도 한다는 점이다. 왕에게는 누구나 특별한 혜택을 베풀어 달라고 호소할 수 있다. 하지만 시장에게는 호소할 방법이 없다.

스미스는 시장이 자율적인 규제 능력을 갖고 있다는 점을 근거로 정부의 시장 개입에 반대했다. 그 결과 자유방임이 스미스의 기본 철학이 되었는데, 이는 오늘날 보수적 성향의 경제학자들의 경우에도 마찬가지이다. 그러나 스미스를 전통적인 보수주의자로 분류하는 것은 보이지 않는 손에 대한 그의 신념 때문이 아니다. 실제로 스미스는 정부 개입을 단호하게 반대하지 않고 신중한 태도를 취했다. 게다가 《국부론》에서는 제조업자의 '사악하고 탐욕스러운 태도'는 신랄하게 비판했지만, 당시까지만 해도 하나의 계층으로 제대로 자리 잡지 못한 수많은 노동자에게는 공공연하게 동정을 내비쳤다. 따라서 스미스가 보수주의자로 분류되고, 이것이 현대의 관점에서도 타당하게 받아들여지는 이유는, 경제적 자유에 근거한 '자연적 자유(natural liberty)' 체제가 궁극적으로 모든 사람에게 도움이 된다는 스미스의 신념 때문이다.

여기에 대해서는 앞으로 몇 차례에 걸쳐 다시 검토할 것이다. 우리는 아직 애덤 스미스의 이론을 모두 살펴보지 않았기 때문이다. 보이지 않는 손이라는 시장 체제의 내적 작동 메커니즘을 밝힌 스미스의 통찰은 비범한 것이었다. 하지만 스미스에게는 그에 못지않은 새롭고 주목할 만한 통찰이 있었다. 시장 체제가 스스로 작동하게 내버려 두는 '자연적 자유' 체제는 성장을 거듭하고, 이런 체제를 채택한 국가의 부는 지속적으로 증대하리라고 본 것이었다.

이런 성장이 어떻게 가능한가? 앞에서 설명했듯이 그 추진력은 자기 이익의 욕구, 이윤 추구의 욕망, 돈을 벌고자 하는 충동에 있다. 이 때문에 고용주들은 하나같이 더 많은 자본을 축적하여 기업 자산의 확대를 추구하는 것이며, 이는 곧 고용주들로 하여금 더 많은 이익을 얻기 위해 매출 증대에 나서도록 만든다는 의미이다.

그러나 우리가 알다시피 당시는 광고가 존재하지 않던 시대인데 어떻게 매출을 증대시킬 수 있었을까? 스미스는 생산성을 개선함으로써 가능하다고 보았다. 다시 말해 노동자가 생산량을 늘리면 된다는 것이다. 이 경우 생산성을 높이는 방법은 분명했다. 작업을 분업화하는 것이다.

《국부론》에서 핀 공장을 예로 들어 설명하는 과정에서 생생하게 드러나는 바와 같이 분업은 스미스가 말하는 국부의 증대, 오늘날 우리식으로 표현하면 생산성 증대에 핵심적인 역할을 한다.

첫 번째 사람은 철사를 잡아 늘이고, 두 번째 사람은 철사를 곧게 하고, 세 번째 사람은 철사를 끊고, 네 번째 사람은 철사를 뾰족하게 하고, 다섯 번째 사람은 머리를 붙이기 위해 끝을 간다. 머리를 만드는 데에도 두세 가지 다른 공정이 필요하다. 머리를 붙이는 것도 하나의 과정이고, 핀을 하얗게 만드는 것도 별도의 작업이고, 바늘을 종이로 싸는 것도 그렇다. …

불과 10명이 일하는데, 그중 몇 명은 두세 가지 특정한 공정만 계속 담당하는 조그만 공장을 본 적이 있다. 이들은 매우 가난해서 필요한 기계조차 변변찮은 것밖에는 갖추지 못했지만 애써 일하면 하루에 약 12파운드의 핀을 만들 수 있었다. 핀 1파운드면 중간 크기로 4000개 이상이 된다. … 그렇지만 이들이 따로따로 독립적으로 일하면 … 1인당 하루에 20개도 만들지 못할 것이다. 어쩌면 1개도 어려울 수 있다.

그렇다면 분업은 어떻게 향상될 수 있을까? 스미스는 이미 핀을 만드는 과정을 설명하면서 작업 방식이 가장 중요하다고 밝힌 바 있다. 조직 운영이 그 열쇠인 것이다. 여기에 기계가 더해짐으로써 분업의 효과는 증대된다. 즉 기계가 생산 업무를 떠맡거나 보조함으로써 노동 생산성이 높아진다. 이렇게 해서 규모를 확대하고자 하는 기업들은 노동자의 생산성 향상 수단으로 자연스럽게 기계를 더 많이 도입하게 된다. 결국 시장 체제로 말미암아 기계나 설비 형태로 이루어지는 자본 축적이 강력하게 추진되는 것이다.

더욱이 스미스는 시장 체제가 가진 자율 규제 특성이 어떻게 성장 유발 메커니즘으로 작용하는지에 대해 주목할 만한 설명을 내놓았다. 고용주가 분업 효과를 높이는 기계를 설치한 덕분에 성장이 유발되었다는 설명을 기억할 것이다. 결국 노동력에 기계가 더해지는 셈이다. 그렇다면 모든 고용주가 더 많은 노동력을 확보하려고 경쟁하고, 그에 따라 임금이 상승하지 않을까? 그러다가 이윤이 축소되면서 기계 구입 자금마저 고갈되는 것은 아닐까?

그러나 다시 한 번 시장은 자율 규제에 나선다. 스미스가 제시한 바와 같이 노동 수요의 증가는 노동의 공급 확대를 가져오고, 그 결과 임금은 오르지 않거나 아주 약간만 오르게 된다는 것이다. 그 근거가 그럴듯하다. 스미스가 살던 당시에는 유아 및 어린이 사망률이 끔찍할 정도였다.

스미스는 "…스코틀랜드 고지대에서는 20명의 신생아 중 2명 정도가 생존하는 것이 드문 일이 아니다"라고 말했다. 그런네 임금이 오르고 그에 따라 가게에 영양가 높은 음식이 제공되면서 유아 및 어린이 사망률이 하락했다. 당시 노동 가능 연령이 10세부터였던 만큼 머지않아 고용 가능한 노동력이 늘어나게 된 셈이다. 이런 식으로 노동력이 증대됨으로써 임금 인상은 억제되고 자본 축적은 계속되었다. 시

◎ 깜빡깜빡 잘하는 교수의 초상

"나는 단지 내 책에서만 완벽하다." 애덤 스미스(Adam Smith, 1723~1790)
는 한때 스스로를 이렇게 묘사한 적이 있다. 실제로 곳곳에서 눈에 띄는
옆모습을 보면 그는 소박하게 생겼다. 또 우스꽝스러운 걸음걸이로 친구
들에게 벌레로 불리기도 했고, 토론에 열중한 나머지 구덩이에 빠진 적이
있을 정도로 정신을 팔고 다니는 것으로 유명했다.

스미스는 학자로 살면서 거의 은둔에 가까운 생활을 했기 때문에 특별
한 사건을 겪은 적이 없다. 가장 극적인 사건이라고 해야 네 살 때 스코틀
랜드의 고향 마을 커카이디를 지나던 집시들 무리에게 유괴되었던 정도
일 것이다. 집시들은 그를 불과 몇 시간만 데리고 있었다고 한다. 나중에
전기 작가가 기록한 바에 따르면 별 재주가 없어서 "가난한 집시밖에는
될 것 같지 않아 걱정스러워서"였다는 것이 이유였다.

어려서부터 전도유망한 학생으로 꼽히던 스미스는 열여섯 살 때 옥스
퍼드 대학에서 장학금을 받게 되었다. 그러나 당시 옥스퍼드 대학은 오늘
날 같은 학문의 중심지가 아니었다. 체계적인 교육은 거의 이루어지지 않
았고, 학생들이 위험한 책만 읽지 않는 이상 알아서 공부하도록 내버려
둘 정도였다고 한다. 이곳에서 스미스는 18세기 철학의 걸작 중 하나로
꼽히는 흄(David Hume)의 《인간 본성에 관한 소고(Treatise of Human
Nature)》를 소지하고 있다는 이유로 쫓겨날 뻔하기도 했다.

옥스퍼드 대학에서 공부를 마치고 스코틀랜드로 돌아온 스미스는 글래
스고 대학의 윤리철학 교수로 임명되었는데, 그의 시대에는 윤리철학이

광범위한 주제를 다루는 과목이었다. 지금도 그가 강연했던 법률, 군사 조직, 조세 및 (오늘날 경제 정책에 해당하는 것으로, 국내 문제를 행정적으로 처리하는 것을 이르는) '행정'에 관한 강의록이 남아 있다.

1759년에 스미스는 도덕과 심리학에 관한 탁월한 연구 결과를 담은 《도덕 감정에 관한 이론(The Theory of Moral Sentiments)》을 출간했다. 이 책으로 상당히 폭넓게 주목받은 그는 미국 차(茶)에 대한 악명 높은 조세 부과로 역사에 이름을 남긴 전직 재무장관 타운센드 경의 눈에 들어 의붓아들 가정교사를 맡아 달라는 제안을 받게 된다. 그가 가정교사 신분으로 유럽 여행을 떠날 수 있었던 것은 이 제안을 받아들인 덕분이었다. 프랑스에서 그는 볼테르, 루소를 비롯해 뛰어난 의사이자 경제 체제가 어떻게 움직이는지를 설명하고자 시도한 선구자로 중농주의 사상을 펼친 케네(François Quesnay)를 만나게 된다. 만약 케네가 죽지 않았다면 스미스는 《국부론》을 케네에게 헌정했을 것이다.

1776년에 스코틀랜드로 돌아온 스미스는 여생을 주로 연구에 바쳤다. 《국부론》이 조금씩 심도 깊게 집필된 것은 바로 이 기간 동안이었다. 《국부론》이 완성되자 그는 당시 절친하게 지내던 흄에게 보냈고, 이에 대해 흄은 "훌륭하군, 스미스. 나는 자네가 이룬 업적을 보고 정말이지 기뻤다네"라고 답장했다. 이 책을 읽은 사람이라면 누구나 그랬듯이 흄도 스미스가 사회에 대한 인식 자체를 송두리째 바꿔 놓는 대작을 서술했다는 것을 알아챘기 때문이다.

장 체제가 항아리와 냄비의 자율적 규제를 통해 단기적인 생존력을 보장해 주었듯이, 지속적인 성장을 위한 자율적 규제 덕분에 장기적인 생존력이 담보되었던 것이다.

물론 스미스의 책은 이미 사라진 지 오래된 세계에 대한 것이다. 10명 규모의 작은 공장이 대부분인 세계, 중상주의적인 제약은 물론이고 심지어 봉건주의적 제약까지 여전히 남아 있어서 고용주가 도제를 몇 명이나 고용할 수 있는지까지 결정하는 세계, 노동조합이 대부분 불법인 세계, 사회적 법규라고는 거의 존재하지 않는 세계, 그리고 무엇보다도 사람들 대부분이 극히 가난했던 세계를 배경으로 했다.

그러나 스미스는 당시까지만 해도 아직 완전하지 않았던 경제 체제의 두 가지 중요한 특성을 파악했다. 첫째는 이윤을 추구하는 개인들로 구성된 경쟁 사회가 자율적으로 규제하는 시장 메커니즘을 통해 질서 정연하게 상품을 제공할 수 있다는 것이고, 둘째는 이 같은 사회야말로 자본을 축적함으로써 생산성과 부를 증대할 가능성이 높다는 것이다. 이런 통찰의 최종 결론은 아직 내려지지 않은 상태이다. 앞에서 본 것처럼 시장 메커니즘이 항상 성공적으로 작동하는 것은 아니며, 다음에 나오는 두 경제학자 마르크스와 케인스가 증명했듯이 경제 성장 과정에 중대한 결함이 있을 수 있기 때문이다.

그러나 스미스의 통찰 자체는 여전히 유효하다. 스미스 사망 이후 두 세기가 지난 지금에도 스미스가 얼마나 틀렸는지가 아니라 스미스의 통찰이 얼마나 뛰어났는지를 확인하게 되는 것이 놀라울 뿐이다. 실질적 의미에서 우리 경제학자들은 여전히 스미스의 학생인 것이다.

급진적 경제학자, 카를 마르크스

대부분의 사람들은 카를 마르크스(Karl Mark)의 이름에서 혁명을 연상한다. 따로 실은 글에서 볼 수 있듯이 어떤 의미에서는 그릇된 평가가 아니다. 그러나 마르크스는 정치적 행동가 이상의 인물이다. 그는 예리하면서도 심오한 경제 사상가로, 자본주의의 역동성을 가장 탁월하게 분석해 낸 인물이다. 따라서 이 책에서는 그의 정치 철학을 옹호하거나 공격하는 데 시간을 소모하지 않을 것이다. 우리의 관심사는 마르크스가 스미스와 달리 자본주의에서 무엇을 보았느냐 하는 것이기 때문이다.

애덤 스미스는 자본주의의 질서와 그 발전에 대해 연구한 분석가였다. 하지만 그는 새로운 산업 기술이 확대 재생산되리라는 것을 간파하지 못했다. 그가 살았던 시절이 산업 기술 개발 초기였다는 점을 감안하더라도 기묘한 일이 아닐 수 없다. 스미스는 오히려 완전하게 자유로운 사회는 시간이 지나 필요로 하는 자본이 축적된 후에는 깊은 불황에 빠져들 것이라고 굳게 믿었고, 그다음에 어떤 일이 벌어질지는 아예 언급조차 하지 않았다. 그에 비해 마르크스는 자본주의의 무질서와 궁극적인 소멸을 진단했다. 두 사람의 차이는 역사를 보는 방식이 근본적으로 서로 상반된다는 데에 있었다. 스미스에 따르면 역사는 인류가 '초기의 단순한' 수렵 및 이로 사회에서 궁극적으로 '상입 사회로 성장해 가는 일련의 단계였다. 하지만 마르크스는 역사를 사회 계급 간의 끊임없는 투쟁으로, 모든 시대를 지배 계급과 피지배 계급의 투쟁으로 보았다.

게다가 스미스는 상업 사회가 개인의 이해관계 상충에 대해 서로 받아들일 수 있는 조화로운 해결책을 제시하며, 그 사회가 영원히 지속되거나 아니면 적어도 상당 기간은 지속될 것이라 믿었다. 반면에 마르크스는 긴장과 적대감은 사회 계급 간의 투쟁의 결과였고, 그런 만큼 자본주의 사회는 영원할 수 없다고 보았다. 임금과 이윤에 대한 투쟁으로 나타나는 사회 계급 간의 투쟁이 자본주의를 변화시키고, 궁극적으로는 파괴하는 주요 동력이 될 것이기 때문이다.

마르크스가 자신의 저작에서 가장 큰 관심을 기울인 부분은 혁명의 관점과 목적이었다. 그러나 우리가 경제학자로서 마르크스에게 관심을 갖는 이유는 다른 데에 있다. 마르크스 역시 시장을 자본과 부를 축적하는 강력한 추진력으로 내다보았다. 하지만 그는 스미스와는 전혀 다른 시각에서 (주로 《자본론》 2권에서) 자본과 부의 축적 과정을 추적했다. 이미 살펴본 것처럼 스미스는 경제 성장 과정에서 자율적인 규제, 즉 지속적이고도 꾸준한 자유방임의 실행을 강조했다. 그런데 마르크스의 개념은 정반대이다. 그에게 성장이란 곳곳에 함정이 가득 차 있으며, 매순간 위기 혹은 역기능이 잠재해 있는 과정이다.

마르크스는 기업가의 자본 축적 과정과 매우 유사한 자본 축적 과정을 제시하면서 이야기를 풀어 나간다. 문제는 일정량의 자본, 즉 은행에 있는 돈 혹은 기업에 투자된 돈이 이윤을 생산하는 방식이다. 마르크스가 제기했다시피 (일정한 돈) M이 어떻게 (더 큰 돈) M′가 될 수 있는가?

마르크스의 대답은 자본가가 자기 돈으로 원자재와 노동력을 사들이는 데에서부터 시작한다. 자본가들은 원료나 반제품을 손에 넣고 노동력을 고용함으로써 생산 과정을 준비한다고 치자. 이 단계에서 원자재나 노동력을 제값에 구입하는 데 어려움이 생길 수 있다는 것이 문제이다. 예를 들어 노동력이 너무 비싸면 M은 사용되지 않고, 그에 따라 자본 축적 과정은 시작되지도 않는다.

설령 자본 축적의 첫 단계가 원활하게 시작되었다고 해 보자. 그러면 화폐 자본이 노동력과 원자재로 바뀌게 되고, 노동력과 원자재는 이어지는 노동 과정에서 결합된다. 즉 원자재를 가지고 실질적으로 작업이 이루어지고, 그에 따라 제품이 나오게 된다.

마르크스는 노동 과정이 이루어지는 공장에서 이윤이 발생한다고 보았다. 즉 노동에 대한 대가를 노동자가 제품 생산에 투여하는 실제 가치보다 적게 지불하려는 자본가의 능력이 이윤의 원천인 것이다. 그에 따라 M과 M′의 차액인 이윤은 필연적으로 미지불 노동 대가로 남아 있게 된다. 이와 같은 이윤의 원천으로서 잉여 가치론(theory of surplus value)은 마르크스의 자본주의 분석에서 대단히 중요하지만 우리의 주요 관심사는 아니다. 그러니 노동 과정에서 파업이 일어나거나 생산이 뜻하지 않은 난관에 부딪치게 되면 원자재나 노동력에 투자된 화폐 자본(M)이 자본의 목적인 더 큰 화폐 자본(M′)으로 나아가지 못하게 된다는 것을, 따라서 노동 과정이 자본 축적을 어렵게 만드는 또 하나의 난관이라는 것을 인식하는 수준에서 멈추기로 하자.

모든 것이 순조로워서 노동자들이 강편, 다이이, 불드로 자동차를 만들어 냈다고 하자. 그렇지만 자동차가 돈으로 바뀐 것은 아니다. 자동차가 아직 팔리지 않았기 때문이다. 그런데 바로 여기서 사람들의 기호에 대한 잘못된 예측, 수급 불일치, 사회 전체의 소비 능력을 떨어뜨리는 경기 침체 같은 우리에게 친숙한 시장의 문제가 제기된다.

모든 상황이 잘 돌아간다면 자동차는 팔릴 것이고, M은 보다 큰 돈 M′가 될 것이다. 이때 비로소 자본 축적의 순환이 완료되고, 자본가들은 새로운 금액 M′를 얻게 된다. 그렇지만 M′보다 더 큰 돈 M″를 원하는 자본가들은 새로운 자본 M′를 바탕으로 다시 한 번 자본 축적에 도전할 것이다. 애덤 스미스의 순조로운 성장 모델과는 달리 마르크스의 자본 축적 개념은 이렇듯 함정과 위험투성이다. 모든 단계에 위기의 가능성이 있는 것이다. 심지어 마르크스는 《자본론》을 통해 전개한 복잡한 이론에서 시장 체제가 그 내부 속성상 위기를 피하는 게 아니라 만들어 낸다고까지 한 바 있다.

마르크스의 자본 이론에 대해서는 이쯤에서 멈추도록 하자. 다만 이윤의 원천이자 미지불 노동 대가인 잉여 가치가 자본 축적 과정에서 어떤 방식으로 착취당하는지에 대한 복잡한 분석이 마르크스 이론의 핵심이라는 점에는 주목할 필요가 있다. 여기에 대해 더 알고자 하는 사람은 다른 여러 책들을 참고하기 바란다. 〔잘난 척하는 것으로 오해받을 수 있지만 저자의 《마르크스주의: 찬성과 반대(Marxism: For and Against)》(New York, Norton, 1980)가 입문서로 적당할 것이다.〕

우리의 관심은 마르크스가 처음으로 자본주의의 불안정성을 강조한 이론가라는 점에 있다. 애덤 스미스는 성장이 자본주의의 고유한 특성이라는 이론을 전개했지만, 확신에 찬 스미스의 묘사 과정과는 달리 마르크스에게는 성장이란 부침이 있는 불안정한 것이었다. 결국 자본 축적을 위해서는 시장에 내재된 불확실성을 극복하고, 보다 높은 임금을 요구하는 노동과 보다 많은 이윤을 원하는 자본 사이의 긴장 관계를 해소하지 않으면 안 된다는 것이 마르크스에 의해 명확해졌다. 기업들이 하나같이 부의 축적을 목표로 하지만, 기업들 모두가 이를 달성할 능력을 갖추고 있는 것은 아니다.

《자본론》에서 마르크스는 자본주의에 내재된 불안정성의 심화로 말미암아 마지막에 가면 자본주의 체제 자체가 붕괴된다고 보았는데, 이는 자본주의 체제에 대한 대단히 중요한 두 가지 예측에 근거해서 도출된 것이다. 마르크스에 따르면 우선 경제 위기가 발생할 때마다 기업 규모는 계속 증대하게 되어 있다. 경제 위기로 말미암아 덩치가 작은 기업들이 파산하면 그 자산을 살아남은 기업들이 사들이기 때문인데, 이런 맥락에서 본다면 자본주의 체제에서 갈수록 기업 규모가 커지는 것은 필연적 흐름이라 할 것이다.

둘째, 마르크스는 노동 인구가 무산 계급으로 전락하게 된 결과 계급 투쟁이 격화될 것으로 예측한다. 소규모 기업인들과 개별적으로 활동하던 기술자들은 성장 과정에서 발생하는 경제 위기 때마다 점점 더 착취당하게 될 것이고, 그에 따라 사회 구조는 한 줌의 거부들로 구성된 자본가 집단과 어마어마한 숫자의 프롤레타리아화된 (무산 계급에 해당하는) 비참한 노동자 집단으로 양분된다.

상황이 이쯤 되면 유지가 불가능해지는데, 마르크스는 이에 대해 《자본론》에서 다음과 같이 적고 있다.

이런 변화 과정에서 모든 이익을 강탈하고 독점하는 자본가 계급의 수가 계속해서 줄어들게 됨에 따라 억압받고, 예속되고, 착취당하는 비참한 하층민의 수는 늘어나게 된다. 하지만 이와 더불어 자본주의적 생산 과정의 메커니즘에 의해 훈련받고, 단합되고, 조직화된 노동자 계급의 수가 지속적으로 증가하면서 노동 계급의 반란 또한 늘어난다. 한때 자본의 독점 덕분에 번영을 누리던 생산 양식이 이제 자본의 독점 때문에 족쇄가 채워지는 것이다. 생산 수단의 집중화와 노동의 사회화가 도저히 양립할 수 없는 지점에 이르면 자본주의라는 거죽은 조각조각 찢어지게 된다. 자본가의 사유 재산권 제도에 조종이 울려 퍼지고, 강탈하던 자들이 강탈당하게 된다.

마르크스가 제기한 경제학적 논란의 대부분은 자본주의가 궁극적으로 스스로 파멸할 것인지의 여부에 초점이 맞춰져 있다. 마르크스의 용어를 빌리면 '모순(contradiction)'이라는 내적 긴장이 너무 높아져서 결국에는 시장 메커니즘으로 처리할 수 없는 지경에 이르게 된다는 것이다.

이 문제에 답하기는 쉽지 않다. 마르크스 비판자들은 자본주의가 붕괴하지도 않았고, 노동 계층이 갈수록 빈곤해지지도 않았으며, 이익률이 감소할 것이라는 마르크스의 예측도 입증되지 않았다고 격렬하게 반박한다.

여기에 대해 마르크스 지지자들은 반론을 내놓는다. 자본주의는 1930년대에 거의 붕괴되다시피 했다. 또 점점 더 많은 사람이 자기 자신을 위해서라기보다는 자본가의 회사를 위해서 일하는 '프롤레타리아 계급'으로 그 신분이 떨어지고 있다는 사실에 주목해야 한다. 예를 들어 1800년에는 미국인의 80퍼센트가 자영업에 종사했지만 현재는 그 수치가 10퍼센트에 불과하다는 것이다. 이 밖에 기업의 규모가 계속 커지고 있으며, 마르크스가 정확히 예측한 대로 자본주의 체제 스스로가 팽창을 시작해 비자본주의 지역인 아시아와 남아메리카, 아프리카 지역으로 밀고 들어가고 있다.

사회 분석가로서 마르크스의 공헌을 이런 종류의 채점표로 평가하는 것이 미심쩍기는 하다. 마르크스가 여러 가지 놀랄 만큼 예리한 주장을 펼쳤다는 것만은 확실하기 때문이다. 하지만 자본주의의 전망을 잘못 예측한 것도 분명한 사실이다. 자본주의 사회 및 그 이전 사회에서 계급 간의 투쟁이 사회 변화의 주요 동인이라는 진단과 사회주의로 나아가게 될 것이라는 예측은 대부분의 경제학자가 받아들이지 않고 있다. 그러나 마르크스가 높이 평가받는 이유는 근본적으로 다른데 있다. 그것은 자본주의가 갈등을 겪을 수밖에 없는 체제이고, 이런 갈등의 연속이 바로 자본주의의 지속적인 발전 과정이라는 마르크스의 견해이다. 여기에 대해서는 거의 대부분이 그 타당성을 부정하지 않는다.

마르크스의 사상은 이 책에 소개한 몇몇 경제학적 착상보다 훨씬 더 대단하다. 사실 마르크스는 경제학자로 생각하기보다는 사회 비판 사상이라는 새로운 분야의 선구자로 보는 것이 마땅하다. 《자본론》의 부제가 '정치경제학 비판(A Critique of Political Economy)'이라는 것은 이런 점에서 의미심장하다.

마르크스가 세계적으로 위대한 사상가 반열에 속한다는 데에는 의문의 여지가 없다. 하지만 이런 마르크스에게 자리를 만들어 준다면 경제학자 대열이 아니라 역사학자 대열이 적합하다. 마르크스의 초상은 경제는 물론이요 사회 분석이나 철학 연구 같은 수많은 사상을 내

◎ 혁명가의 옆모습

안색이 어두운 데다 턱수염까지 기른 마르크스(Karl Marx, 1818~1883)는 평생을 바쳐 자본주의 체제를 붕괴시키기 위해 전심전력을 기울여 연구한 혁명가의 화신이었다. 그는 평생 동지인 엥겔스(Friedrich Engels)와 '국제 노동 계급 운동(International Working Class Movement)'을 결성해 보수적인 여러 정부들을 놀라게 한 적도 있지만, 정작 정치적 혁명가로서는 별다른 성공을 거두지 못했다. 그러나 지적 혁명가로서 마르크스는 사상사를 뒤흔들어 놓은 인물 중 하나이다. 최소한 소비에트 연방이 몰락할 때까지는 말이다.

스미스는 은둔해서 학구적인 생활을 한 반면에 마르크스는 격렬하고도 적극적으로 활동했다. 독일 트리어 지방의 중산층 가정에서 태어난 그는 일찍부터 능력이 비범한 학생으로 주목받았지만, 천성적으로 교수가 될 성격은 아니었다. 철학 박사 학위를 받은 후 개혁적이지만 공산주의적이라고는 할 수 없는 신문의 편집장이 되었는데, 여기서 반동적인 프러시아 정부의 불신을 사게 되었다. 정부가 신문을 폐간하자 마지막 판을 붉은색으로 인쇄해 내보낸 후 마르크스는 부인인 예니와 (예니 집안의 하녀로 평생 무보수로 마르크스 부부와 같이 움직였던 렌첸과 함께) 파리, 브뤼셀을 거쳐 최종적으로 런던에서 정치적 망명 생활을 했다. 1848년에는 엥겔스와 《공산당 선언(The Communist Manifesto)》이라는 소책자를 발행했는데, 이 소책자는 널리 알려지기는 했으나 가장 중요한 작품이라고는 할 수 없었다.

마르크스는 생의 마지막을 런던에서 살았는데, 경제적으로 무능한 탓에 무척이나 가난하게 지내야 했다. 그럼에도 마르크스는 대영박물관 열람실에서 열정적으로 미완의 대작《자본론(Capital)》을 집필했다. 사실 그만큼 많이 읽고 깊이 연구한 경제학자도 드물다. 그는《자본론》을 집필하기 전에 이미 당시의 모든 경제학자에 대한 깊이 있는 비평을 세 권 분량의 책으로 남겼는데, 이것이 나중에《잉여가치론(Theories of Surplus Value)》이라는 제목으로 출간되었다. 또《자본론》에 포함된 주제에 대한 37권 분량에 달하는 노트는 1953년에서야《원론(Foundation)》이라는 제목으로 출간되었다.《자본론》은 뒤에서부터 집필했으나 2권과 3권은 초고 상태로 남아 있고, 나중에 쓴 1권만 유일하게 마르크스가 살아 있던 1867년에 발간되었다.

소비에트 공산주의의 붕괴에도 불구하고 마르크스가 역사와 사회 그리고 경제에 관한 사고방식을 전환시킨 천재라는 것에는 변함이 없다. 플라톤이 철학적 사고의 경향을 바꾸고, 프로이트가 심리학의 형태를 뒤흔들어 놓은 것처럼 말이다. 오늘날 경제학자 중에서 마르크스의 방대한 연구 업적을 이어 나가는 사람은 거의 없지만, 우리가 인식하지 못할 뿐 그는 여전히 여러 가지 형태로 많은 영향을 미치고 있다. 자본주의가 일정한 역사적 과거로부터 유래되어 다른 형태의 사회로 천천히 그리고 불규칙적으로 이동해 가는 진화론적 제도라는 사상은 마르크스의 업적에서 기인한다. 이것은 사회주의를 인정하는 학자건 인정하지 않는 학자건 관계없이, 심지어는 격렬하게 '반(反)마르크스주의'를 외치는 학자들마저도 대체로 받아들이고 있는 사실이다.

려다보는 복도 한가운데에 두는 것이 가장 좋을 것이다.

왜냐하면 마르크스는 수면 아래 깊숙이 묻혀 있는 본질에 도달하기 위해 분투한 끝에 우리가 살고 있는 사회 체제의 구조를 파헤침으로써 우리의 사고방식 자체를 영구적으로 바꿔 놓는 데 공헌했기 때문이다. 이제 마르크스의 저작에서 가장 예리한 면이 어떤 것인지는 더 이상 밝히지 않겠다. 하지만 마르크스의 사상에 끊임없이 관심을 가지는 원인이 바로 거기에 있다는 점에는 유념할 필요가 있다.

마지막으로 마르크스와 오늘날 공산주의와의 관계는 어떻게 되는가? 이는 마르크스주의 정치학에 관한 책의 주제이지 마르크스주의 경제학에 관한 책의 주제는 아니다. 다만 마르크스 자신이 열렬한 민주주의자이기는 했다. 그런데 문제는 그가 대단히 편협한 사람이라는 사실이고, 더 중요한 것은 그의 사고 체계 역시 편협했다는 점이다. 따라서 그의 사상에 기초해 설립된 혁명주의 정당에서도 사고의 편협성이 조장되었기가 쉽다.

마르크스는 소비에트 공산주의가 성립하기 훨씬 이전에 죽었다. 그 때문에 그가 공산주의를 어떻게 생각하는지는 알 길이 없다. 그렇지만 비록 공산주의의 지나친 행동을 보고 몸서리쳤다 해도 사회민주주의의 미래에 대해서는 여전히 희망을 가졌을 것이다.

독창적임에는 틀림없지만 너무나 복잡한 마르크스의 사상을 요약하기에는 상부 구조 및 하부 구조를 설명하는 것이 도움이 될 수 있다. 마르크스의 분석에 따르면 경제가 사회의 '하부 구조'를 이루고, 사회 발전의 원동력은 이 하부 구조에서 비롯된다. 정치 사회 부문은 단지 '상부 구조'로서 하부 구조에서 비롯된 원동력을 활용해 사회에 영향을 미치는 정도이다. 당시 사회 비평가들 대부분이 정치를 사회의 추진력으로 간주하고, 경제는 상대적으로 부차적 요인으로 격하시켰던 것에 비하면 충격적인 견해가 아닐 수 없다.

그러나 요즘 들어 마르크스의 견해가 평상시에 아무리 통찰력 있다고 하더라도 비상 상황에서는 잘못된 판단의 근거가 될 수도 있다는 사실을 경험하게 된다. 유고슬라비아의 해체, 소비에트 체제의 붕괴, 중앙아프리카의 잔혹한 부족 분쟁 과정에서 나타난 끔찍한 교훈이 마르크스가 말한 하부 구조 저변에 심층 하부 구조가 있다는 것을, 정치적·사회적 열망이 그 안에서 수십 년간 도사리고 있다가 자칫 불이라도 붙게 되면 가공할 폭발력으로 분출한다는 사실을 시사하고 있기 때문이다. 한때 강력한 지적 흡입력을 발휘하던 마르크스의 이론이 영향력을 잃고 있다면 그 이유는 아마도 경제학자들로서는 가장 받아들이기 어려운 교훈인 정치적·사회적 신념 같은 잠재되어 있던 힘이 다시 드러나서일 것이다.

자본주의의 구원 투수, 존 메이너드 케인스

마르크스가 자본주의를 자멸할 수밖에 없는 체제로 단정한 지적 예언자임에 반해 존 메이너드 케인스(John Maynard Keynes)는 자본주의를 수리한 엔지니어였다. 하지만 누구나 이런 평가를 받아들이는 것은 아니다. 케인스의 이론을 마르크스의 이론마냥 체제 전복적인 위험한 것으로 간주하는 사람들도 있기 때문이다. 케인스가 마르크스주의 사상에 철저하게 반대하고, 자본주의 체제의 유지와 개선을 전적으로 옹호했다는 점에서 보자면 이는 대단히 아이러니한 일이다.

그 어떤 경제학자보다 케인스를 계속 불신하는 이유는 그가 경제에서 정부의 역할이 결정적이라고 강조하는 '혼합 경제(mixed economy)' 사상의 시조이기 때문이다. 오늘날 많은 사람에게 정부 활동은 잘 해야 미심쩍은 정도이고, 최악의 경우에는 아주 해로운 것에 불과하다. 그러니 몇몇 분야에서 케인스는 비난의 대상이 되지 않을 수 없다.

그럼에도 불구하고 케인스는 경제학 분야에 새로운 지평을 연 위대한 경제학자 중 한 사람으로, 경제학 분야가 낳은 가장 영향력 있는 인물로 꼽히는 애덤 스미스나 마르크스에 비견되는 인물이다. 심지어 노벨 경제학상 수상자이자 보수주의 경제학자로 공인된 프리드먼(Milton Friedman)조차 "우리 모두가 케인스주의자이다"라고 선언할 정도이다.

위대한 경제학자들은 모두 그 시대의 산물이다. 스미스는 자본주의 발생 초기의 낙관주의를 대표했고, 마르크스는 산업 사회의 가장 서글픈 희생자들의 대변인이었으며, 케인스는 이후에 벌어진 대공황의 산물이었다.

대공황은 태풍처럼 미국을 강타했다. 순식간에 모든 생산물 가치의 절반이 사라졌고, 미국 노동력의 4분의 1이 일자리를 잃었다. 100만이 넘는 도시 가계가 대출금을 갚지 못해 집을 잃었고, 은행 파산으로 900만 명에 달하는 사람들의 저축이 아무 쓸모가 없어졌다.

실직과 소득 상실로 말미암은 이런 처참한 현실에도 불구하고 기업이나 정부의 자문역 같은 이른바 경제 전문가라는 사람들은 별다른 대안을 내놓지 못했다. 경제학자들 역시 경제의 진행 양상에 대해 일반 시민들과 마찬가지로 어쩔 줄 모르는 상태였기 때문이다. 이런 상황은 여러 가지 측면에서 인플레이션에 직면해 어쩔 줄 모르는 오늘날의 정부 관료나 경제 전문가들의 모습을 연상하게 만든다.

케인스의 위대한 저서인 《고용, 이자 및 화폐의 일반 이론(The General Theory of Employment, Interest and Money)》이 나온 것은 이처럼 혼란스럽다 못해 거의 광란에 가까운 분위기 속에서였다. 흔히 《일반 이론》으로 약칭되는 《고용, 이자 및 화폐의 일반 이론》은 《국부론》이나 《자본론》에 비해 훨씬 더 전문적이고 복잡한 책이다. 하지만 핵심 메시지는 대단히 파악하기 쉽다. 케인스는 자본주의 체제에서 경제 활동의 전체적인 수준이 기업가의 자본 투자 의향에 따라 결정된다고 했는데, 여기에 대해서는 아마 마르크스나 애덤 스미스 역시 동의했을 것이다. 그런데 때때로 자본 축적이 어렵거나 불가능할 것이라는 판단으로 말미암아 기업가의 자본 투자 의향이 벽에 부딪칠 수 있다. 스미스 모델에서 보듯이 임금의 급상승 가능성이 있다거나, 마르크스 이론에서 지적하듯이 성장 과정의 모든 단계마다 숨어 있는 어려움 같은 것 때문에 말이다.

하지만 이전의 모든 경제학자는, 일정 정도는 마르크스까지도 자본 축적의 실패가 일시적이며 자연적으로 개선될 수 있다고 믿었다. 스미스는 젊은 노동자가 많이 배출되면서 임금이 일정 수준에서 유지될 것으로 보았고, 마르크스는 (최종 단계에 이르기까지) 각 단계마다 위기에서 살아남은 기업가에게는 다시 이윤을 추구할 수 있는 새로운 기회가 주어질 것이라 파악했다. 그러나 케인스의 처방은 훨씬 엄격했

🔍 다재다능한 영국인의 초상

케인스(John Maynard Keynes, 1883~1946)는 확실히 다재다능한 사람이었다. 애덤 스미스나 마르크스와는 달리 그는 기업 세계에 정통했고, 탁월한 주식 중개인이자 금융가였다. 매일 아침 케인스는 침대에서 신문을 훑어보며 당시만 해도 가장 불확실한 시장인 외환 시장에 빠져 있곤 했는데, 그런 식으로 한두 시간 노력하는 것만으로도 그는 어마어마한 부자가 되었다. 따라서 재정적 능력이라는 측면에서 보자면 영국의 위대한 경제학자 리카도(David Ricardo, 1772~1823) 정도나 케인스에 필적할 것이다. 리카도처럼 케인스 역시 투기적 기질을 갖고 있었다. 제1차 세계 대전 기간 동안 재무부에서 근무하며 외환 관리를 담당하던 중 케인스는 상관에게 의기양양하게 스페인 페세타를 상당량 모았었다고 보고한 적이 있었다. 그의 상관은 영국이 당분간 스페인 통화를 갖고 있게 되었다고 안심했는데, 정작 케인스의 답은 "그렇지 않습니다. 이미 다 팔았습니다. 시장을 붕괴시키려고요"였다고 한다. 그런데 실제로도 그렇게 되었다. 전쟁 막바지 독일이 파리를 공습하던 기간 중에는 영국 정부를 대표해 교섭하기 위해서 프랑스에 간 적이 있었다. 이때에도 케인스는 대영박물관에 전시할 프랑스 걸작 몇 점을 헐값에 사들였고, 세잔의 작품을 개인적으로 구입했다.

하지만 케인스는 경제학자나 투자자라기보다는 오히려 명석한 수학자, 거대 투자 신닥 회사를 대단히 싱공적으로 경영한 기업인, 유명한 발레리나와 결혼한 발레 애호가, 뛰어난 문장가, 탁월한 능력을 가진 편집인에 가까웠다. 그는 마음먹기에 따라 대단히 친절한가 하면, 통렬한 풍자도

서슴지 않는 인물이었다. 은행가인 해리 고센(Harry Goshen) 경이 "일이 순리대로 진행되도록 놓아두지를 않는다"라고 비판하자, 케인스는 "타고난 감정대로 웃고 성내는 게 더 적절한 행동일까? 그렇다면 해리 경이 순리대로 행하도록 놓아두는 게 가장 좋을 듯하다"라고 빈정댈 정도였다.

케인스가 가장 큰 명성을 얻은 것은 경제학 분야에서의 독창성 때문이었다. 그는 뛰어난 경제학자였던 존 네빌 케인스(John Neville Keynes)의 아들답게 경제학적 재능을 타고났다. 케임브리지 대학 시절 이미 '케임브리지 신고전학파의 창시자'라 일컬어지던 마셜(Alfred Marshall)의 주목을 끌었다. 대학 졸업 후 케인스는 인도의 금융에 대해 쓴 탁월한 소책자로 바로 주목받게 되었고, 제1차 세계 대전 말기에는 영국 재무부 수석 대표 자격으로 전후 처리 교섭에 참가했다. 그러나 베르사유 조약의 보복적 조항에 실망한 나머지 사임하고 〈평화의 경제적 결과(The Economic Consequences of the Peace)〉라는 뛰어난 논문을 발표하여 세계적 명성을 얻었다.

거의 30년이 지나 케인스는 영국 정부의 수석 대표 자격으로 제2차 세계 대전 동안에는 차관을 확보하는 일에, 전쟁 이후에는 새로운 국제 통화 제도를 기초하는 브레튼우즈 협정의 설계자로 관여했다. 그런 그가 워싱턴에서 돌아오자 기자들이 몰려들어서 영국이 미국에 팔렸는지, 미국의 한 주가 될 것인지를 질문한 적이 있었다. 그때 케인스의 대답은 간결했다. "그런 행운은 없었다"라는 것이었다.

다. 실업자가 있고 사용되지 않는 유휴 산업 설비가 있더라도 시장 체제가 '불완전 고용 상태에서 균형(underemployment equilibrium)'이라는 일종의 지속적인 정체 상태에 이를 수 있음을 밝힌 것이다. 시장 체제에 자본주의의 지속적 성장이 가능하도록 스스로 교정해 나가는 특성은 없다는 것, 이것이 바로 케인스 이론의 혁명적인 면이다.

케인스 식 진단의 본질을 보다 잘 이해하기 위해서는 경제학을 더 공부할 필요가 있다. 하지만 그의 처방에 따라 도출된 결론은 쉽게 이해할 수 있다. 만약 자본 축적이 자동적으로 이루어지지 않는다면, 기업의 자본 지출을 대신할 그 어떤 것을 찾지 못하는 이상 경제는 극도로 침체된 상태에서 벗어나지 못할 것이다. 이 경우 경제를 자극할 수 있는 유일한 방안이 있는데, 그것이 바로 정부이다. 결국 침체된 자본주의의 활력을 되찾기 위한 핵심적인 경제 정책은 정부 지출이라는 것이 케인스가 전하는 메시지의 요지인 셈이다.

케인스 처방의 효과 여부라든가 정부 지출이 시장 체제에 미친 영향이 어떤 것인지와 같은 현대 경제학의 주요 문제들은 나중에 자세히 다루게 될 것이다. 케인스의 업적은 우리가 살고 있는 경제 체제에 대한 개념을 바꾸었다는 데에 있다. 애덤 스미스는 시장 체제 그 자체가 자연스럽게 성장과 내적 질서를 추구하는 특성을 갖게 된다고 하며 자유방임의 철학을 도입했다. 마르크스는 불안정과 위기가 모든 경제 단계마다 숨어 있다는 전혀 다른 관점을 강조한 만큼 자본주의를 유지하기 위한 정책에 관심을 기울일 이유가 없었다.

케인스는 스미스와도 다르고 마르크스와도 다른 철학을 제시했다. 케인스가 옳다면 자유방임주의는 자본주의에 대한 적절한 정책이 아니다. 특히 자본주의가 불황에 빠져 있을 때는 더더욱 그렇다. 또 케인스의 처방이 옳다면 마르크스의 음울한 예언 역시 잘못된 것이거나 잘못된 것으로 간주할 수 있다.

케인스와 스미스, 마르크스 중에서 과연 누가 옳은가? 이는 오늘날 경제학에서 대단히 중요한 문제이다. 비록 이들의 이론이 전체 역사의 한 부분에 지나지 않는다고 하지만, 이들 '세상을 움직인 경제학자들'이 제시한 문제는 여전히 미결 상태이기 때문이다. 어느 젊은 작가가 엘리엇(T. S. Elliot)에게 성급하게 말한 적이 있다. 우리가 이미 과거의 사상가들보다 더 많이 알고 있는 상황에서 그들의 사상을 연구한다는 것은 무의미한 짓으로 보인다고 말이다. 이 말에 엘리엇이 대답했다. "맞아. 그들은 우리가 알고 있는 전부를 이미 알고 있었어."

3

가계와 기업
그리고
정부

         이제 충분하지는 않지만 현대 경제학을 배울 단계가 되었다. 그런데 문제는 경제에 대해 어느 정도 알지 못하고는 경제학을 공부할 수가 없다는 것이다. '경제'란 무엇인가? 《타임》이나 《뉴스위크》지 경제면을 보거나 경제 잡지를 집어 들면 온갖 잡다한 것이 눈에 들어온다. 주식 시장의 등락, 기업의 명암을 기록한 실적 보고, 불가해한 '환율 시장 변동'에 대한 기사, 비즈니스 전문가들의 논평, 실업이나 세계화에 관한 기사들이 그것이다.

  이런 것들이 경제와 어느 정도 관련이 있는가? 그 많은 기사 중에서 과연 어떤 기사가 경제에 관한 것이라 할 수 있는가?

중소기업과 대기업

당연하겠지만 우리는 어디서 출발해야 하는지를 안다. 사유 재산과

표 | **기업의 구조**(1993년)*

	총 기업의 수 (단위: 1,000)	총 매출액 (10억 달러)	기업당 평균 매출액 (달러)
개인 소유 기업 (비농업 분야)	15,848	757	47,766
동업 기업	1,468	627	427,112
주식회사	3,765	11,814	2,979,570

* 이 자료와 이후 거의 대부분의 자료는 워싱턴 소재 상무부에서 편찬한 1994년 《미국 통계 연감 (Statistical Abstract of the United States)》의 519쪽에서 발췌.

시장 관계로 특징지어지는 자본주의 경제 제도의 핵심은 기업이기 때문이다. 자, 그렇다면 기업의 세계를 살펴보는 것으로 시작하자.*

위의 표는 매우 확실한 한 가지 사항, 즉 최소한 두 가지 유형의 기업이 있다는 것을 보여 준다. 그중 하나의 유형은 비(非)법인 기업(개인 소유 기업)과 동업 기업으로, 연간 총 수입이 10만 달러 이하인 소규모 기업이다. 물론 소규모의 주식회사도 있고 매우 큰 규모의 개인 소유 기업이나 동업 기업도 있다. 그러나 개인 소유 기업과 동업 기업은 대부분 규모가 작다. 전화번호부의 상호란에서 흔히 보게 되는 수많은 업체들, 즉 시골 농장, 부부가 운영하는 숱한 상점, 식당, 여관, 세탁업소, 약국, 도매상을 비롯한 미국 전체 기업의 75퍼센트가 여기에 속한다.

● 유의할 점은 이 책에서 인용되는 통계 수치가 작년이나 재작년 자료만 있는 것은 아니라는 사실이다. 그 이유는 대부분의 경제 수치가 공식 통계로서 신뢰할 만한 자료가 되기 위해서는 2~3년 정도의 시간이 필요하다는 데 있다. 다행스럽게도 이 장에서 인용되는 통계 수치는 1년마다 급격히 변하는 수치가 아니다. 게다가 우리는 이 수치를 통해 정확한 숫자 자체보다는 그 규모로 순위를 비교할 뿐이다.

소규모 기업은 기업 세계에서 우리에게 가장 친근한 부분이다. GM 이나 IBM이 어떻게 경영되는지는 어렴풋이 알지만, 철물상이 어떻게 운영되는지는 훤히 알 정도로 말이다. 게다가 소규모 기업 세계는 다음 두 가지 이유에서 우리의 관심을 끌 만하다. 첫째, 소규모 기업은 미국 노동력의 4분의 1이라는 상당한 수준의 고용을 창출하고 있다. 둘째, 소규모 개인 소유 기업의 의견이 결혼한 5가구 중 1가구의 경제·사회 문제에 대한 입장을 대변하는 만큼 소규모 기업은 다수 중산층의 의견을 반영한다고 볼 수 있다.

주로 주식회사에서 발견되는 다른 형태의 기업 세계에 대해서는 그 일부를 이미 살펴본 바 있다. 주식회사의 매출액과 개인 소유 기업 또는 동업 기업의 매출액을 비교해 보라. 주식회사와 개인 소유 기업의 비율은 50 대 1을 상회할 것이고, 주식회사와 동업 기업의 비율은 7 대 1 정도가 될 것이다.

그러나 이런 수치 역시 대기업과 소규모 기업 간의 엄청난 차이를 드러내 주지는 못한다. 미국의 주식회사 가운데 80퍼센트 정도가 연간 100만 달러 이하의 매출을 올리고 있다. 반면에 17퍼센트 정도의 기업은 100만 달러 이상의 매출을 올리는데, 이들의 매출액이 전체 주식회사 매출액의 약 95퍼센트를 차지한다.

수많은 소규모 기업 세계와는 다른, 매우 적은 수의 대기업 세계가 있다. 이 세계는 어느 정도나 클까? 2억 5000만 달러 이상의 자산을 가진 기업을 대기업으로 간주해 보자. 미국에는 그런 기업이 약 3000개 정도 있다. 그 중 반은 금융 분야 기업으로 주로 보험업과 은행업을 하고 있고, 약 5분의 1은 제조업을, 그 나머지는 수송, 전기·상하

수도·가스 등 공공 설비 사업, 통신 및 무역업을 하고 있다. 그렇다면 그 규모는 어느 정도인가? 1996년 미국에서 '가장 부유한' 기업은 시티 사로 총 자산은 2570억 달러였다.

공업 부문에서 미국 최대 기업은 포드로 그 자산이 2430억 달러를 상회한다. 이 두 기업은 1300만 개 개인 소유 기업의 총 자산에 해당하는 만큼의 자산을 소유하고 있다.

하지만 기업들의 상황은 시시 때때로 변한다. 예를 들어 GM과 IBM의 경우 최근 자산이 급격히 줄어들었다. 그렇지만 이런 사실에 관계없이 대기업이 차지하는 비율은 그대로 유지되고 있다.* 전체 총 기업 수의 0.1퍼센트보다 적은 수인 미국의 상위 500개 기업이 총 매출액의 약 75퍼센트를 차지하고 있는 것이다. 또 미국에서 가장 큰 기업 100개만 선정하면 이 기업들이 전체 공업 부문 매출액의 약 2분의 1을 생산하고 있다는 사실을 알게 된다.

마지막으로 매우 중요한 측면인데, 미국 기업의 현황을 전 세계 상황과 비교하여 살펴보자. 대기업은 모든 지역에서 자본주의를 주도하고 있다. 그런데 미국보다 유럽과 일본에서 더 빠른 속도로 기업의 규모가 거대화되고 있으므로 세계 전체의 GDP나 외국의 경쟁 기업과 비교해 볼 때 미국 기업은 실제로 점점 규모가 작아지고 있다. 매출액 기준으로 세계 50대 기업 중에서 미국 기업이 17개, 일본 기업이 2개,

---

* '대기업'에 대한 공식적인 정의는 없다. 우리는 《포춘(Fortune)》지가 선정한 상위 500개 기업과 은행, 보험, 금융, 수송, 공익 사업 및 소매 산업의 50위까지의 회사를 대기업으로 했다. 1990년대에 《포춘》지의 500대 기업에 포함되기 위해서는 5억 달러 정도의 매출액과 1억 달러 정도의 자산이 필요했다.

📍 기업들의 퍼레이드

우리는 뒤에서 대기업 세계를 다각도로 검토할 것이다. 다만 여기에서는 그 첫 시도로서 기업 문제를 재미있게 각색하여 표현해 보고자 한다. 관련 수치는 지난 몇 년간의 통계에서 도출된 것이지만 선명한 인상을 줄 것이다.

미국의 2100여만 개 기업을 규모에 따라 샌프란시스코에서 뉴욕까지 가장 작은 기업부터 순서대로 쭉 도열시켰다고 가정하자. 그러면 1마일 내에 5500개, 즉 1피트마다 1개 정도의 기업이 있을 것이다. 여기서 더 나아가 기업마다 깃발을 세우는데, 깃대의 높이가 매출액을 나타내도록 매출액 1만 달러마다 깃대의 높이가 1피트가 되도록 하자.

쭉 늘어선 깃대의 선은 매우 재미있는 광경을 연출할 것이다. 샌프란시스코에서부터 네바다 주의 리노까지는 줄지어 선 깃대의 높이가 몇 피트에 불과하여 거의 눈에 띄지 않을 것이다. 리노에서부터 동쪽으로 향하면서 깃대의 높이가 올라가 미국 국토의 5분의 4를 횡단한 지점인 오하이오 주 콜럼버스 근처에서 10피트 정도가 되어 매출액이 10만 달러에 도달한 것을 나타내게 된다. 콜럼버스에서 되돌아보면 전체 기업 중 3분의 2 이상이 매출액 10만 달러 이하인 것을 알 수 있다.

그러나 동부의 종착점에 이르게 되면서 깃대는 갑자기 높아진다. 50만 달러 이상의 매출을 기록하는 회사가 전국적으로 100만 개 정도가 되기 때문이다. 하지만 이 기업들은 3000마일 거리 중에서 불과 마지막 75마일을 차지할 뿐이다. 100만 달러 이상의 매출을 기록한 회사도 70만 개나 되는데, 그들은 마지막 50마일 정도를 차지하며, 깃대 높이는 최소한 100피트가 된다. 그다음 5000만 달러 이상 매출을 올리는 회사가 2300개로, 이 기업들은 뉴욕 시 경계선 4분의 1마일 직전까지 도달하여 깃발은 5000피트 상공 구름 속에서 휘날린다.

그러나 이 정도가 정점은 아니다. 뉴욕 시의 경계선에서 최종 1마일의 마지막 100피트 지점에서 100개 거대 기업을 보게 될 것이다. 이 기업들은 최소 50억 달러의 매출액을 기록하여 그 깃발은 구름 위로 높이 올라갈 것이다. 마지막 10피트의 길에 대기업이 있어서 매출액은 약 400억 달러 이상이 되고, 깃발은 문자 그대로 대기권에서 벗어날 정도가 된다.

앞에서 말한 것처럼 이 수치는 몇 년 전의 달러 가치를 나타낸다. 오늘날은 이 깃발이 2배 정도는 더 높아져서 샌프란시스코에서 리노까지는 깃발의 높이가 2피트 정도이고, 뉴욕에서는 성층권 높이까지 올라갈 것이다. 그러나 깃대의 전반적인 행렬은 비슷한 모양새일 것이다.

독일 기업이 6개, 영국 기업이 2개이다. 하지만 20대 거대 은행 중에서 미국 은행은 단 하나도 없다!

가계와 소득 그리고 계층

이 두 가지 유형의 기업을 통해 우리는 경제 구조가 어떻게 되어 있는지를 파악할 수 있다. 그러나 경제에는 분명히 기업 이외의 부문도 있다. 경제에서 또 하나 중요한 부분인 가계로, 미국은 1990년대 중반의 경제 통계로 볼 때 6900만 가계와 2900만 독신자 또는 동거자들이 있다.

경제학자들은 가계의 어떤 측면에 관심을 가지고 있을까? 그 중 하나는 노동력의 원천으로서 가계인데 이 부분은 나중에 검토할 것이다. 더 중요한 것은 가계에 대한 연구 조사에서 전반적인 소득 분배 상황을 알 수 있다는 점이다. 이들 가계와 독신자들의 상황을 죽 훑어보는 것만으로도 빈부 문제의 본질적인 측면을 파악하게 된다. 물론 이와 같은 빈부 수치가 우리가 머리말에서 언급한 소득 분배의 역동성을 설명해 주는 것은 아니다. 이런 문제도 뒤에 설명할 것이다. 여기서는 다만 빈곤의 범위와 정도에 대해서만이라도 일반적인 상황을 인식할 필요가 있다. 최근 들어 빈곤의 범위와 정도가 조금씩 바람직하지 못한 방향으로 변하고 있기 때문이다.

소득 분배를 설명하는 데는 여러 가지 방법이 있다. 그 중 우리는 한 나라가 커다란 케이크처럼 생겼다고 가정하고 그것을 다섯 계층으로 똑같이 나누는 방법을 활용하고자 한다. 그러면 빈곤 계층, 노동자 계층, 중산층 등을 말할 때 연상되는 소득액이 어느 정도인가를 알 수 있게 되는데, 그 액수는 대부분 우리가 생각하는 것과는 전혀 다르다.

우선 가장 아래 있는 계층인 빈곤층부터 시작하자. 정의에 따르면 이 계층은 나라의 하위 20퍼센트에 있는 모든 가계를 포함한다. 인구 조사국이 수집한 자료에 따르면 다섯 계층 중에서 최하위에 있는 가계의 가장 높은 소득은 1995년에 약 1만 7000달러 미만이었다. 참고로 그해 미국인의 1인당 소득은 2만 7756달러였고, 상무부가 지정한 4인 가족 기준 '준(準)빈곤(near-poverty)' 소득 수준은 1만 6000달러였다. 따라서 소득 수준으로 볼 때 하위 5분의 1 계층을 빈곤 또는 준빈곤 상황으로 본다고 해서 그렇게 과장된 것은 아니다.

다음에 나오는 '빈곤'이라는 제목의 자료에서는 가난한 가계의 특징을 몇 가지 보여 주고 있는데, 여기서는 우리가 주목해야 할 두 가지 측면이 더 있다. 첫째, 어떤 통계 조사에서 빈곤층으로 분류된 모든 가계가 그다음 통계 조사에서 여전히 빈곤한 것은 아니라는 점이다. 빈곤 가계 중 7분의 1 정도는 인생의 첫발을 내딛는 젊은이들이다. 저소득에서 시작한 이런 사람들은 곧 가난으로부터 벗어나게 된다. 빈곤 계층의 3분의 1은 노년층이다. 이 중 많은 사람은 경제생활이 왕성했던 젊은 시절에는 가난하지 않았다. 동시에 통계 조사가 행해졌을 때 가난하지 않았던 일부 가계는 나중에 가서 가난한 계층으로 전락했을 것이다. 이런 변화에서 얻을 수 있는 교훈은 빈곤이 고정되어 있지 않다는 점이다. 어떤 단계에서 몇몇 가계는 빈곤에서 벗어나고 몇몇 가계는 빈곤에 진입하는데, 여기서 중요한 점은 빈곤의 범위나 정도가 증대되고 있느냐 줄어들고 있느냐는 것이다. 그런데 유감스럽게도 다음 장에서 보듯이 최근 빈곤의 범위와 정도가 조금씩 증대되고 있는 추세이다.

둘째, 이것 역시 주목할 만하다. 빈곤선 이하에 있는 가계 중에서 4분의 3의 가계에는 최소한 1명 이상의 근로자가 있는데, 이는 그들의 빈곤이 소득 부족 때문이라는 것을 뜻한다. 다시 말해 빈곤한 사람이 이 정도나 된다는 것은 일부 직업에서 근로자에게 최저 임금에도 못 미치는 임금을 지불한다는 사실을 의미한다. 어떤 지역 몇몇 직업의 경우에는 심지어 임금이 너무나 낮아 한 가계에서 두 사람이 일한다 해도(특히 한 사람이 계절 노동자로만 일하는 경우) 빈곤에서 벗어나기가 어렵다. 예를 들면 계절 농장 노동자 또는 아무리 하찮은 직업이더라도 일자리를 얻어야 하는 이주자가 그렇다.

우리는 종종 어떤 직업의 관점에서 노동 계층을 정의하곤 한다. 우리는 공장 노동자가 판매 사원보다 소득이 높더라도 공장 노동자를 노동 계층으로 분류한다.

그러나 소득 분배 구조를 파악하기 위한 우리의 목적상 일단 소득 계층 중에서 가장 가난한 계층 바로 위에 있는 두 계층을 노동자 계층이라고 부르도록 하자. 이 계층은 인구의 40퍼센트를 차지한다. 이렇게 함으로써 우리는 어떤 가계가 어느 정도의 소득을 올릴 경우 우리가 정의한 노동 계층에 속하게 되는지를 파악할 수 있는데, 그 답은 4만 달러까지는 노동 계층에 해당한다는 것이다. 달리 말하면 1990년대 중반에 40퍼센트의 가계 소득 수준은 연가 1만 7000달러에서 4만 달러 사이인 셈이다.

전체 중에서 하위 5분의 3에 속하는 계층(약 5분의 1은 빈곤 계층이고 5

🔍 빈곤

1990년대 중반의 자료에 따르면 3600만 명의 미국인이 공식적으로 '빈곤'이라고 정의된 임금 수준 이하의 임금으로 살고 있다. 빈곤 가계는 어떤 특징이 있는가? 다음과 같은 사항이 이에 해당된다.

고령자: 가난한 사람의 10퍼센트를 약간 상회하는 수가 퇴직자다.
젊은이: 가난한 가계는 대체로 25~64세의 가장보다는 25세 이하의 가장이 이끌어 간다.
인종: 가난한 사람의 30퍼센트 정도가 흑인이다. 흑인 가계의 3분의 1과 흑인 아이들의 반이 가난하다.
성별: 가난한 가계 가운데 남성이 가장인 가계보다 여성이 가장인 가계가 여섯 배 정도 많다.
교육: 가난한 가계 중에서 2분의 1 정도의 가장은 고등학교를 졸업하지 못했다.

물론 여러 가지 특징이 중복되기도 하고 서로를 강화시키기도 한다. 즉 가난한 가계는 늙고 흑인이고 교육을 받지 못한 경우가 흔하다. 어떤 한 가지 특징이 가난하게 '만드는' 데 결정적으로 작용하는 것은 아니다. 예를 들어 가난한 사람들은 교육을 받지 못했기 때문에 가난할 뿐 아니라 가난하기 때문에 교육을 받지 못한다. 가난이 가난을 낳는 것이다.

분의 2는 노동 계층이다) 이외의 상위 계층, 그 중에서도 부유한 계층의 소득 수준부터 보자. 과연 어느 정도의 소득부터 부자라고 해야 하는 가? 이에 대한 현실적인 답은 소득에 달려 있는 것이 아니라 주식이 나 채권, 부동산 같은 소유 자산과 관련 있다. 이것은 나중에 다시 설 명할 것이다.

부자들 가운데는 우리가 상류층이라고 부르는 보다 광범위한 집단 이 있다. 이 계층은 전체에서 상위 5퍼센트에 해당되며 성공한 의사, 변호사, 사업가, 초일류 비행기 조종사, 회사 중역 및 일부 학자가 속 한다. 여기에 이르기 위해서는 어느 정도의 소득이 있어야 하는가? 1995년 기준으로 12만 3000달러가 상위 계층이 되는 경계선이었다.

우리 모두가 속한다고 생각하는 중산층은 그 사이에 있다. 케이크 를 자르는 것과 같은 방법에 따라 중산층은 노동 계층의 소득 상한선 인 4만 달러와 상류층의 최하한 소득인 12만 3000달러 사이에 속하 는 사람들로 35퍼센트가 여기에 해당한다. 그런데 1995년에 맞벌이 를 하는 결혼한 백인 부부의 평균 소득이 약 3만 9000달러를 약간 상 회한다는 점을 감안하면 이들은 거의 중산층에 근접한 계층이라 할 수 있다. 따라서 직업이나 출신 환경에 관계없이 중산층의 정서가 미 국 사회에 스며들었다고 해서 이상한 일은 아니다.*

그렇지만 미국의 소득 분배에 극심한 격차가 있다는 것은 분명하

• 여러분은 미국의 '보통의 백인 기혼 부부'가 평균이 아닌 소득 계층에 속하는 것을 의아하 게 생각할 것이다. 그 이유는 미국의 모든 가계가 백인이거나 부부가 함께 일하는 기혼 가 정인 것은 아니기 때문이다. 이에 대한 구체적인 수치는 1994년의 《통계연감(Statistical Abstract)》의 표 71a 및 71b를 참조하라.

표 | 순 자산에 따른 가계 분포(1998년)*

가계의 퍼센트	순 자산
하위 25퍼센트	5,000달러 이하
그다음 30퍼센트	5,000~5만 달러
그다음 35퍼센트	5~25만 달러
최상위 10퍼센트	25만 달러 이상

* 이 수치도 소득 분배 관련 수치와 마찬가지로 최신 자료는 아니다. 이는 재산에 대한 자료를 수집하는 데 더 많은 시간이 걸리기 때문이다. 이에 대한 가장 믿을 만한 자료는 울프(Edward N. Wolff)의 《부의 편중(Top Heavy)》(New York: 20th Century Fund, 1996)을 참조하라.

다. 미국에서 가장 유명한 경제학자인 폴 새뮤얼슨(Paul Samuelson)은 몇 년 전 소득 1000달러를 한 층으로 하여 아이들 벽돌쌓기 식으로 소득 피라미드를 만든다면 그 정점은 에펠 탑보다도 훨씬 높은 반면, 대부분의 가계는 지면 부근 1야드 높이 안에 위치할 것이라고 언급한 바 있다.

소득의 불균형보다 더 주목할 것은 위의 표에 나타난 것과 같은 부의 불균형이다. 우리가 보다시피 모든 가계의 4분의 1이 사실상 재산이 전혀 없다. 가장 하위 계층인 5분의 1('빈곤 계층')과 우리가 노동 계층이라고 정의한 그룹 중 하위에 있는 사람들이 여기에 속한다. 그 위의 30퍼센트는 주로 주택, 자동차, 저축예금 등의 순 자산으로 구성된 재산을 조금 가지고 있다. 여기에는 중산층 문턱까지 이른 노동 계층이 속한다. 여기서 자산이 어느 정도 축적되어 최상위 10퍼센트 단계에 이를 정도가 된 가계의 경우 대개 자산의 순 가치가 25만 달러에 이르러 상당히 큰 규모의 집, 보험 및 기다 저축 등을 소유하게 된다. 여기서는 주식과 채권이 자산의 일부가 되는데, 미국인의 20퍼센트가 이런 자산을 소유하고 있다.

최근의 통계 수치는 미국 최상위 계층의 부의 분배에 관해 추가적인 정보를 제공한다. 약 100만 달러 이상의 순 자산을 가진 가계는 1988년에 94만에 이르렀는데, 이는 전체 가계의 2퍼센트에 해당하는 수치이다. 또 자산에는 가계가 소유하고 있는 집이나 개인 기업의 가치가 포함되는데 만일 주식, 채권, 보험과 같은 금융 자산만으로 100만 달러 이상을 소유하고 있는 가계를 계산하면, 그 수는 약 25만으로 급격히 하락하여 모든 가계 단위의 0.5퍼센트에 불과하게 된다. 이 수치는 1990년대에 이르러서야 2배로 되었다.

그러면 미국의 백만장자들은 총체적으로 얼마나 많은 부를 소유하고 있을까? 확신할 수는 없지만 1960년대의 추정치로 백만장자 가계는 모든 주식, 채권 및 개인 부동산 가치의 절반 내지 4분의 3 정도를 소유하고 있었다. 이 수치는 인플레이션의 증감에 따라, 또는 주식 시장의 변동에 따라 변한다. 인플레이션이 한창이던 1960년대 후반과 1970년대에는 실제로 미국의 주식 가격 수준이 변하지 않았다. 그 결과 포트폴리오의 일부로 주식을 가지고 있었던 가계는 이 기간 동안 실질적으로 상당 부분을 손해 보았다. 1972년에 100만 달러의 포트폴리오를 가지고 있던 사람은 1981년까지 실질 구매력을 반 정도 잃었을 것이다. 그러나 그해부터 주식 가격이 올라서 1985년과 1986년에는 2배가 되는 호황이 있었고, 이후 1992년까지 또 2배가 되었다. 그 이후 어떻게 변했는지는 18장에서 설명할 예정이다.

🔍 소득의 퍼레이드

기업의 매출액을 기준으로 국토 횡단 깃발을 도열시킨 것과 같이 소득 수준에 따라서 인구를 줄지어 세워 보자. 1995년 소득의 중앙값인 3만 4000달러의 소득을 올린 미국 중산층의 키를 6피트라고 하면 이것이 우리의 평균 키이다. 과연 이 도열은 어떻게 될까?*

소득이 적자인 가계, 즉 그해 살림이 적자라고 보고한 가계도 있는 만큼 지하의 몇 가구로부터 시작한다. 이런 가계는 주로 기업의 손실 때문에 생기게 되므로 적자 소득이 일반적인 빈곤에 대응되는 것은 아니다. 뒤를 이어 긴 줄의 난쟁이가 뒤따르는데, 이들은 모든 가계의 5분의 1 정도를 차지하고, 그 키는 3피트에도 미치지 못하며 심지어 몇몇 가구는 1피트보다도 작다.

이 도열이 반 이상 지난 후에야 평균 크기의 사람들을 만나게 되며, 그 다음 거인이 다가온다. 도열의 마지막 5퍼센트는 10만 달러 이상의 소득을 가진 사람들로 키는 20피트에 이른다. 도열의 끝에는 사람들의 키가 600피트 내지 6000피트 정도에 이르게 되는데, 이는 평균 키의 백 배 내지 천 배에 해당한다. 미국 전체에서 가장 많은 소득을 올리는 사람들은 얼마나 될까? 잘 모르겠지만 60여 명의 억만장자는 1억 달러 이상의 소득을 올리고 있을 것이다.

* 얀 펜(Jan Pen), 《소득 분배(Income Distribution)》(Trevor S. Preston 역, New York: Praeger, 1971), 48–59쪽에 기발하게 묘사된 '소득의 도열'에서 발췌.

표 | **공공 부문 및 민간 부문**(1996년, 추정치)

	공공 부문	민간 부문
총 생산(10억 달러)	87.5	6,701.0
총 근로자(100만 명)	19.2	107.5

경제에서 정부의 역할

기업과 가계 외에 우리가 경제 구조를 이해하기 위해 알아야 할 마지막 기관으로 정부가 남아 있다. 그런데 이렇게 방대하고 복잡한 조직을 어떻게 요약할 수 있을까? 이를 위한 그 어떤 간명한 방법도, 유일한 방법도 없다. 다만 연구를 진행해 감에 따라 경제에서 정부 부문이 차지하는 위치를 좀 더 명확하게 파악할 수 있을 것이다. 따라서 우리는 어디선가부터 시작해야 하는데, 일단 표 '공공 부문 및 민간 부문'의 수치에서 출발해 보자.

소득 규모나 고용인의 수에서 보듯이 일반적인 경제학 기준으로 측정할 때 민간 부문이 공공 부문보다 상당히 크다는 것을 알 수 있다. 그러나 이 수치는 분명 정부의 규모와 자산에 대해 과소평가하고 있다. 전 국토 중 미국 연방 정부가 소유하고 있는 3분의 1 정도의 국유지를 어느 정도의 가치로 평가할 수 있을까? 또 국방 시설의 경제적 가치는 어느 정도인가? 통화를 발행하는 정부의 독점적 권한의 가치는 어떻게 따질 수 있는가? 이런 문제를 제기하게 되면 기업과 정부의 상대적 규모를 비교하는 것은 무의미해진다.

하지만 다음 두 가지 점에서 정부가 경제에서 차지하는 위치를 파

	연방 정부 (10억 달러)	주 정부 및 지방 정부 (10억 달러)
국방	291	0
교육	50	343
고속도로	35	68
보건	99	32
주택 및 공익 시설	13	19
천연자원	49	13

악하기 위해 애쓸 필요가 있다. 첫째, '정부'란 단순히 연방 정부만을 의미하는 것이 아니다. 우리가 알고 있다시피 연방 정부는 여러 측면에서 경제에 관해서 중요한 역할을 한다. 하지만 주 정부 및 지방 정부는 고용의 원천으로서 연방 정부보다 훨씬 더 중요한데, 이는 워싱턴에서 일하는 사람보다 주나 군, 시에서 일하는 사람이 대략 네다섯 배 정도 많다는 사실을 간과해서는 안 된다는 뜻이다.

더욱이 주 정부 및 지방 정부는 여러 중요한 분야에서 연방 정부보다 더 많은 공공재를 생산한다. 공공재도 총 생산의 일부이다. 특별한 경우인 국방 부문을 예외로 한다면 주 정부 및 지방 정부가 연방 정부보다 공공재 생산에 훨씬 더 큰 기여를 한다.● 위의 표는 이런 관점에서 살펴볼 만하다. 왜냐하면 '정부'가 하는 일 중 연방 정부가 아닌 주 정부나 지방 정부가 하는 일의 범위를 알려 주는 동시에, 정부라는 다

● 복지 비용은 공공재의 일부가 아니다. 이 지출은 주로 연방 정부에서 이루어지고 있는 만큼 복지에 관한 한 워싱턴의 중앙 정부는 주 정부나 지방 정부보다 더 큰 생산자가 아니라 더 큰 소비자이다. 나중에 생산이 어떻게 계상되는지 설명할 때 자세히 살펴보기로 하자.

어에서 연상되는 관료들의 서류 업무보다 훨씬 더 폭넓은 일을 정부가 한다는 사실을 일깨워 주기 때문이다.

둘째, 공공재가 다양하다는 사실에서 볼 때 많은 사람들이 생각하듯이 정부가 경제에 부담만 주는 것은 아니라는 점이다. 공립학교에서 공부하거나, 공공 병원에서 치료받거나, 공공 도로를 여행하거나, 공공 항로 표지 제도에 따라 유도된 비행기를 타 본 사람들은 정부 생산물의 수혜자로 공공재가 얼마나 중요한지를 알 것이다. 심지어 정부의 활동에서 야기될 수 있는 관료주의의 비효율성(정부만 그런 것도 아니지만)을 강조하는 사람들도 민간 기업들이 법규 집행이라는 보이지 않는 정부의 생산물에 경제가 의존하고 있다는 사실을 명심해야 한다.

4

지금까지의
경제 흐름

여기서 잠시 지금까지 설명한 것을 되돌아보고 앞으로 전개될 내용을 살펴보자. 머리말에서 골치 아픈 새로운 문제들이 중요하다는 것을 강조한 적이 있는데, 이것이 개정판을 발간하는 이유이기도 했다. 이 책을 읽는 독자들은 처음 몇 장에서 이런 새로운 문제를 다루리라 예상했을 것이다. 그러나 아직도 이 문제를 다룰 단계가 아니다. 의사가 환자를 진찰하거나 처방을 내리기 위해서는 환자의 병력을 알아야 하듯이 앞을 내다보기 위해서는 긴 안목에서 전체를 바라보는 시각이 필요하기 때문이다.

이제 아직 검토해 보지 않았던 경제의 한 단면을 이해하기 위해 경제의 '평면적 구도'가 아니라 시간의 변화 과정으로서 '경제의 흐름'을 살펴보기로 하자. 가장 먼저 느끼게 되는 것은 의심할 나위 없이 성장에 대한 통찰이다. 보는 것이 그 규모가 확대되고 있다. 기업의 규모가 확장되고, 노동조합이 커지고, 가계 수가 늘어나고 있을 뿐 아니라 부유해지고 있다. 정부 역시 확대되고 있다. 그리고 이 같은 경제의 기초이자 거래라는 거대한 순환적 흐름을 뜻하는 시장 제도의 범위, 즉 상당한 정도의 거래의 흐름도 그 규모가 점차 증대되고 있다.

물론 성장이 우리가 주목해야 할 유일한 것은 아니다. 1900년대 초반과 현재를 비교해 볼 때 각 기업은 규모뿐 아니라 성격도 달라졌다. 과거와 비교할 때 기업의 수도 많아지고 종류도 다양해진 데 비해 가계가 운영하는 기업은 줄어들었다. 가계에서도 기혼 여성의 반 정도가 직업을 갖게 된 것이 차이점이다. 노동조합 역시 한 종류의 직업 종사자로 구성된 제한된 동업조합이 아니다. 정부도 그 규모 면에서만 성장한 것이 아니라 다른 철학을 가지게 되었다.

경제 성장과 생산성 향상

그 중에서도 가장 먼저 우리의 관심을 끄는 것은 성장이다. 경제를 다각도로 조명하기 위해서는 모든 상황을 동시에 지켜볼 수 있는 커다란 화면이 필요하다. 그리고 이 화면은 유례없는 속도로 급증한 각종 산출물을 모두 담을 수 있을 정도로 커야 한다. 이런 맥락에서 우리가 우선적으로 해야 할 일은 다음 도표에서 나타난 것처럼 총 생산물의 달러 가치가 기록적으로 상승한 것을 검토하는 일이다. 민간 부문뿐 아니라 공공 부문이 생산한 재화와 용역을 모두 포함하는 생산물의 가치를 국내총생산(gross domestic product), 줄여서 GDP라고 한다. GDP에 대해서는 다음 장에서 더 상세히 정의할 것이다. 다만 여기서는 1900년부터 1997년까지 GDP가 놀라울 정도로 증가한 것을 말하고 싶은데, 특히 1980년 이후의 변화를 검토할 것이다.

다음 도표에서 보다시피 지난 100여 년 동안 모든 생산물의 달러 가치가 약 100배 정도 상승했다. 물론 동의하려면 주저되는 바가 없지 않을 것이다. 생산물의 달러 가치를 시기별로 비교하면서 그 증가액을 측정해 본다면, 실제 경제 활동에서 성장으로 보이는 것이 단지 가격 상승에 불과할 수도 있기 때문이다.

이런 의심은 전적으로 타당하다. 어떤 경제에서는 단지 밀만 생산하고, 그 밀이 1900년에는 1달러에 팔리다가 1980년에는 4달러에 팔린다고 치자. 또 실제로 밀 생산량이 1900년과 1980년에 변화 없이 공히 100만 톤이라고 하자. 이 경우 1900년의 GDP를 계산해 보면

도표 | 1900–1997년 GDP 가치

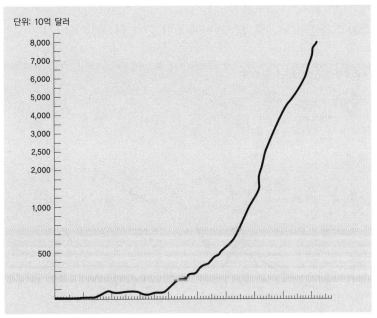

단위: 10억 달러

100만 달러지만 1980년의 GDP를 계산해 보면 400만 달러가 된다! 따라서 이 수치를 계산할 때는 인플레이션을 고려해야 하는데, 인플레이션 요인을 고려하는 방법은 1900년과 1980년의 생산물 가치를 계산할 때 생산물에 대해서 같은 가격을 적용하는 것이다. 그렇게 할 경우 우리가 사용한 예에서 어떤 가격을 적용한다 해도 GDP는 상승하지 않는다.

우리가 각각의 생산 연도 가격을 사용하여 계산해 낸 GDP를 경상 GDP(current GDP) 또는 명목 GDP(nominal GDP)라고 한다. 그에 비해 오직 일정한 어느 한 해의 가격만을 사용하여 수년간에 걸친 GDP 가치를 계산했을 경우에는 이를 실질 GDP(real GDP)라고 한다. 단지 가격이 올라가거나 내려감에 따라 생산물의 가치가 변화되는 것을 배제할 뿐 아니라 그 결과가 판매 가격의 변화가 아니라 생산의 실질적 변화를 측정하게 해 준다는 의미에서 실질적이라는 것이다.

도표 | 1900-1996년 실질 GDP

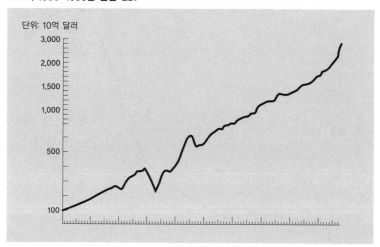

단위: 10억 달러

왼쪽 아래의 도표에서는 한 해의 가격(이 경우는 1972년)을 기준으로 연도별 생산물 가치(GDP)를 산정했을 때, 1900년부터 1996년까지 실질 GDP의 상승 곡선 변화를 볼 수 있다. 이 도표 역시 GDP가 약 10배 정도 상승한 괄목할 만한 결과를 보여 주고 있다. 그러나 인플레이션을 감안하기 전보다는 상승 속도가 상당히 완만하다.

　　여기에 최종적으로 조정되어야 할 요소가 있다. 그것은 생산량이 증가했을 뿐 아니라 인구도 늘었다는 사실이다. 1900년에 미국의 인구는 7600만 명이었는데 1996년에는 2억 6700만 명이 되었다. 실질 GDP를 1인당 GDP로 나타내기 위해서는 실질 GDP를 인구 수로 나누어야 하는데, 그렇게 할 경우 매우 놀라운 결과를 얻게 된다. 1900년대 초반부터가 아니라 통계 자료를 얻을 수 있는 시기까지 거슬러 올라가면 미국의 1인당 실질 성장 속도는 놀라울 정도로 꾸준하다는 사실을 알 수 있다. 물론 부침이 있었고 그것이 어느 때에는 심각한 정도에 이르기도 했지만, 대부분의 등락은 주요 흐름의 10퍼센트 범위 안에서 이루어졌다.

　　대체적으로 실질 소득 기준으로 1인당 연간 약 1.5퍼센트의 성장이 달성되었다. 연간 1.5퍼센트 성장이 대단하게 생각되지 않을지 모르지만, 이 수치는 47년마다 1인당 실질 생활 수준을 2배로 끌어올리는 것이다. 이것이야말로 애덤 스미스의 성장 모델을 현실화한 것이 아니겠는가!

　　이와 같이 장기간에 걸친 꾸준한 상승 경향을 어떻게 설명할 것인가? 근본적으로 두 가지 설명이 가능하다. 첫째, 경제 과정에 사용되는 투입물의 양이 증대되었다는 점이다. 1900년에 미국의 노동 인구는 2700만 명이었으나 1980년에는 1억 800만 명이 되었다. 노동력의 투입 증가는 재화와 용역의 생산 증가를 가져온다. 투입되는 자본의 양 역시 증가했다. 예를 들어 1900년에는 모든 종류의 엔진, 노동에 이용되는 동물, 배, 기차 등과 같은 '원동력'에 의한 총 에너지가 6500만 마력이었으나, 1980년에는 300억 마력 정도가 되었다.

둘째, 투입물의 질이 개선되었다. 1980년의 노동 인구는 1900년보다 수적으로 많아졌을 뿐 아니라 더 잘 훈련되고 더 나은 교육을 받았다. 개선이 이루어진 것을 측정하는 척도는 노동력에 축적된 교육의 규모이다. 노동 인구의 6.4퍼센트만이 초등 교육 이상의 교육을 받았던 1900년에 교육이 이루어진 규모는 연인원 2억 2300만 명 정도인데 비해, 인구의 3분의 2 이상이 고등 교육을 받았던 1980년에 교육이 이루어진 규모는 연인원 10억 명 이상으로 늘어났다.

자본의 질 역시 양과 함께 개선되었다. 자본의 질적 변화의 중요성을 나타내는 예로 포장된 도로가 생산에 기여하게 된 점을 검토해 보자. 1900년에는 15만 마일의 도로가 포장되었는데 1980년에는 약 400만 마일이 포장되었다. 이 수치는 도로 포장이 25배 이상으로 증가했다는 의미이다.

그러나 이 증가 수치는 두 종류 도로 체계의 수송 능력의 차이, 즉 자갈이 깔려 있는 좁은 길로 평균 10~20마일로 달릴 수 있도록 건설된 도로 체계와, 콘크리트 또는 아스팔트로 만들어지고 차로도 여러 개 있어서 훨씬 더 빠른 속도로 달릴 수 있게 된 도로 체계 간의 수송 능력의 차이를 반영하지는 못한다.

직업의 변화나 대규모 작업의 효율성과 같이 다른 성장 요인도 있지만 주요한 요인은 투입물의 양과 질의 증가이다. 이 중에서 작업자의 숙련도 및 자본재의 성능 향상 같은 투입물의 질적 개선은 단순한 양의 증가보다 더욱 중요하다. 숙련도 및 성능의 향상은 생산성 증대로 이어졌고, 이는 곧 주어진 시간 안에 생산할 수 있는 재화와 용역의 증가를 의미하기 때문이다.

기업 규모의 거대화

이제 기업에 대해 살펴보자. 여기서 바로 눈에 들어오는 변화는 기업의 주요 형태였던 (자영업자를 포함해) 독립적인 소규모 기업이 상당히 줄어들었다는 것이다.

수치상으로 1900년에는 570만 농가를 포함하여 약 800만 개의 독립 기업이 있었으나, 1990년대 초반에는 3장에서 보았다시피 210만 농가를 포함하여 개인 소유 기업이 1400만 업체 이상 증가한 것으로 나타난다. 하지만 그 사이 노동력은 3배 이상 증가했다. 따라서 총 노동 인구 대비 자영업의 비율은 1900년에 30퍼센트에서 현재 10퍼센트로 하락했다.

자영업자의 감소와 함께 거대 기업이 부상했다. 1900년에 대기업이 등장하기 시작해, 1901년에 은행가 J. P. 모건(John Pierpont Morgan)이 10여 개의 작은 기업을 통합해 US 스틸을 만들면서 처음으로 10억 달러대의 회사가 나오게 되었다. 그해 100만 달러 이상 되는 모든 회사의 총 자산액은 50억 달러였는데, 이것이 1904년에는 200억 달러, 1985년에는 약 10조 달러에 이르게 되었다.

표 | 상위 기업의 자산 소유 비율(%)

	1948	1960	1970	1975	1983	1991 (추정)*
100대 상위 기업	40.2	46.4	48.5	45.0	48.3	69.5
200대 상위 기업	48.2	56.3	60.4	57.5	60.8	88.7

* 최근 자료 원용

과거 80년간의 주요 흐름으로 보면 대기업의 출현이 그리 놀랄 일은 아니다. 더 흥미로운 사실은 대기업이 계속해서 성장할 것인지 여부인데, 이 문제는 성장이 무엇을 의미하는지에 달려 있기 때문에 답하기가 쉽지 않다.

주식회사의 세계에서 대기업의 위치는 위의 표에서처럼 계속 증가해 왔는데, 마르크스는 이런 경향을 정확히 예측한 바 있다.

1948년에 상위 200대 기업이 총 기업 자산 중에서 2분의 1을 차지했는데, 1980년대와 1990년대 초반에는 상위 100대 기업만으로도 총 기업 자산의 2분의 1을 차지하게 되었다. 이렇듯 영향력 있는 기업에 자산이 지속적으로 집중되는 현상은 우리가 일반적으로 정의하는 독점화의 확대와는 다르다. 독점화는 자동차 산업에서 GM의 점유율과 같이 어떤 시장에서 한 기업의 점유 비율이 증가한다는 의미이다. 시장 우위의 경제에서 기업 전체의 총체적인 부가 꾸준히 거대 기업의 손아귀로 흘러들어 갔다고 해도 그 비율이 두드러지게 상승한 것은 아니며 때로 하락하기도 했다.

GDP의 성장 추세를 설명한 것처럼 기업 자산이 장기적으로 집중되는 경향도 설명할 수 있을까? 경제학자들은 거대 기업이 출현하는 주요 이유로 세 가지를 강조한다. 첫째, 기술의 진보를 통해 적은 비용으로 재화나 용역을 대량 생산하는 것이 가능하게 되었다는 것이다. 기업의 거대화는 상당 부분 기술 진보의 결과이다. 증기 엔진, 선반과 같은 공작 기계, 철도 등이 없었다면 애당초 대기업이 부상하기는 어려웠을 것이다.

그러나 기술은 대규모 생산을 가능하게 하는 것 이상으로 많은 기여를 했다. 대표적인 예로 기술은 규모의 경제(economies of scale)라고 하는 경제적 효과를 유발했다. 즉 기술은 생산 과정을 확대시켰을 뿐 아니라 그 비용을 낮추기까지 한 것이다. 생산이 증가함에 따라 단위 비용은 감소했다. 이 과정은 뒤의 '바늘 공장에서 조립 공정으로' 자료에서 보듯이 자동차를 한 번에 한 대씩 생산하는 것보다 조립 라인에서 생산할 경우 비용이 엄청나게 감소된다는 예에서 확실히 드러난다.

규모의 경제는 규모의 확대에 강력한 동기를 부여했다. 대량 생산 기술을 도입하는 데 선구적인 역할을 했던 기업은 일반적으로 경쟁사보다 판매에서 유리한 점을 확보해 기업 규모가 커지고, 그에 따라서 이점은 더욱 확대된다. 여러 산업에서 거대 기업이 최초로 부상하게 된 중요한 원인은 이와 같은 비용 감소에 따른 이점 때문이었다. 마찬가지로 어느 분야에서 거대 기업이 출현하지 않았다면 그것은 이런 기술이 없기 때문이다.

둘째, 기업의 집중은 기업 합병의 결과이기도 하다. J. P. 모건이 US 스틸로 철강 회사를 통합한 이래 기업 합병은 주식회사 성장의 주요 요인이 되었다. 기업 합병 움직임이 크게 일어난 것은 19세기 말인데, US 스틸 같은 거대 기업이 처음으로 생겨난 것은 이런 흐름을 통해서

📍 바늘 공장에서 조립 공정으로

2장에서 말한 애덤 스미스의 바늘 공장을 기억할 것이다. 자, 이번에는 분업의 업그레이드 판이라 할 수 있는 포드 자동차의 초기 조립 공정을 살펴보자.

"주요 조립 라인과 부품 생산 및 공급 공정은 어떻게 조화를 이루는가? 차대(chassis)에만 1000개에서 4000개에 달하는 부품이 각각 매일 정확한 장소에서 정확한 순간에 공급되어야 한다. 하나라도 차질이 있으면 불쾌한 소리를 내며 멈추어 버린다. (…) 관리인은 시간마다 얼마나 많은 부품이 생산되며 얼마나 많은 부품이 재고로 있는지 파악해야 한다. 재고가 부족할 위험이 있으면 모든 자동차 회사에서 흔히 볼 수 있는 검독관(檢督官)이 투입된다. 회계원과 일반 검사 요원은 검독관에게 보고한다. 거기서 문제의 소지가 발견되면 검독관은 현장 감독관을 동원해 문제를 해결하도록 한다. 검독관은 하루에 세 번씩 각 공장 생산부와 조립부의 최종 결과에 대한 명세를 문서로 보고하는 동시에 현장 사무실 칠판에도 기록한다."*

이렇게 제도화된 절차는 그 자체로 생산성을 급격히 상승시킨다. 각 공정을 분석하고 가장 단순한 과정으로 세분화하여, 현장 관리자는 공정이 일정하게 진행되는 것을 지켜보며 끊임없이 공정 과정을 관리함으로써 차를 조립하는 데 필요한 총 시간이 놀랄 정도로 줄어들게 된다. 1년 안에 자동차 한 대를 조립하는 데 소요되는 시간이 10시간에서 3시간 46분으로, 차대를 만드는 데 소요되는 시간은 12시간 28분에서 1시간 33분으로 줄어드는 식이다. 시간 기록계원은 직공에게 단순한 공정인 피스톤 축과 피스톤을 조립하는 데 3분을 준수하라고 말한다. 그러고는 이 작업을 3단계로 분리하여 예전에 1명이 하던 업무량을 2분의 1명이 하게 된다.

* 앨런 네빈스(Allan Nevins), 《포드 사, 시간, 사람, 기업(Ford, the Times, the Man, the Company)》(New York: Scribner's, 1954), 1507쪽 참조.

였다. 1890년에는 대부분의 산업에서 경쟁이 심한 탓에 한 기업이 어떤 분야를 지배하지 못했다. 1904년에 이르러서야 주로 기업 합병에 의해 한두 개 거대 기업이 생겨나서 78개의 다른 산업 분야에서 최소한 반 이상의 생산을 지배하기 시작했다.

1951년과 1960년 사이에는 다시 상위 1000개 기업의 5분의 1이 사라졌는데, 이는 파산으로 비롯된 것이 아니라 다른 기업에 매각되었기 때문이다. 전체적으로 1950년부터 1970년까지 기업 규모가 확대된 경우 중 기업 합병이 5분의 2를 차지했고, 기업 내부적인 성장이 그 나머지를 차지했다.

마지막으로 기업 집중은 경기 순환에 따라 가속화된다. 공황 또는 경기 침체로 수많은 소규모 기업이 파산하게 되면 더 크고 재정적으로 안정된 기업이 매우 싼 가격에 파산한 소규모 기업을 매수할 수 있는 여건이 조성되기 때문이다. 이것 역시 마르크스가 예측한 상황이다. 어떤 산업이 위험한 상황이 되면 힘 없는 생산자들은 몰락하지만 기반이 튼튼한 생산자들은 전보다 상대적으로 더 강력하게 부상한다. 예를 들면 한때 유망했던 미국의 자동차 생산 기업인 스투드베이커, 패커드, 카이저 모터스는 1950년대와 1960년대의 그리 심각하지 않았던 경기 침체와 외국 경쟁사의 도전으로 무너졌다. 1980년에는 크라이슬러가 파산을 모면하기도 했다.

계속되는 기업 합병 열기

기업이 대규모화되는 경향이 잠잠해졌는가? 몇 년 전까지만 해도 그런 것처럼 보였다. 그러나 1980년대에 또다시 광범위한 기업 합병의 흐름, 실제로 역사상 가장 거대한 흐름이 있었다. 미국에서는 1984년에 약 3000건의 대기업 합병이 있었고, 자산 규모로는 1240억 달러에 달했다. 심지어 1985년에는 그 총 규모가 더 커졌다. 그해 최소한 5건의 합병이 있었는데 각각의 합병 규모가 기업 합병이 본격화되기 이전 10년간의 모든 합병 규모보다 더 큰 기업 합병이었다. 예를 들면 GE는 RCA를 63억 달러에, 필립 모리스는 제너럴 푸드를 58억 달러에, 그리고 GM은 휴즈 에어크래프트를 51억 달러에 사들였다. 이런 경향은 1989년까지 이어져 4000여 개 기업 합병이 이루어졌고, 그 규모는 2540억 달러에 이르렀다.

드러나는 거대 기업의 한계

이 책의 바로 전 판본이 발간되던 몇 년 전만 하더라도 거대한 통합의 흐름이 계속되고 있기는 했지만 동시에 그 통합 움직임이 끝날 조짐이 보인다는 것이 당시의 대체적인 상황이었다. 좀 더 확실히 말하면 '규모 축소'라는 새로운 현상이 대두되었는데, 그에 대해 우리는 다음과 같이 설명한 바 있다.

거대 기업들은 그 규모 때문에 난공불락인 것처럼 보였으나, 차츰 경제 공룡으로 변한 결과 1990년대 중반에 이르러서는 첨단 기술의 활용이나 환경 변화에 따른 신속한 방향 전환, 간판 방식(just in time, JIT) 같은 생산 공정의 향상에서 뒤처지게 되었다. GM, IBM, 시어스

로벅이 규모를 대대적으로 줄이는 구조 조정에 나선 것도, 과거 성장 만을 위한 성장을 추진한 결과 상실한 유연성과 효율성을 제고하기 위해서였다.

이런 관점에서 본다면 오늘날 우리는 어디에 와 있는가? 이에 대한 대답은 우리가 매우 불확실한 시대에 진입했다는 것이다. 이는 1990 년대 초반부터 그 모습을 드러내기 시작한 변화의 조짐이 매년 갈수록 더 확산되고 더 혼란스러워지고 있기 때문이다. 이것이 우리가 세계화라고 통칭하는 새로운 기술과 기업의 구조 개편이다. 세계화가 이렇듯 경제 용어로 새롭게 등장할 정도로 중요한 변화임을 감안하여 우리는 이 책 마지막 장 전체를 할애할 예정이다.

독자들의 입맛을 돋울 정도의 내용은 귀띔해 준 만큼 이제 이 장에서 언급하려는 부분을 마무리하도록 하자. 지금까지 기업 성장의 흐름을 살펴보았지만 아직 설명이 필요한 다른 두 가지 부문인 노동과 정부가 남아 있다.

그런데 익히 알다시피 이 문제는 대단히 중요하기 때문에 이 책 다른 부분에서도 설명할 예정이다. 따라서 여기서 다루지 않은 부분은 그때까지 남겨 두기로 하자.

노동 조직의 확대와 축소

미국의 노동조합은 형성기에는 대기업의 성장에 필적할 정도로 세력이 확대되었다. 노동조합은 어쨌거나 거대 기업이 노동자에 미치는 압박에 대항하여 생겨난 사회적 반응이다. 남녀 조합원의 수가 1897년에는 50만 명도 안 되었으나 1929년에는 350만 명 이상으로 증가한 것도 그 때문이다. 이후 그 수는 거의 변동이 없었으나 산업별 노조와 직능별 노조를 합법화하는 노동 관계법(National Labor Relations Act of 1935)이 1935년에 통과되고 얼마 지나지 않아 2배로 증가했는데, 이런 경향은 1950년대 중반 노동 인구의 31퍼센트인 1800만 명의 노동자가 직능별 노조 또는 산업별 노조에 가입할 때까지 계속되었다.

이후 노동 인구 중에서 노조에 가입한 비율이 반으로 줄어들 만큼 급격히 감소했는데 그 이유는 무엇일까? 원인은 여러 가지가 있다. 먼저 1950년대와 1960년대에는 상대적으로 조합을 구성하기 어려운 소기업과 여성 근로자가 다수를 차지하는 서비스 분야에서 고용이 늘어남으로써 노조 가입률이 낮아졌다. 또 1960년대에 경영진과의 순조로운 협상 결과에 만족한 노조 지도부가 점차 타성에 젖게 된 점도 영향을 미쳤을 것이다. 1970년대에는 계속되는 이윤 폭의 감소를 계기로 경영진이 노조 측에 좀 더 공격적으로 대응함으로써 이런 노조원 감소 경향이 가속화되었고, 마지막으로 레이건 행정부가 공공연히 반노조적 태도를 견지함으로써 이런 감소를 부추겼다.

이와 같은 노조 세력의 급격한 확대나 축소 수준보다 더 중요한 것은 캐나다를 비롯한 거의 모든 유럽 국가가 노조에 정당성을 부여하고 있는데, 미국은 그렇지 않다는 사실이다. 이들 국가 중에서 노조의 힘이 약화되는 국가는 미국 외에는 없으며, 정부와 경영진이 노조에 대해 강력히 반대하는 견해를 보이는 미국과 달리 다른 나라들은 전혀 상반된 태도를 보이고 있다는 점을 비교해 볼 필요가 있다. 예를 들어 독일은 노조 지도자들이 기업 이사회에 참여하도록 법률로 규정했다. 이렇게 해서 노조와 경영진 사이의 협정이 지켜지면 서로 인플레이션을 유발하는 임금 요구를 자제하게 되고, 그에 따라 경영의 효율성이 향상되면 유럽 경쟁자들은 상당한 경쟁적 우위를 확보하게 된다. 그러나 당장에는 '노조 문제'를 다루는 유럽 방식이 미국인의 정서에는 맞지 않을 것이다. 대단히 중요한 이 문제는 이미 언급한 것처럼 나중에 다시 다루도록 하자.

거대 정부의 출현

이제 우리는 경제의 마지막 큰 흐름, 즉 3장에서 살펴본 바와 같이 거대 정부의 출현으로 인해 나타나는 결과를 살펴보고자 한다.

공공 부문의 부상을 측정하는 세 가지 크게 다른 방법이 있다. 첫째는 정부가 직접 생산하거나 구입하는 정도가 GDP에서 차지하는 비율을 조사하는 것으로, 이는 대략적으로나마 경제의 국유화 비율이 어느 정도 되는지를 나타내는 지표로 간주할 수 있다.

둘째는 정부가 어느 계층에게는 세금을 부과하고 다른 계층에게는 사회보장 혜택, 복지 사업 또는 실업보험과 같은 '이전 지급(transfer payment)'을 제공함으로써 소득을 재분배하는 정도를 확인하는 것이다. 이는 복지 국가의 정도를 나타내는 표시로 간주할 수 있다.

마지막 방법은 정부가 경제 활동의 여러 측면을 규제하거나 기타 다른 방법으로 정부가 가진 경제적 영향력을 행사함으로써 경제 운용에 어느 정도 관여하는지를 조사하는 것이다. 이것은 정확히 측정하기가 대단히 어려운데, 관리된 자본주의 또는 통제된 자본주의의 방향으로 나아가는 정도를 나타내는 것으로 볼 수 있다.

이런 세 가지 수치 모두 장기간에 걸쳐 상승하고 있다는 것에 대해서는 누구도 놀라지 않을 것이다. 미국 정부의 직접 생산 또는 직접 구매 경향을 보면, 1929년에는 총 생산의 10퍼센트 이하였던 것이 1992년에는 20퍼센트 이상으로 상승했다. 이와 같이 증가한 원인에서 우리가 주목해야 할 것은 두 가지 요인, 즉 국방 부문에서 연방 지출이 급격하게 상승하고, 교육과 도로 부문에서 주 정부와 지방 정부의 지출이 상당한 규모로 증가한 데 기인한다는 것이다. 국방 부문을 제외할 경우 연방 정부는 재화와 용역의 대규모 구매자가 아니며 오히려 그 반대라고 할 수 있다. 더욱이 GDP 중 연방 정부가 차지하는 구매 비율은 25년 동안 일정했다.

그러나 연방 정부의 지출이 막대하다는 것은 확실하다. 연방 정부의 지출 규모 증가를 나타내는 두 번째 지표인 복지 기능을 검토할 필요가 있는 것도 그래서이다. 1929년에는 정부에 의한 이전 지급으로 재분배된 것이 GDP의 1퍼센트 이하였지만, 1980년에는 11퍼센트에 이르렀다. 이 중 상당 부분은 사회보장, 의료보험 그리고 기타 '사회 안전망'을 위해 연방 정부가 지출한 것이다. 공공 지출이 실제로 증가한 것은 정부 구매가 많아져서가 아니라 정부 이전 지급이 증가한 때문인데, 이 두 흐름이 결합하여 GDP의 약 3분의 1을 차지한다. 이것은 전 세계적인 경향으로, 대부분의 유럽 자본주의 국가에서는 미국보다 GDP의 더 많은 부분을 정부가 지출하거나 이전 지급하고 있다는 사실에 주목해야 한다.

마지막으로 살펴볼 것은 정부 규모를 측정하는 세 번째 지표인 개입의 정도인데, 이것은 정부가 제도의 감독 또는 규제 기관으로서의 위상이 어느 정도인지를 보여 준다.

정부의 개입은 그 성격이 다양한 데다 개입 정도가 정부 기관이 지출하는 돈의 규모나 고용하는 사람의 수에 따라 드러나는 것은 아니기 때문에 쉽게 측정하기 어렵다. 예를 들면 우리가 살펴본 정부 지출 중에서 상당 부분은 행정부의 기존 부서, 특히 사회보장 지출을 담당하는 보건복지부와 군사 지출을 담당하는 국방부를 통해서 이루어진다.

그러나 비록 정확하지는 않더라도 최소한 여러 경제 부문에서 정부의 관여 범위가 확대되고 있다는 사실은 파악할 수 있는데, 다음 항목은 현재 정부가 담당하고 있는 기능이 얼마나 다양하고 중요한지를 보여 준다.

환경보호청은 공해 규제 법률을 집행한다.

연방준비이사회는 은행을 규제한다.

연방통신위원회는 각 방송사에 주파수를 배정한다.

연방무역위원회는 무역 규제에 관한 기업 활동을 관할한다.

주간통상위원회는 철도, 수로, 트럭 운송 산업을 규제한다.

노동관계이사회는 노동조합 선거를 감독한다.

국가과학재단은 과학 연구를 지원한다.

관세위원회는 관세 문제에 대한 청문회를 연다.

관세위원회와 같은 몇몇 기관은 거의 100여 년의 역사를 지니고 있는 데 비해, 환경보호청 같은 기구는 상대적으로 새로운 기관이다. 그러나 경제에 대한 정부의 개입 범위는 지난 1세기 혹은 그에 가까운 기간을 돌이켜 볼 때 상당히 확대된 것은 분명하다. 앞으로는 이런 오랜 전통이 중지되거나 심지어 영원히 파기될지도 모르는데, 이것은 앞으로 검토할 주제이다. 그러나 우리는 먼저 정부 구매, 정부 이전, 정부 개입과 같은 모든 수치에서 장기적으로 상승 경향을 보이는 이유를 이해해야 한다.

이에 대해 이론의 여지가 없는 간단한 답변은 있을 수 없다. 그러나 역사를 거슬러 올라가 보면 그 이유를 미루어 짐작할 수는 있다.

기업 자체의 규모가 확대되어 정부 개입의 필요가 생겼다. 기업의 규모가 커짐에 따라 개별 기업의 결정이 사회에 중요한 영향을 미치게 되었기 때문이다. 다시 말해 대기업의 결정이 광범위한 영향을 미치게 되었다는 말이다. 공장 건설 여부에 따라 도시, 심지어 주 전체의 번영이나 쇠퇴를 초래할 수 있다. 치열한 경쟁으로 산업이 파괴될 수도 있고, 강을 오염시켜서 지역 전체가 황폐화될 수도 있다. 연방 정부 수준에서만이 아니라 지방 정부, 주 정부의 노력은 대기업이 사회적, 경제적 문제를 유발하지 않도록 하거나 일어난 문제에 대처한다는 것을 의미한다.

기술 발전에 대해 공공 기관이 감독할 필요가 생겼다. 문제를 유발하는 기술을 규제하기 위해 정부가 상당히 노력하게 되었다는 것이다. 예를 들어 비행기, 텔레비전과 라디오, 원자력, 새로운 의약품 및 무기류 등에 대처하기 위해서 설립된 기관 등이 그렇다. 사회적, 자연적 환경에 대한 기술의 영향력이 증대함에 따라 이 같은 공공 기관에 대한 감독 역시 강화될 전망이다.

도시화로 중앙 행정 기관이 필요하게 되었다. 도시 생활은 매력도 있지만 위험도 있다. 그 때문에 시골보다 훨씬 복잡한 과밀 지역인 도시에서는 경찰, 공중 보건, 교통, 위생, 교육 시설 없이는 살 수 없다. 게다가 정부 기관은 지금도 그렇고 또 항상 그러했듯이 도시에 집중되어 있다. 결국 나라 전체가 도시화됨에 따라 더 큰 정부가 필요하게 된 것이다.

경제가 통합됨에 따라 추가적인 문제가 생겼는데, 산업화를 통해 경제가 광범위하게 맞물려 돌아가게 되었다. 산업화되지 않은 상태의 지역 경제는 모래 더미나 다름없다. 즉 한쪽을 손가락으로 누르면 그 부분에 있는 기업이나 개인은 영향을 받아도, 다른 부분은 전혀 영향을 받지 않는 것이다. 그런데 산업의 운용 규모가 확대되고 전문화됨에 따라 모래 더미들이 통합되면서 사정이 달라졌다. 즉 한쪽을 누르면 모래 더미 전체가 무너지게 된 것이다. 따라서 이제는 문제들이 지역화에 그치지 않는다. 경제의 어려움은 이처럼 그 범위가 확대되고 있다는 데에 있다. 즉 에너지, 운송, 도시 및 교육 계획이 지역적이 아닌 전국적인 차원에서 마련될 필요가 생긴 것이다. 이런 문제를 주로 담당하는 것이 바로 정부, 그것도 연방 정부이다.

경제가 정상적으로 움직이지 않아서 공공 부문의 개입을 초래한다. 50년에서 75년 전에는 경제에 대한 지배적인 시각이 정부 개입을 두려워하는 것이었다. 경제를 내버려 두는 것이 가장 효율적이며, 정상적으로 운용되는 것을 바꾸려는 시도는 무용할 뿐 아니라 잘못된 것이라는 시각에서였다. 이런 태도는 대공황을 겪으면서 완전히 바뀌었다. 기업이 잇달아 도산하자 경제를 정상적으로 되돌리기 위한 정부의 역할이 상당히 증대되었다. 대공황의 충격과 공황 재발을 막으려는 의지가 정부 지출과 정부 개입을 이끈 분수령이 되었던 것이다. 케인스의 시각은 혼합 경제로 이행하는 데 매우 중요한 역할을 했으며, 오늘날에는 심지어 가장 보수적인 정부라 하더라도 순수한 자유방임 체제로는 돌아갈 수 없게 되었다. 이제는 그런 것이 가능하지 않게 되었기 때문이다.

마지막으로 우리는 이미 정년퇴직 이후의 생활이나 의료비 지출, 실업 기간 동안의 수입 등은 각 개인이 부담해야 할 책임이라고 여기지 않는 사회에 살고 있다. 옳든 그르든 모든 자본주의 국가에서는 이런 책임 또는 유사한 책임을 정부가 부담하는 방향으로 나아가고 있다. 사실 미국은 유럽의 많은 자본주의 국가와 비교해 볼 때 이 문제에서는 뒤처져 있다. 미국이 정부의 위상을 점차 강화하여 주 정부, 지방 정부 그리고 연방 정부가 생산과 구매의 양을 확대하려는 주요한 이유들이 여기에 있다.*

이외에도 다른 원인들도 있다. 관료주의는 그 자체로 확대되는 경향이 있다는 것도 그 중 하나이다. 정부 지출 증대로 재정 적자가 늘어나고 있는 만큼 그 원인과 결과도 이후 다시 검토할 예정이다. 그러나 전체적인 결론은 분명하다. 현대 자본주의하에서 정부는 중요한

* 정부가 시장 기능에 간섭해 성공하거나 실패할 경우와 그 필요성을 설명한 좋은 책은 로버트 커트너(Robert Kuttner)의 《판매를 위한 모든 것(Everything for Sale)》(New York: Alfred A. Knopf, 1997)이 있다.

역할을 하는 경제 주체이다. 우리는 앉아서 기다리기보다 조금씩이라도 우리의 역사를 만들어 가야 한다. 그 때문에도 정부가 이런 기능을 얼마나 잘 수행할 수 있는지와 정부가 부여된 사명을 어느 정도 실현시킬 수 있는지는 계속 검토해야 한다.

2부

거시 경제

경제 성장과 경기 침체의 분석

5

GDP는
무엇을
말해 주나?

 경제학이 어려운 이유 중 하나는
경제학에서 사용하는 용어 때문이다. 경제학에서는 저축(savings)이
나 투자(investment) 같은 용어를 우리가 평상시에 사용하는 의미와는
약간 다르게 사용할 뿐 아니라 거시 경제(macroeconomics)니 국내총
생산(gross domestic product, GDP)이니 하는 낯설고 이해하기 어려운
용어도 나온다.

이런 경제학 용어를 이해하기 쉬운 말로 바꾸는 것이 좋기는 하지
만, 이는 의사들에게 문제가 뭔지를 의학 용어가 아닌 일상어로 설명
해 달라고 요청하는 것이나 다를 바 없다. 차라리 경제학을 어느 정도
공부함으로써 경제학자들이 경제 상황에 대해 언급할 때 사용하는 기
본 용어들에 익숙해지는 편이 낫다.

이와 같은 경제학의 기본 용어 중 하나가 '거시 경제'라는 이상한
단어이다. 이 단어는 '크다'는 의미의 그리스어 단어인 매크로(macro)

에서 나왔다. 따라서 거시 경제는 인플레이션이나 경기 침체, 실업, 경제 성장 같은 매우 큰 문제를 다룬다는 의미가 함축되어 있다. 하지만 이것이 거시 경제와 나중에 다루게 될 미시 경제를 구분하는 기준은 아니다. 거시 경제는 오히려 경제 시스템의 특정 측면을 강조하는 관점 혹은 견해를 말하는 것이기 때문이다.

거시적 측면에서 보면 경제는 어떻게 보일까? 그 모습은 우리가 앞장에서 바라본 경관과 다르지 않다. 비행기에서 내려다보면 경제는 기업과 가계, 정부 기관이 어울려 있는 광대한 풍경으로 보일 것이다. 또 나중에 미시적 관점을 취해 동일한 경관을 새의 시각이 아닌 벌레의 시각으로 보게 되면 경관의 면면이 깜짝 놀랄 정도로 선명하게 떠오를 것이다.

경제를 거시적 측면에서 내려다보는 목적은 경제 활동의 핵심 과정을 미시적 측면에서 볼 때보다 더 뚜렷하게 볼 수 있도록 해 주기 때문이다. 경제의 거시적 측면은 전국적인 규모로 생산 활동이 계속되면서 부의 생산 및 재생산이 끊이지 않고 거듭되는 과정이다. 그 속에서 국가는 물질적 생활을 보충하고 새롭게 하고 확대해 가는데, 이와 같은 거대한 흐름을 국내총생산이라고 하고 GDP로 약칭한다. 따라서 텔레비전 아나운서가 GDP가 상승했다거나 하락했다고 할 경우 이는 생산의 흐름이 더 넓어졌다거나 좁아졌다는 것, 즉 우리가 더 많이 또는 더 적게 생산했다는 것을 의미한다. 거시 경제의 첫 번째 과제는 바로 이와 같은 생산량 변동의 원인을 규명하는 것이다.

GDP의 구성 요인

우리는 이 흐름 자체를 더 세밀히 관찰함으로써 문제를 풀어 보고자 한다. 이때 한 가지는 바로 확인할 수 있다. 생산의 흐름은 생산 요소 간의 협조로, 즉 가계의 노동력이 정부가 규정한 법규에 따라 주로 기업이 소유하고 있는 자본과 토지와 협력함으로써 이루어진다는 점이다. 비행기 위에서 보게 되면 1000여 만의 농가, 공장 및 사무실과 정부 기관으로부터 발생하는 이런 생산의 흐름을 선명하게 볼 수 있다. 국민 생산이라는 흐름은 바로 이런 샘물들이 모아진 것이다.

위에서 내려다보면 처음에는 이 흐름이 구분할 수 없는 생산물의 집합으로 구성되어 있는 것처럼 보인다. 온갖 종류의 음식과 의복, 갖가지 목적의 기계류를 비롯한 수십만, 수백만 가지의 재화와 용역이 이 흐름 속에 뒤섞여 있는 탓이다.

그러나 다시 들여다보면 이런 다양한 생산품들이 근본적으로 두 종류로 구분된다는 것을 알 수 있다. 그 중 하나는 자동차, 이발, 보석 및 육류처럼 가계 구성원이나 정부 공무원이 사적 목적으로 사용할 수 있는 재화와 용역이다. 생산의 흐름 가운데 이런 부류를 소비(consumption)라고 하며, 소비 범주에 드는 다양한 재화와 용역을 소비재(consumers' goods)라고 한다.

이런 소비재 부문은 우리에게 친숙하다. 하지만 거시적 관점에서 보면 소비자는 절대로 소유하지 않는 재화와 용역도 있다. 사무실 집기나 타자기 같은 소소한 장비는 물론이거니와 기계, 도로, 사무실, 건물, 교량, 공항 같은 일련의 생산물이 여기에 해당한다. 이것은 분명 GDP의 일부분이지만 소비재는 아니다. 이런 품목들은 투자재(investment goods) 혹은 자본재(capital goods)라는 특별한 이름이 있는데, 이것이 경제적 풍요의 정도를 결정하는 데 중요한 역할을 한다는 점을 나중에 알게 될 것이다. 아울러 투자재에는 이런 물적 투자재 말고도 학교 교육이나 연구 개발에 의한 지식과 같은 인적 자본(human capital)이 더해져야 한다.

소비재와 투자재라는 생산의 두 가지 흐름을 거시적으로 접근하면 놀라운 사실을 알게 되는데, 그것은 이 두 흐름이 경제에서 서로를 지탱해 준다는 사실이다. 소비재의 흐름은 확실히 가계의 노동 의욕과 경제적 풍요를 유지하도록 한다. 소비재의 이 같은 흐름이 중단된다면 몇 주도 채 지나지 않아 곤경에 처하게 된다. 투자재의 흐름 역시 경제 활력을 유지하는 기능을 한다. 투자재를 통해 자본이 보충되고 새로워지기 때문이다. 투자재는 댐이나 도로 같은 사회기반시설을 비롯해 공장이나 창고, 드릴이나 선반, 농기구, 아파트, 기술, 지식 등을 수리하고 확장하는 데 국한된다. 따라서 투자재의 흐름이 중단된다고 해서 소비재의 공급이 끊어졌을 때처럼 그렇게 빨리 곤경에 처하지는 않는다. 하지만 생산 능력이 감소하게 되면서 서서히 근대 이전의 사회로, 원시사회로 되돌아가게 될 것이다.

결국 GDP는 소비재와 투자재라는 두 종류의 생산물로 구성된다. 따라서 1997년 기준으로 거의 8조 달러에 달하는 미국의 GDP는 이두 가지 생산물의 총 판매 가치를 나타낸다. 이와 관련해서 커다란 슈퍼마켓의 계산대를 통과하는 생산물의 흐름을 상상하면 이해하기 쉬울 것이다. 각 품목의 판매 가격이 계산기에 등록된다. 그렇게 등록된

1년간의 총액을 계산하면 그것이 한 해 GDP인 셈이다.*

GDP와 관련해 몇 가지 유의해야 할 점이 있다. 그 중 하나는 계산대를 통과하는 생산물의 흐름이 공공이 소비하는 공공재(public goods)와 개인이 소비하는 민간재(private goods)로 구분된다는 점이다. 소비재의 흐름을 예로 들어 보자. 소비용 재화나 용역은 그 말이 뜻하는 바와 같이 통상적으로 매우 짧은 기간 안에 사용되거나 떨어지는 품목들이다. 그 중 음식이나 의복, 영화 티켓, 법률 서비스 같은 소비재는 대부분 개인적인 목적으로 가계에서 구입한다. 그러나 몇몇 소비재는 지방 정부나 주 정부 또는 연방 정부가 구입한다. 예를 들어 소방 서비스는 변호사나 석유 회사 유정(油井)의 소방 요원이 하는 전문적 서비스와 유사하지만 개인이 사용하는 소비재가 아니라 공공이 사용하는 소비재의 일부분이다. 궁극적으로는 소방관의 서비스에 따른 혜택을 가계가 얻는다고 하더라도 이와 같은 서비스에 경비를 지출하는 '주체'는 바로 정부이기 때문이다.

공공재와 민간재에 대한 이 같은 구분은 투자재의 경우에도 적용된

* 이와 관련해 더 자세한 것을 알고 싶은 독자도 있을 것이라 생각해 이 주석을 단다. 최근까지 총 생산과 관련해 사용된 것은 국민총생산(GNP)이었지 국내총생산(GDP)이 아니었다. 사실 그 차이는 미미하다. GDP는 미국 내에서 생산된 모든 재화와 용역의 가치의 총합을 의미한다. 따라서 GDP는 미국 회사가 생산하든 미국 내 외국 회사가 생산하든 미국인이 생산하든 미국 내 외국인이 생산하든 상관이 없다. 미국 내에서만 생산하면 되는 것이다. 그러나 GNP는 미국인이 생산한 모든 재화와 용역의 가치의 총합을 의미한다. 미국에서 생산하든 외국에서 생산하든 미국인이 생산하면 되는 것이다. 그런데 요즈음은 모든 나라가 GDP를 사용한다. 미국 역시 최근 GNP에서 GDP로 바꾸어 사용하고 있다. 몇 년 전의 총 생산 관련 통계 수치가 GNP로 되어 있는 것도 이 때문이다. 다행스럽게도 GDP와 GNP의 차이는 그리 크지 않지만 알아 둘 필요는 있다.

다. 공장의 경우에서 보듯이 투자재는 오랜 기간에 걸쳐 사용되며 마모되었을 때에야 대체된다. 이는 도로나 댐, 시 소유 소각 시설의 경우에도 마찬가지이다. 그렇지만 이것은 공공 투자재이지 민간 투자재가 아니다. 소방 서비스와 같은 논리에서이다. 다만 기술이나 지식 같은 일부 투자재는 공공 부문과 민간 부문이 따로 구입하기도 한다.

공공 지출에 대해 언급할 때 한 가지 더 유의해야 할 사항이 있다. 그것은 이전 지급이라고 하여, 주로 연방 정부에 의해 이루어지는 엄청난 정부 지출이다. 4장에서 설명했다시피 이전 지급은 '사회 안전망'을 위한 지출 흐름으로 사회보장, 의료보험, 실업, 장애 또는 저소득 계층을 위한 각종 지원 및 보조의 형태로 이루어진다. 그 총액은 1997년 연방 정부 이전 지급 기준으로 1조 1000억 달러를 웃돌아 GDP의 14퍼센트에 달한다.

그러나 GDP를 산정하면서 이 이전 지급은 포함하지 않았다. 그 이유는 이전 지급이라는 말이 의미하는 바와 같이 수혜자가 유용한 서비스를 제공한 대가로 받는 것이 아니라 사회복지의 목적으로 이루어지는 것이기 때문이다. 여기에 무슨 차이가 있을까? 예를 들어 우리가 세탁비를 지불하는 것은 우리를 대신해 세탁해 준 사람에게 돈을 이전하는 것이다. 마찬가지로 학교나 소방서, 군대에 재정을 지원하기 위해 세금을 낸다는 것은 결국 우리를 대신해 해당 서비스를 수행하는 사람들에게 지불하는 셈이다. 그러나 직업을 가질 수 없는 사람이나 건강 때문에 스스로를 돌볼 수 없는 사람, 은퇴를 한 사람에게 지불하기 위해 우리가 내는 세금은 그 어떤 노력에 대한 대가가 아니다. 이는 단지 선진국에서 제도화된 사회적 책임의 한 형태일 뿐이다.

GDP를 계산할 때 이전 지급을 제외하는 이유가 바로 여기에 있다. 사회보장 수표의 지급에서 보듯이 이전 지급의 대가로 아무런 생산도 일어나지 않기 때문에 빼고 계산하는 것이다.* 도박, 주식이나 채권 구입, 재해 복구 지원 같은 경우에도 동일한 논리가 적용된다. 이 경우 비록 대규모 지출이 이루어진다 하더라도 GDP에 반영되는 생산 활동이 이루어지는 것은 아니다. 어떤 사람에게서 다른 사람으로 소비가 이전된 것일 뿐 추가적인 생산이 일어나는 것은 아니기 때문이다.

상무부 통계학자들이 실제로 GDP를 계산할 때는 생산의 흐름을 한 항목이 아니라 네 항목으로 구분한다. 첫 번째 항목은 각 가계가 지출한 개별 소비 지출을 총계하는 것이다. 두 번째 항목은 주로 기업의 공장이나 장비, 새로운 주택 같은 민간의 국내 투자 목적 생산물을 총계하는 것이다. 세 번째 항목은 그 목적이 소비에 있는지 투자에 있는지 여부와는 상관없이 연방 정부, 주 정부 및 지방 정부의 모든 공공 생산물을 추적하는 것이다. 실제로 공공 생산물을 민간 생산물처럼 소비 측면과 투자 측면으로 구분하지 않을 이유가 없고, 이렇게 구분할 경우 경제 부문에서 정부의 위상을 더 잘 이해할 수도 있다. 하지만 현재는 이렇게 구분하지 않고 있으며, 학교 점심 지원 계획과 새로운 지하철 운행 사업이 동일한 정부 생산물 항목에 종합되는 것도 그래서이다.

이런 분류 방법으로 말미암아 교육 지출이 소비와 투자 성격을 함

---

* 다른 방식으로 설명하면 이전 지급은 어떤 사람으로부터 돈을 거두어서 다른 사람에게 이전하는 것이다. 예를 들어 납세자로부터 실업자에게 이전하는 식이다. GDP에 산정되는 도로 건설이나 국방비 같은 정부 지출과는 달리 정부 자체가 돈을 지출하는 것은 아니다.

GDP: 1996	단위: 10억 달러
개인 소비 지출	5,151
국내 민간 투자 지출	1,117
정부 구매	1,406
수출 계정	−99
국내총생산	7,576

께 가지고 있더라도 공식 통계에서는 소비로 구분된다. 마찬가지로 연구 개발의 기자재 구입 부분은 투자로 구분되지만 인건비는 그렇지 않다. 이렇게 된 원인은 GDP에서 투자를 처음 정의할 때 엄격하게 규정한 데에 있다. 현재는 더 이상 그렇지 않는데도 여전히 대부분의 공식 통계에서 그런 관행에 따라 처리하고 있는 것이다.[*]

마지막으로 네 번째 항목은 해외에 판매된 모든 미국 생산물을 더하고, 국내에서 구입한 외국 생산물을 빼는 것이다. 그래서 우리가 구입한 것보다 해외에 판매한 것이 많으면 GDP의 '수출 계정(export balance)'이 흑자로 나타나고, 해외에 판매한 것보다 사들인 것이 더 많으면 수출 계정이 적자가 되면서 순 구매력이 해외로 이전된다. 결국 우리가 보는 GDP 수치는 (수많은 상세 보고서와 추정치를 포함하는) 네 개 항목의 미국 내 생산물의 총 합계인데, 1996년의 이 네 항목의 수치는 '국내총생산' 표와 같다.

● 최근에는 미국 통계에서도 유럽과 같이 정부 지출을 정부 투자와 정부 소비로 구분하기 시작했다. 나중에 알게 되겠지만 정부 지출을 설득력 있게 구성하기 위해서는 이런 구분이 필요하다.

또 하나 유의해야 할 사항이 있다. 그것은 정부의 통계학자들이 GDP를 합계하는 과정에서 생산된 모든 재화 및 용역의 가치를 기록하지는 않는다는 점이다. 그렇게 할 경우 재화와 용역의 가치가 실제 가치보다 더 크게 나타나기 때문이다. 빵의 경우를 예로 들어 보자. 빵과 관련된 모든 재화와 용역의 가치를 기록할 경우 거기에는 농부가 판매한 밀 값에 제분업자가 판매한 밀가루 값, 제빵업자가 일반 소비자나 슈퍼마켓에 판매한 빵 값에 슈퍼마켓에서 다시 소비자에게 판매한 빵 값이 덧붙여진다. 그 결과 나오게 되는 빵 값은 판매업자, 제빵업자, 제분업자, 농부에게 이전에 지불된 금액이 전부 포함된 빵 값이지 실제 소비자가 소비한 빵 값이 아니다.

통계학자들이 중간재가 아닌 최종재의 가치만 추적하는 것도 그 때문이다. 소비재, 투자재, 정부 생산재 및 순 수출재 등 GDP 각 항목의 최종재 만을 계산하는 것이다.

GDP는 무엇을 말해 주나?

GDP가 무엇으로 구성되는지는 이제 확실해졌다. 다만 아직 확실하지 않은 것은 GDP가 어느 정도로 중요하냐는 것이다. 과연 GDP의 규모 자체가 우리 생활이 윤택해지고 있는지를 정확히 알려 주는가? GDP가 상승하면 형편이 좋아지고, 하락하면 나빠지는가?

여기에 대한 답은 긍정적일 수도 있고 부정적일 수도 있다. 긍정적인 측면은 이해하기 쉽다. 생산 가치(value of production)가 증대되면 더 많은 사람이 고용될 가능성이 있고, 총 산출물의 가치(value of total output)가 증가하면 확실히 더 많은 소득을 얻을 수 있기 때문이다. 따라서 GDP 규모와 고용 수준 및 국민 소득 수준 사이에는 명백히 연관이 있다. 또 GDP의 규모는 우리가 구입할 수 있는 재화와 용역이 어느 정도인지에 대한 일반적 측정치로도 사용할 수 있다. 이런 여러 가지 측면을 고려해 볼 때 GDP가 상승하는 것은 환영할 만한 일이고 하락하는 것은 반갑지 않은 일이라 할 수 있다.

하지만 GDP는 복지 수준을 측정하는 데에는 결함이 있으므로 자칫 우리를 잘못 이끌 수도 있다. 따라서 우리는 단일 경제 지표로서 가장 중요한 GDP의 장단점을 이해하고 있어야만 한다.

먼저 GDP는 수량 단위가 아니라 달러 단위로 계산되는 만큼 인플레이션을 감안하여 바로잡을 필요가 있다. 그렇게 하지 않을 경우 4장에서 보았듯이 한 국가가 부강해졌는지를 파악하기 위해서 한 해의 GDP와 다른 해의 GDP를 비교할 때 문제가 생긴다. 비교 연도의 물가가 상승하면 실제 생산량은 변화가 없거나 심지어 감소하더라도 GDP가 상승한 것처럼 보일 수 있기 때문이다. 따라서 인플레이션 요인을 정확히 제거할 수만 있다면 GDP는 경제 성과를 보여 주는 확실한 지표가 될 수 있다. 하지만 인플레이션 요인을 정확히 제거할 수 있을까? 부분적으로는 가능하지만 완전하게 하기는 불가능하다. 결국 오늘의 '실질' GDP와 어제의 실질 GDP를 비교할 때는 늘 어느 정도의 불확실성이 따를 수밖에 없는 셈이다.

GDP의 두 번째 결함은 시간에 따른 '실제' 변화의 지표로서 부정확성을 내포하고 있다는 점이다. 문제는 재화와 용역의 질이 변한다는 데에 있다. 기술적으로 진보한 사회에서는 시간이 지남에 따라 재화의 질이 개선되는 것이 보통이고, 새로운 재화도 끊임없이 출현한다. 그와 함께 사회가 점점 복잡해지면 다른 서비스의 질이 떨어지기도 한다. 오늘날 항공기 여행은 30년 전보다 개선되었지만, 지하철 탑승은 그렇지 않다.

역사를 돌이켜 보면 정부 통계학자들이 제조업에서 생산한 제품 질의 개선을 반영하여 GDP 통계 수치를 조정하고자 노력한 것은 사실이다. 하지만 서비스 부문의 개선을 반영하려는 노력은 거의 하지 않았으나 심각한 오차는 생기지 않았다. 재화가 경제 성장의 원동력으로서 GDP를 지배하다시피 했기 때문이다. 하지만 서비스 부문이 GDP의 70퍼센트를 차지하고, 경제 성장에 기여하는 정도가 증가하면서 오차 문제의 심각성이 갈수록 커지고 있다.

한밤중이라도 현금자동인출기를 통해 자기 은행 계좌에서 돈을 인출할 수 있다고 하자. 이 경우 은행 서비스의 질은 개선되었지만 GDP 통계에는 아무것도 잡히지 않는다. 그 결과 실질 성장률은 과소평가되고, 인플레이션은 과대평가된다. 더 높은 수준의 서비스를 제공하는 비용이 결국 서비스 부문의 가격 상승으로 잡히기 때문이다.

GDP는 전통적으로 농업, 광업, 건설업, 제조업, 서비스업으로 구분했다. 여기서 서비스 부문이 다른 부문과는 달리 동질적이지 못하다는 점을 이해하는 것이 중요하다. 과거에 서비스 부문을 정의할 때 농업, 광업, 건설업, 제조업을 정의한 다음 나머지 모든 것을 서비스라고 규정한 탓이다. 그래서 서비스에는 개를 데리고 산책해 주는 것처럼 별다른 기술이 필요 없는 노동 집약적인 것에서, 원자력 발전 같은 첨단 기술에 자본 집약적인 산업까지 포함되어 있고, 항공과 동네 이발소가 한 묶음으로 처리된다. 서비스 부문의 보수 수준은 의사나 은행가 같은 일부 직종을 제외하면 평균적으로 낮은 편이다. 게다가 구성 성분이 너무나 이질적이어서 통계적으로도 환영받지 못한다. 따라서 산출물 통계에서 서비스 부문을 좀 더 효율적으로 처리하기 위해서도 하루빨리 GDP 계정을 수정해야 한다는 데에는 이론의 여지가 없다.

세 번째로 GDP에는 생산물이 궁극적으로 어떻게 이용되는지를 도외시한다는 문제가 있다. 예를 들어 어느 해는 교육에 대한 지출 증가로 GDP가 10억 달러 상승했고, 다른 해는 담배 생산의 증가로 GDP가 똑같이 10억 달러 늘어났다고 하자. 이 경우 GDP 수치는 해당 금액만큼 똑같이 성장했음을 나타낼 뿐이다. 포드 사상 최대 실패작으로 꼽히는 에젤(Edsel) 자동차나 생산한 순간부터 구형으로 전락한 군사 무기처럼 누구도 원하지 않거나 전혀 쓸모없다고 판단한 생산물도 모두 GDP의 일부로 계산되는 것이다.

환경 문제나 사회적 위험도 또 다른 어려움이다. 자동차나 종이, 철의 생산처럼 어떤 형태의 GDP 성장은 직접적으로 공해를 유발한다. 그 때문에 공해를 줄이기 위해서 하수 처리 설비나 환경 친화적 엔진 같은 다른 형태의 GDP 성장이 반드시 필요하다. 자물쇠나 도난 방지 경보기는 세상이 점점 위험해진다는 사실을 보여 주지만 산출물 증대에는 긍정적인 역할을 한다. 또 GDP상에서는 감옥과 호텔은 동등하게 취급된다.

전통적인 GDP 측정 방식은 이런 생산물 사이에 구분을 두지 않는다. 예를 들어 이웃에 위치한 공장의 매연으로 더러워진 옷을 깨끗이

하기 위한 세탁 비용은 옷을 예전 상태로 돌려놓을 뿐 우리의 생활 수준을 높이지는 못하는데도 GDP의 일부분이 되고 있다. 마찬가지로 임금이 지급되지 않는 가사 노동은 GDP에 반영되지 않는다. 그 결과 주부가 취업하게 되면 GDP가 실제보다 더 많이 증가하게 되는데, 그 이유는 집에서 더 이상 하지 않게 된 가사 노동의 가치를 GDP가 반영하지 않기 때문이다.

마지막으로 사회마다 국민들에게 재화와 용역을 배분하는 방식이 상당히 다른데, GDP는 국민들에게 재화와 용역을 어떻게 분배하는지를 설명하지 못한다. 예를 들어 사회 전체의 소득이 골고루 분배되는 스웨덴과 소득이 극히 치우쳐서 분배되는 멕시코를 비교해 보라. 이 두 나라의 GDP 규모는 엇비슷하다. 이렇듯 GDP 규모나 1인당 GDP 수준을 안다고 해서 GDP의 사회적 결과에 대해서까지 알 수 있는 것은 아니다. 부유한 나라이더라도 빈곤에 대해 무관심하거나 고쳐 나갈 방법을 찾지 못해 가난이 창궐할 수 있고, 가난한 나라라고 해도 소수의 백만장자는 있을 수 있다. 몇몇 인도 왕자들이 해마다 국민들로부터 엄청난 세금을 거두어들이던 것처럼 말이다.

이렇듯 GDP를 사회적 만족도 또는 행복감에 대한 명확한 측정 기준인 것처럼 사용하는 것에는 의문의 여지가 있다. 경제학자 에드워드 데니슨(Edward Denison)은 GDP 계정에 있지도 않은 기후만큼 경제생활에 영향을 미치는 것은 없다고 한 적이 있다. 한 나라가 다른 나라보다 1인당 GDP가 높다고 하더라도 그것이 더 윤택한 생활을 한다는 의미는 아니라는 것, 경우에 따라서 너 나쁠 수도 있다는 것도 그래서이다.

그러나 이런 단점에도 불구하고 GDP는 경제 활동의 모든 영역을 가장 간단하게 요약해 알려 주는 지표라 할 수 있다. 물론 한 나라의 경제 수준을 점검하자면 수명, 건강 상태, 의료 수가, 식료품의 풍부함과 다양성 같은 GDP 수치로는 도저히 파악할 수 없는 특정한 사회적 지표를 살펴보는 것이 바람직하다. 하지만 우리가 언제나 사회복지에만 관심을 갖기는 어려운데, 그 이유는 사회복지를 어떤 단일 척도로 요약하기에는 너무 복잡하기 때문이다. 한 예로 의료 수준이나 범죄 발생률로 보면 미국보다 일본이 더 낫지만 1인당 생활 공간 지수(index of living space)를 보면 그렇지 않다. 이런 식으로 참고할 만한 자료가 매우 많다.

이제 그럭저럭 경제학자들이 말하기 좋아하는 결론에 도달한 셈이다. GDP의 변화는 여전히 경제 활동 정도를 가장 잘 측정해 주는 척도이다. 또 GDP는 모든 사람이 쉽게 활용할 수 있다는 커다란 장점도 있다. 따라서 싫고 좋고를 떠나서 GDP야말로 경제 수준을 가늠하는 가장 일반적인 척도라 할 수 있다. 다행스럽게도 GDP는 더 이상 정태적인 개념이 아니다. GDP를 정확하게 측정하는 기술은 조금씩 계속 발전하고 있으며, 앞으로도 상당 기간 경제학 사전에 중요한 주제로 남을 것이다.

6

저축과
투자의
작용 원리

 　　　　　　　　국내총생산(GDP)이 해마다 달라
지는 이유는 무엇인가? 기후 재난이나 자연 재해가 없었는데도 왜 어
떤 해에는 생산 흐름이 빨라지고, 어떤 해에는 늦어지는가? 이 같은
질문을 통해 우리는 거시 경제 연구의 진정한 목적에 접근할 수 있다.
앞에서 GDP가 무엇인지 알았으니 이제는 GDP가 왜 주기적으로 증
가했다가 감소했다가 하는지를 알아보자.

　그러기 위해서는 먼저 생산의 흐름을 다시 한 번 살펴보는 것이 유
용한데, 이번에는 상무부 통계학자들이 집계하는 실제 생산량이 아니
라 물건을 사기 위해 계산대에 서 있는 소비자에게 눈을 돌리도록 하
자. 이미 알고 있다시피 가계는 소비재 항목에서, 기업은 투자재 항목
에서, 정부 기관은 정부 항목에서, 그리고 외국의 기업이나 개인, 외
국 정부는 마지막 항목에서 집계된다.

　이런 관점을 취하면 GDP를 통해 재화의 흐름이 아니라 수요나 지

출, 구매력의 흐름으로 보게 된다. 생산 흐름에 따라 움직이는 재화 하나하나가 모두 누군가 기꺼이 돈을 지불하려 들기 때문에 그렇게 될 수 있는 것이다. 결국 돈이 재화를 흐르게 만든다. 애덤 스미스가 언급했듯이 "돈이야말로 가장 큰 회전축"인 셈이다.

우리가 생산에서 구매로 눈길을 돌리면 GDP 수준이 왜 들쑥날쑥 하는지를 더 잘 알 수 있다. 수요가 증감하기 때문에 생산이 변동하는 것이다. 그렇다고 수요 증감만이 생산 변동의 유일한 이유는 아니다. 생산 의욕에 부정적인 영향을 미치는 조세 부과를 비롯해 가뭄이나 지진, 파업이나 기술적 장애, 정부 규제 등으로 말미암아 생산 수준에 변화가 일어날 수도 있기 때문이다. 하지만 아무리 친기업적인 경제 학자라 하더라도 수요, 즉 재화를 사고자 하는 의지와 지불 능력이 생산 흐름에 필수적이라는 데에는 동의할 것이다. 따라서 우리는 먼저 수요의 창출 요인과 증감 요인을 검토해 보자.

가계는 저축, 기업은 투자

먼저 계산대로 눈을 돌려 보자. 계산대에는 가계들이 소비재를 구입 하기 위해 줄지어 서 있는데, 이와 같은 가계 지출의 흐름은 어디에서 시작되는가?

이 지출은 주로 가계 소득 즉 급여나 임대료, 배당, 이자 수입을 비 롯해 기타 노동의 대가로 받은 소득으로부터 나온다. 물론 사회보장 소득 같은 이전 지급에서 나올 수도 있다. 또 예금을 인출하거나 주식 이나 채권 같은 자산을 처분하는 경우 어느 기간 동안 지출의 흐름이 늘어날 수 있지만, 가계에서 일상용품 구입을 목적으로 그렇게 하는 경우는 드물다. 마지막으로 지출의 흐름은 차입을 통해 늘어날 수도 있는데, 그 경우 해당 가계는 그해에 수입보다 지출이 많아진다. 자동차처럼 비싼 제품을 살 때가 그렇다.•

이번에는 모든 가계의 소득을 합한 다음 이를 소비재를 구입하기 위해 치른 모든 가계 지출의 합계와 비교해 보자. 그러면 경제학자들이 흔히 '가계 부문(household sector)'이라고 일컫는 가계 전체 소득의 일정 부분을 소비하지 않고 정기적으로 저축한다는 사실을 알게 된다. 미국은 1970년대 초반에는 저축이 9퍼센트 정도였으나 1996년에는 5퍼센트 정도로 하락했다. 결국 가계가 신용 카드, 외상 거래 등의 방법으로 차입한 금액을 포함하더라도 여전히 지출한 것보다는 버는 것이 많은 셈이다.

저축률은 국가마다 상당히 다르다. 동아시아에서 외환 위기가 일어나기 전까지만 해도 싱가포르의 가계는 소득의 거의 절반 가까이를 정부 저축 계좌에 넣었다. 일본의 가정도 10퍼센트 이상을 저축하며, 이탈리아 가계는 20퍼센트 이상을 저축한다. 이 같은 차이는 일정 정도 경제학자들이 말하는 시간 선호(time preference), 즉 나중에 소비할 목적으로 오늘의 소비를 미루는 개인들의 의사가 서로 다르기 때문에 발생한다.

사람마다 시간 선호가 다른 것에는 의문의 여지가 없지만, 나라별로도 엄청난 차이를 보이는 이유는 무엇일까? 여기에는 개인의 소비

• 자동차는 가계 지출에 포함되지만 주택은 포함되지 않는다. 주택은 소비재가 아니라 투자재로 간주되기 때문이다.

성향보다는 각 개인이 소비 목적의 자금을 얼마나 쉽게 조달할 수 있는지가 더 크게 작용한다. 시간 선호에서 매우 유사한 경향을 보이더라도 주택 대출이나 신용 카드 사용이 쉽지 않거나 정부가 대출 상환 기간을 짧게 두어 상환 부담이 커질 경우에는 저축률이 더 높아진다. 소득 대비 저축률에서 일본인들은 높은 데 비해 미국인들은 낮은 데 대해서도 이런 식의 설명이 가능하다.

따라서 GDP 중에서 소비재로 구성된 수요 부문이 어디에서 비롯되는지를 이해하는 데에는 별다른 어려움이 없다. 그 모든 것이 직접적으로는 가계 소득 및 이전 지급에서 발생하며 차입으로 보충된다. 거시적 관점에서 GDP를 바라볼 때 제기되는 의문은 사실상 소비자 수요의 창출 원인이 무엇인지가 아니다. 그보다는 경제 흐름으로 환원되지 않고 저축으로 남아 있는 5퍼센트의 가계 소득이 어떻게 사용되느냐가 문제인 것이다.

이 의문을 계기로 다음 계산대로 관심을 돌려 보자. 그곳에서는 민간 기업이 투자재를 구매한다. 가계 부문이 주로 소득을 기반으로 일상생활에 필요한 소비재를 사들이는 것과 마찬가지로, 기업 부문은 제품 판매를 통해 정기적으로 들어오는 돈으로 운영에 필요한 각종 품목을 사들인다. 우리는 완제품 판매로 벌어들인 돈으로 필요한 노동력과 원자재, 반제품 등을 구입하는 이들 기업을 하나의 거대한 가계로 볼 수도 있다.

그러나 가계 부문과 기업 부문 간에는 중요한 차이가 있다. 기업 부문은 가계 부문처럼 수입의 일정 부분을 저축하지 않고, 역으로 판매를 통해 벌어들인 수입보다 더 많이 지출한다는 점이다. 이런 경향은 대단히 중요하므로 다시 한 번 강조할 필요가 있다. 정상적이고, 규칙적이며, 건전하고, 심지어 필수적이기까지 한 기업 전반에 걸쳐 나타나는 운영 방식은 제품을 판매해 벌어들인 총액보다 더 많은 돈을 급여, 원자재와 반제품, 토지와 자본을 위해 사용한다는 것이다.

이렇게 설명하면 기업의 운영 방식이 대단히 불건전하게 비칠 것이다. 세계 최대 기업이라 하더라도 매년 판매로 거두어들인 것보다 더 많이 지출하는 상태에서 도대체 어떻게 버텨 낼 수 있을까? 여기에 대한 답은 기업은 은행에서 차입하거나 주식이나 채권 판매 등을 통해 얻는 추가적인 금융 수익이 통상적인 영업 수익 이상이라는 것이다. 이런 식으로 새롭게 조성된 추가 재원은 기업의 일상적인 운전 자금이 아니라 자본 상태 개선을 위해 사용한다. AT&T라면 채권 발행으로 확보한 자금을 전화 교환원에게 급여로 지불하는 것이 아니라 새로운 전화선, 새 건물, 통신위성 구입에 사용하는 식이다.

그렇기 때문에 저축 및 투자 과정이 바로 거시 경제의 중심 주제가 되는 것이다. 가계와 기타 부문의 저축은 기업 부문의 새로운 자본재 형성을 재정적으로 지원하는 데에 '흡수된다.' 이렇게 형성된 새로운 자본재는 우리가 생산성이라고 일컫는 단위 노동 시간당 생산 규모를 높이고, 그에 따라 GDP를 증대시키는 중요한 수단이 된다. 이것이 바로 GDP가 어떻게 늘어나는지, 그리고 왜 들쑥날쑥하는지에 대한 첫 번째 설명이다. 이 설명은 중요하므로 다음과 같이 따로따로 떼어서 알아둘 필요가 있다.

1. GDP는 가계 부문에서 발생한 저축이 자본 장비(capital equip-

ment)로 전환되면서 늘어난다.

2. GDP는 저축을 투자로 변환시키는 과정이 늘 원활하게 이루어지는 것이 아니므로 들쑥날쑥하게 된다.

저축과 투자의 상호 연관성

우리는 저축에서 투자로 이어지는 과정을 제대로 설명하지 못하면서도 저축과 투자가 경제 성장의 핵심이라는 것 정도는 안다는 이유로 이 중요한 상호 연관성에 그다지 흥미를 보이지 않을 수도 있다. 그러나 저축에서 투자로 이어지는 과정에는 여전히 우리가 잘 이해하지 못하는 부분이 있는데, 이제 이 부분을 검토할 차례이다.

우선 저축부터 살펴보자. 우리는 저축을 은행이나 기타 다른 종류의 금융 기관에 돈을 넣어 두는 것으로 생각한다. 하지만 저축에는 우리가 미처 실감하지 못하는 두 가지 전혀 다른 의미가 있다. 하나는 돈을 쓰지 않고 묵혀 둔다는 것이고, 다른 하나는 자원으로 활용한다는 것이다.

은행이나 연금 또는 신규 발행 주식에 돈을 넣으면 즉각적으로 그에 해당하는 만큼의 수요 부족을 유발하는 효과가 생긴다. 가계가 기업이나 정부로부터 받은 소득의 일부를 소비 흐름에 순환시키지 않음으로써 차이가 발생했기 때문이다. 한마디로 저축은 소비가 아니다. 그렇다고 이 저축이 순환 과정에서 영구히 벗어난 것도 아니다. 소비 주체인 가계가 그 저축액을 투자 주체인 기업인에게 빌려 주거나 이전하는 것을 상상해 보라. 은행이나 주식 시장을 통해 실제로 이전이 이루어지기 전까지는 저축은 단지 가계가 소득의 일부분을 떼어 내 소비재를 사는 데 사용하지 않기로 했다는 의미일 뿐이다.

돈이 기업인의 손에 들어가는 문제로 잠시 돌아가 보자. 여기서는 먼저 저축이 단순히 금융 문제 이상이라는 것을 이해해야 한다. 또 저축은 노동과 자원을 소비재 생산에서 떼어 내어 다른 재화를 생산하는 데 이용할 수 있게 만드는 행동이라는 점도 알아야 한다.

사례를 통한 설명이 이 과정을 이해하는 데 도움이 될 것이다. 예를 들어 기업인이 경기 상승을 예상하여 투자비 지출을 2배로 늘리기로 결정했다고 하자. 아니면 정부가 전쟁을 예상하여 군사비 지출을 2배로 증액하고자 한다고 치자. 이 경우 기업이나 정부 모두 필요로 하는 노동력과 자원을 확보하기 위해 지출을 늘리지 않을 수 없고, 그에 따라 노동과 자원의 가격이 상승하리라는 것은 명백하다. 그 결과 비용이 증가하면서 인플레이션 과정이 시작되는 것이다.

사실 투자 또는 정부 지출의 대규모 증대가 인플레이션 없이 진행되는 방안은 하나밖에 없다. 그것은 필요로 하는 자원과 노동이 이용 가능해야 한다는 것이다. 이렇게 할 수 있는 유일한 방안은 조세 부과를 통해 직접적으로 구매력을 가계에서 정부로 옮기는 것이다. 그러나 기업은 조세를 부과할 권한이 없으므로 기업이 자원을 대규모로 이용할 수 있는 유일한 방법은 그 자원을 가계 부문으로부터 자발적으로 이전받는 것이라 할 수 있다. 이것을 자발적 저축 양도 과정(process of voluntary relinquishment saving)이라 한다. 물론 가계가 은행이나 기타 다른 기관이 제공하는 여러 가지 금융 혜택을 목적으로 지출을 포기한 것일 수도 있다. 하지만 그렇더라도 이는 강요된 행위가 아니라 자발적 행위이다.

그러므로 저축에서 진정으로 건설적인 모습은 단지 지출에 시차를 둔다는 금융적 측면에 있는 것이 아니라 당장의 만족을 위한 토지나 노동, 자본에 대한 요구를 포기한다는 '실질적인' 측면에 있다.

이것이 바로 순환 과정에서 마지막 핵심 연결고리이다. 가계 부문에서 벗어난 자원은 이제 기업 부문에서 사용하도록 해야 한다. 만일 사용되지 않는다면 저축이라는 금융 행위로 벌어진 수요 부족은 다른 재화의 판매로 보상되지 않은 채 소비자 판매의 축소만을 가져오고, 가계가 포기한 노동 및 기타 자원은 사용되지 않은 채 그대로 있게 된다. 따라서 이 전체 과정에서 가장 활기 넘치고 창의력이 뛰어난 부분은 결국 기업 부문이 자본 형성을 위해 수행하는 의사 결정에 있다고 할 수 있는데, 7장에서 보게 되겠지만 이 의사 결정은 본질적으로 대단히 위험하고 불확실한 과정이다.

저축-투자 과정이 이렇게 작동된다고 일반적으로 인식하기는 하지만 저축이나 투자가 가진 함의와 의미는 잘 모르는 편이다. 마찬가지로 거시 경제 시스템이 어떻게 작동하는지 설명하는 열쇠인 경제 성장은 각 부문 간의 조정과 협력를 통해 이루어진다는 것도 우리는 아직 제대로 이해하지 못하고 있다.

경제 행위에 일상적으로 참여하면서도 우리는 정작 자신의 경제 행위와 다른 사람들의 경제 행위가 조정되고 있다는 사실을 생각하지는 않는다. 다른 경제 부문과의 조정에 대해서는 더더욱 그렇다. 어느 기업인이 시설 확장을 추진하면서 가계나 다른 부문과의 협력을 생각하겠는가. 이들은 소비나 투자를 결정할 때 단지 시장 가격만을 참고한다. 시장 가격은 경제 행위자에게 현재 무엇을 해야 할지, 다시 말해 소비를 할 시점인지, 투자에 나설 할 시점인지를 알려 준다. 이렇게 시장 가격을 통해 간접적으로 조정해 나가는 것이 애덤 스미스가 말하는 보이지 않는 손이다. 경제 성장은 이처럼 지속적인 조정과 협력으로 이루어지며, 경제 부문 간의 상호 작용이 불완전해지면 성장도 멈춘다.

이 상호 작용은 다음과 같이 간단히 정리할 수 있다.

1. 어느 부문에서의 수요 부족은 다른 부문의 추가적인 수요로써 상쇄되어야 한다. 이런 조정 작용이 일어나지 않으면 수요 부족, GDP 하락, 실업과 같은 문제가 발생한다.
2. 완전 고용에 가까운 상태라고 가정하자. 이 경우 투자 또는 정부 지출을 늘리려면 확대되는 부문을 위한 이용 가능한 자원이 있어야 하는데, 이는 조세 부과나 자발적 저축으로만 가능하다.
3. 투자나 정부 지출로 확대되는 부문에서의 비용이 이용 가능한 저축액보다 더 많으면 경제에 상승 압력이 가해지면서 인플레이션 가능성이 생긴다. 하지만 비용이 저축액보다 더 적으면 경제에 하강 압력이 가해지면서 경기 침체 가능성이 있다.

물론 경기 상승이니 하락, 인플레이션, 경기 침체의 이유가 이것이 전부는 아니다. 우리는 아직 통화나 생산성, 정부 역할 같은 중요한 과제에 대해서는 손도 대보지 못한 상태이다. 그렇지만 이것은 경제에 대한 최초의 체계적 이해라 할 수 있다. 우리는 경제 성장이 그냥 일어나는 것이 아니라 각 부문 간의 상호 협조 작용에서 생긴다는 것을 알았다. 이런 상호 작용이 어떻게 이루어지며, 의도한 결과를 얻지 못했을 때는 어떻게 수정되는지가 앞으로 검토할 과제이다.

저축과 투자에서 정부의 역할

게다가 아직 계산대를 지나가는 행렬을 다 살펴본 것도 아니다. 우리는 가계가 소득의 대부분을 지출하는 과정에서, 그리고 기업이 수입의 대부분에다가 가계 부문에서 확보한 저축까지 사용하는 과정에서 어떻게 GDP 창출을 위한 수요가 발생하는지를 알아보았을 뿐이다. 정부 기관의 회계 부서나 외국인들이 줄지어 선 계산대에 대해서는 미처 검토하지 못한 상태이다.

정부 부문부터 보자. 얼핏 보면 정부 부문과 기업 혹은 가계 부문 사이에는 별다른 차이가 없다. 정부를 지방 정부, 주 정부 및 연방 정부 구매 기관들의 집합체로 간주한다면, 기업과 가계가 통상적으로 소득을 지출하듯 정부 부문 역시 일상적인 수입, 즉 조세 수입을 가지고 재화와 용역을 구입한다고 볼 수 있다. 하지만 정부의 수입원이 가계나 기업과는 다르다는 점이 중요하다. 정부는 그 생산물이 아무리 유용하더라도 극히 예외적인 경우를 제외하고는 파는 법이 없다. 도로 통행료나 공항 이착륙 사용료 등은 예외적인 경우이다. 일반적으로 정부는 별도의 비용 부과 없이 서비스를 제공한다. 그러므로 정부는 다른 수단으로 소득을 확보해야 하는데, 그 수단이 바로 가계 소득 또는 기업 소득의 일부분을 직접적으로 징발하는 것이다. '징발하다

(commandeer)'는 용어가 지나친 것으로 보일 수도 있다. 그러나 우리는 세금이 일반적인 청구와는 전혀 다르다는 것을 알아야 한다. 가계 또는 기업은 다른 가계 또는 기업의 생산물을 구입하지 않을 수도 있다. 그렇지만 정부 생산물을 구입하지 않을 수는 없고, 세금은 그에 따른 의무적 분담금이다.

또 조세는 비록 그 표현이 서투르다고는 해도 선거구민의 의사 표현이라는 점을 기억해야 한다. 정부는 그 외에도 조세 부과의 대가로 절대적으로 필요한 서비스, 즉 가계나 기업이 소득을 얻기 위해서 없어서는 안 될 서비스를 제공한다는 점도 잊지 말아야 한다. 법과 질서를 제공하고 소유권을 보호하는 서비스 같은 것이다. 애덤 스미스가 《국부론》에 쓴 바와 같이 "귀중품 소지자는 치안판사의 보호 아래서만 안전하게 잘 수 있다."

이처럼 공공 부문과 민간 부문의 정치적 역할에는 심대한 차이가 있다. 하지만 경제적 조정과 협력에는 이 두 부문이 놀랄 정도로 유사하다는 점도 인식해야 한다. 예를 들어 가계 부문의 저축으로 수요 부족이 발생했다고 하자. 그리고 어떤 이유로든 기업 부문이 가계 부문의 저축을 차입이나 신주 발행 등을 통해 제대로 소화하지 못해 수요 부족분을 상쇄하지 못하였다고 치자. 그 경우 기업 부문에서 사용하지 못한 저축을 정부가 차입하여 공공 투사 같은 공공의 목적을 위해 지출함으로써 수요 부족을 메울 수 있지 않을까?

여기에 대한 답변은 물론 메울 수 있다는 것이다. 수요 부족이 있어서 투자 지출로써 '상쇄'해야 하는데, 그것이 민간 회사인 AT&T 소유의 통신위성에 대한 투자인지 정부 소유 통신위성에 대한 투자인지,

민간 회사인 산타페 소유의 철도망에 대한 투자인지 정부 기관인 암트랙 소유의 철도망에 투자인지, 민간 소유 사회기반시설에 대한 투자인지 공공 소유 사회기반시설에 대한 투자인지, 개인 소유 공장에 대한 투자인지 공공 소유 댐 등을 위한 투자인지에 무슨 차이가 있을까? 차이는 없다. 중요한 것은 한 부문의 저축이 다른 부문에서 사용되거나, 아니면 역으로 한 부문의 투자 지출이 다른 부문에서 저축으로 뒷받침되어야 한다는 사실이다.

물론 이것으로 문제가 모두 해결된 것은 아니다. 정부가 어떤 사업은 추진하고 어떤 사업은 추진하지 않을 것인지는 상당한 논란의 소지가 있기 때문이다. 한 예로 정부가 차입한 돈을 앞으로 소득을 창출하지 못하는 소비 목적의 사업, 예를 들어 사회보장 같은 데에 사용해도 좋은지는 논쟁의 여지가 있다. 또 나중에 검토할 문제이기는 하지만, 정부가 이런 활동을 확대할 경우 의도하지 않았더라도 민간 기업의 활동을 '구축(crowd out)'할 수 있다는 사실을 두고도 논쟁이 치열하다.

정부 역할의 문제는 이렇듯 쉽사리 의견이 모아지지 않고 있다. 의견 일치를 쉽게 본 부분은 정부 부문의 투자가 기업 부문의 투자와 똑같은 역할을 할 수 있다는 것이다. 정부는 다른 부문에서의 지출 부족을 상쇄하기 위해 기업처럼 자금을 차입할 수 있다. 과연 정부가 이런 일을 해야 하는지는 나중에 검토할 것이다. 다만 정부가 경제의 한 부문으로서 다른 경제 부문과 그 활동을 조정할 수 있고, 또 조정해야 한다는 것을 아는 것이 중요하다. 보수적 경제학자건 자유주의적 경제학자건 그 누구도 이런 사실 자체를 부정하지는 않는다.

이제 수요에서 마지막으로 남은 해외 부문을 간략히 살펴보자. 해외 부문이란 외국의 수요자가 곡물, 컴퓨터, 제트기, 기계 등의 미국산 제품을 구매하고, 외국의 공급자가 미국 국내 수요자를 위해 커피, 광물, 석유, 자동차 등을 공급하는 것을 말한다. GDP에서 대외 수요의 구조는 다른 부문의 수요 구조보다 복잡하다. 이는 다른 나라의 소득 및 환율 등에 좌우되기 때문인데, 이 문제는 18장에서 다시 살펴볼 예정이다. 당분간은 그 존재만 인식하고 일단은 세 가지 국내 부문 즉 가계, 기업, 정부 부문에 대해서만 주의를 기울이도록 하자.

이제 우리는 저축에서 투자로 이어지는 저축-투자 과정이 경제 성장과 경제 변동에 중요한 역할을 한다는 사실을 알게 되었다. 저축-투자라고 하이픈으로 연결한 것도 이 두 요소의 중요한 연관 관계를 강조하기 위해서이다. 투자를 통해 더 생산적인 장비, 기술, 지식 등을 얻을 수 있으므로 투자는 성장에 중요한 요인이다. 우리는 2세기 만에 애덤 스미스의 '단순한 바늘공장'을 수십 억 달러 규모의 반도체 조립 공장으로 변모시켰다. 시간당 제작할 수 있는 재화의 양을 열 배, 백 배, 천 배로 늘리면서 말이다. 이것이 모두 투자를 통해 이루어졌다.

저축-투자 과정은 또 GDP의 변동을 가져오는 주요 요인이다. 여러 가지 요인으로 말미암아 저축의 흐름이 바뀐다거나 투자 전망이 변하는 식으로 그 속도가 빨라졌다 느려졌다 하는 탓에 저축에서 투자로 이어지는 과정이 일정하지 않은데, 이 문제는 다음 장에서 검토할 것이다.

다만 여기서 정말로 중요한 사항을 하나 기억해야 하는데, 그것은 수요가 경제의 원동력이라는 점이다. GDP 규모를 결정하는 요인은 총 지출, 즉 가계의 소비재 지출, 기업의 투자재 지출, 정부의 소비재 및 투자재 구입을 위한 지출, 그리고 외국으로 순 수출이다. 어떤 이유에서든지 수요가 주춤하면 GDP도 주춤하고, 그에 따라 고용과 소득도 주춤거리게 된다. 그렇다면 왜 수요가 주춤하게 될까? 이제 이 문제로 시선을 돌려 보자.

7

소비의 수동성과
투자의 적극성

　　모든 형태의 경제 행위 중에서 가장 친숙한 것은 가계의 지출과 저축이다. 과연 저축을 하거나 생명보험을 들거나 투자를 늘리려고 노력하지 않는 사람이 있을까? '우선 사고 지불은 나중에' 하더라도 남들처럼 살고자 하는 욕망과 언젠가 닥칠지 모르는 어려운 시기나 대학 교육, 은퇴 등에 대비하려는 욕망 사이에서 갈등해 보지 않은 사람이 있을까?

　매년 수백만 가구에서 지출과 저축 사이의 의사 결정을 둘러싸고 이 같은 자잘한 드라마가 펼쳐진다. 각자 자기 상황이 유일하다고 확신하면서 말이다. 사실 가계 부문 전체를 놓고 보면 이 드라마의 결론은 놀랄 만큼 정확히 예측할 수 있다. 6장에서 살펴본 것처럼 미국의 가계는 대체로 소득 1달러당 95센트 정도를 소비하고 약 5센트를 저축한다. 이 수치를 다른 나라와 비교하면 미국 가계의 소비 성향이 높다는 것을 알 수 있다. 각 나라의 이런 저축률 차이는 나중에 생산성 문제를 검토할 때 다시 살펴볼 것이다.

수동적 결과로서 소비

여전히 국내총생산(GDP)의 오르내림에 관심을 두고 있는 지금 이 순간 우리가 유의해야 할 점은, 경제학자들이 저축 성향이라고 일컫는 저축률은 아주 느리게 변한다는 것이다. 경제학자들이 상당히 확실하게 소득 계층별 가계 소비 규모를 예측할 수 있는 것도 이렇듯 단기간에는 저축률이 거의 일정하기 때문이다.

전체적으로 볼 때 GDP의 3분의 2 정도가 소비에 지출된다. 즉 가계의 구매 수요가 해당 국가 생산액의 3분의 2 정도를 차지하는 것이다. 이 중에서 약 30퍼센트는 음식이나 의복류와 같이 쉽게 없어지는 '비(非)내구재(nondurables)'이다. 항공 여행에서 외식에 이르기까지 다양한 소비재 서비스는 그보다 비율이 약간 더 높으며, 자동차나 가전제품처럼 오랜 기간에 걸쳐 지속적으로 사용 가능한 내구 소비재가 그 나머지를 차지한다. 그런데 내구재 수요는 비내구재 수요보다 훨씬 더 가변적이다. 먹고사는 것이 우선이고 텔레비전 구입은 미룰 수 있기 때문이다. 결국 가계 구매의 흐름에는 극히 안정적인 것도 있고, 매우 가변적인 것도 있는 셈이다.

이렇듯 소비 지출 전체를 놓고 보면 근본적으로 종속적이며 예측 가능하다는 특성이 있다. 내년 GDP가 어느 정도 될지 경제학자에게 알려 줘 보라. 그러면 그 경제학자는 1~2퍼센트 오차 범위 안에서 내년도 소비 지출액이 어느 정도 될지를 예측할 것이다. 전반적인 시장

전망을 예측할 수 있게 해 주는 다양한 경제 모델에 힘입어서 말이다 (물론 총 소비 지출이 대략 몇 천 억 달러가 되리라고 예측하는 것과 어느 특정 상품의 개별 소비 규모를 예측하는 것은 전혀 다른 문제이다).

소비 지출이 이런 식으로 예측 가능하게 움직이지 않는 경우는 세 가지 정도이다. 첫째, 전시(戰時)에 그렇다. 우리가 익히 알고 있듯이 전시에는 대부분 불어나는 군비 충당을 목적으로 중과세를 하게 마련이고, 그에 따라 소비 지출은 어쩔 수 없이 유보하게 된다. 예를 들어 미국은 제2차 세계 대전 중에 중과세로 말미암아 소비 지출이 GDP의 2분의 1을 겨우 웃돌 정도로 위축되었다. 경제 대공황 기간 동안 소비 지출이 대단히 낮았던 것에 비하면 제2차 세계 대전 기간에는 달러 기준 소비 지출액이 증가한 것은 사실이다. 하지만 제2차 세계 대전 기간 동안 GDP 자체가 훨씬 더 빠른 속도로 증가했고, 그 결과 소비 비율이 현저히 낮아졌다. 즉 파이는 더 커졌는데도 정작 소비자 손에는 더 적은 몫만 들어온 셈이다. 반면에 베트남 전쟁 때에는 군비 지출액이 소비를 억제하는 조세로 상쇄되지 않았으므로 재화 및 서비스에 대한 초과 수요가 생겨났고, 결국 인플레이션이 촉발되었다.

둘째, 극심한 경기 침체 기간에도 소비가 정상적 흐름에서 벗어난다. 살기 위해서는 충족시켜야 할 기본적인 욕구가 있다. 실업으로 소득이 감소하면 빌리거나 구걸이라도 해서 해결해야 한다. 심지어 살아남기 위해서 도둑질이라도 해야 한다. 확실히 경제적으로 어려운 때에는 가계 저축이 급속히 감소한다. 그 결과 실질 소비 지출 규모는 하락했는데도 정작 GDP에서 소비가 차지하는 비율은 더 높아진다. 즉 GDP 규모가 줄어들수록, 그 GDP 규모의 더 많은 부분을 소비 부문이 차지하게 되는 것이다.

마지막으로 소비 성향은 인플레이션 기간 동안 정상 궤도에서 이탈한다. 모든 가계가 물가가 들먹거리는 것을 느끼고 오르기 전에 확보하기 위해 평상시보다 미리 사려고 하기 때문이다. 결국 인플레이션은 정상적인 저축을 희생하여 구매를 증가시키는 셈이다.

경제학자들은 소비 성향을 연구하는 데 많은 시간을 할애하고 있다. 그렇지만 GDP의 오르내림에 대한 우리의 관심을 감안할 때 일상적인 소비가 종속적이고 예측 가능한 성향을 보인다는 것에는 단순하지만 중요한 함의가 하나 있다. 그것은 GDP의 3분의 2를 차지하는 가계의 소비 지출이 경제의 추진력이 아니라 그 결과라는 사실이다. 그 비중이 어떻든 소비는 GDP의 엔진이 아니다. 단지 열차 끝에 매달린 승무원용 객차일 뿐이다.

물론 이런 주장을 할 때에는 보다 신중할 필요가 있다. 자동차 같은 내구재 소비 지출이 비내구재나 서비스에 대한 소비 지출보다는 더 유동적이며, 이 내구재 소비의 진폭이 경제에 실질적으로 충격을 줄수 있다는 사실을 목격한 바가 있기 때문이다. 예를 들어 1974년과 1979년에 석유 파동을 우려한 소비자들이 자동차 구매를 줄인 적이 있는데, 그때마다 자동차 판매 감소라는 요인 하나만으로도 GDP에는 충격이 가해졌다.

그래도 규칙에는 예외가 있다. 아무리 소비 욕구가 강하더라도 정작 일상생활에서 소득이 부족해서 그 욕구를 충족시키지 못하는 경우가 있다. 사람들에게 욕구가 있는 것은 사실이지만 수요는 욕구 이상의 것이 필요하다. 바로 현금이 뒷받침되어야 하는 것이다.

이를 통해 한 가지 대단히 중요한 사실이 드러난다. 욕구나 욕망 자체만으로 경제 성장이 이루어지는 것은 아니다. 그것만으로 경제 성장이 이루어진다면 풍족하게 지내는 호경기보다 가난하게 지내는 불경기 때 사람들의 수요가 더 많아져야 한다. 소비자가 더 많이 구매함으로써 경기 침체를 극복할 수 있다는 주장이 공허한 것도 이 때문이다. 소비자는 가능하면 더 많이 사들이고 싶어 한다. 게다가 소비자들은 광고 산업이 퍼부어 대는 수십억 달러짜리 부추김에 넘어가 항상 지출을 증대하고 있다는 것도 잊지 말아야 한다.

문제는 소비자에게 추가 소득이 발생하지 않는 이상 더 사들일 수 없다는 것이다. 물론 단기간이라면 빌리거나 일시적으로 저축을 대폭 줄일 수는 있다. 하지만 가계의 차입 능력이나 저축에는 한계가 있게 마련이고, 한계에 이르면 소비 열풍은 가라앉게 된다. 그러면 다시 일상적인 저축과 지출 성향으로 돌아오게 되는 것이다.

결국 소비가 아무리 중요하다 해도 소비는 본질적으로 경제 활동을 변화시키는 주요 요인이 될 수 없다. 소비를 경제학의 한 부문으로 간주하는 이상 이는 분명하다. 소비는 분명 경제의 어딘가에서 일어나는 변화를 반영하지만 소비가 경제의 장기적 성과를 좌우하지는 못한다. 이 같은 경제학적 통찰을 유념할 필요가 있다.

적극적 추진력으로서의 투자

이미 살펴본 것처럼 GDP의 약 3분의 2 정도를 소비자 구매가 차지한다. 그렇다면 나머지는 누가 구매하는가? 다른 구매 기관, 즉 자본을 더 확보하려 하거나 연구 개발에 더 투자하려는 기업, 다양한 공공재를 구매하고자 하는 정부 및 미국의 재화나 서비스를 구하고자 하는 외국인 등이 구매한다는 것을 이미 살펴보았다.

이 중 투자는 우리가 검토해야 할 것 중 하나이지만 투자는 소비만큼 친숙한 경제 활동이 아니므로 우선 그 용어부터 명확히 할 필요가 있다.

대부분의 사람에게 투자는 주식 또는 채권을 사는 것을 뜻한다. 그러나 경제학자들에게 투자는 그런 의미가 아니다. 경제학자들에게 투자는 저축의 '실질' 작용에 대응하는 개념으로, 저축의 실질 작용이 투자에 사용될 수 있도록 소비로부터 자원을 해제하는 것이다. 따라서 투자의 실질 작용은 이 해제된 자원으로 자본재를 창출하도록 하는 것이다.

투자의 실질 작용은 주식 또는 채권의 구입일 수도 있고, 그런 것이 아닐 수도 있다. 주식 시장에서 주식 또는 채권을 구입한다고 하자. 그 경우 통상적으로 해당 주식 또는 채권을 소유한 사람으로부터 구입하는 것을 말한다. 하지만 경제학적 시각에서 볼 때 이런 식의 개인 투자 행위는 새로운 부의 창출과는 관계없이 단순한 청구권의 이전일 뿐이다. '갑'이 '을'로부터 GM 주식을 구입하고, '을'은 '갑'에게 받은 돈으로 '병'으로부터 주식을 구입한다고 하자. '갑', '을', '병' 사이에 이런 거래가 있다고 해서 실제로 자본 규모에 변화가 생기는 것은 아니다.

새로 발행된 주식 또는 채권을 구입했을 경우에만, 그렇게 해서 확보된 자금이 직접적으로 새로운 시설이나 장비에 투입되는 경우에만 개인의 금융 투자가 사회적 부의 증가로 이어진다. 우리가 전제했듯이 '갑'은 GM으로부터 직접 주식을 구입하거나 중개인을 통해 주식을 사들이고, GM은 '갑'의 돈을 새로운 자본재 구입을 위해 사용하는 경우에만 투자에 해당하는 것이다.

물론 이보다 흔하게 볼 수 있는 투자도 있다. 개인이 은행에 저축하고, 은행은 이런 저축을 기업이 투자 목적으로 사용할 수 있도록 대출해 주는 방식이다. 또 재력이 있는 개인이 신규 유망 기업에 직접 투자하는 벤처 캐피털을 통해 자신의 저축을 맡길 수도 있다.

이렇듯 경제학자들이 투자로 인정하는 것 중 다수가 우리에게는 거의 알려지지 않은 형태이다. 실질 투자가 개인의 금융 투자와 같지 않을뿐더러 실질 투자자의 경우 우리에게 친숙한 가계와는 전혀 다른 구성원인 기관을 대리하여 행동하기 때문이다. 자금을 새로운 설비 건설에 사용할지 아니면 재고(inventory)를 추가하는 데 사용할지를 결정하는 것은 이사회나 대표이사, 중소기업 소유주들이다. 그런데 이 결정은 성격이나 동기 면에서 가계의 일원으로서 우리가 내리는 결정과는 상당히 다르다.•

가계는 구성원의 필요와 욕구를 충족시키기 위해서 상품을 구매하므로 가계의 소비 성향은 어느 정도 안정적이라고 본다. 그러나 투자는 개인적인 고려에서 결정되는 것이 아니다. 투자 결정에서 유일하게 고려하는 요소는 자본재를 증가시켰을 때 어느 정도의 이윤을 기

• 앞에서 설명한 바와 같이 GDP 계정에서는 주택 구입은 가계가 구매한 집이라는 의미로 '기업'을 설립한 후 이를 자신에게 '대여'하는 사업으로 여겨 투자 행위로 다루지만, 각 개인은 그렇게 생각하지 않는다.

대할 수 있느냐는 것이다. 가계 부문과는 달리 기업 부문은 이윤 동기에 의해 운영된다. "건강 단련을 위해 기업을 운영하는 것이 아니다"라는 잘 알려진 경구처럼 말이다. 투자 활동을 통해 기대하는 바는 단지 초기 사용 자본보다 더 많은 자본을 얻는 것일 뿐이다.

이윤 확보는 자본주의의 중심 개념으로, 활기찬 발전의 원천이기도 하지만 많은 내적 병폐의 뿌리이기도 하다. 그렇지만 이윤은 GDP 측면에서 중요한데, 이는 이윤이 항상 미래에 초점을 맞추고 있기 때문이다. 현재 기존 공장과 설비로 많은 이윤을 누리고 있는 기업이라 해도 추가 투자에 따른 이윤을 기대할 수 없다면 자본을 확장하지 않는다. 반면에 현재 손해를 보고 있는 회사라 해도 새로운 제품의 생산으로 많은 이윤을 기대할 수만 있다면 상당한 규모의 자본 확장을 시도할 가능성이 있다. 이처럼 투자의 관점은 앞을 내다보는 것이지 절대로 뒤를 돌아보는 것이 아니다.

투자 결정에 이런 선행적 특성이 따르는 데에는 그럴 만한 이유가 있다. 일반적으로 투자 지출을 통해 구입한 자본재의 경우 수년에 걸쳐 활용되며, 투자 효과가 빨리 나타나지도 않는다. 더군다나 자본재는 고도로 전문화되어 있다. 만약 자본 지출이 몇 주 또는 몇 개월 내에, 아니 심지어 1~2년 안에 회수되거나 자본재의 용도를 쉽게 바꿀 수만 있다면 투자 지출의 위험 부담이 그렇게 높지는 않을 것이다. 그러나 자본재는 설계 단계에서 완전 생산에 이르기까지 2~4년이 걸린다. 이는 결국 미래의 수요까지도 제대로 예측해야 한다는 것을 의미한다. 또 자본재의 대부분은 10년 이상의 기대 수명을 가진 내구재이다. 그런데 다른 용도로 사용하기에는 한계가 있거나 불가능하다는 특성이 있다. 제철소에서 옷을 짜거나 방직공장에서 철을 만들 수 없는 것처럼 말이다.

따라서 투자 결정은 항상 미래 지향적이다. 현재 투자할 의욕이 있더라도 투자 여부를 계산할 때는 반드시 해당 기업의 앞으로의 수입 흐름이 어떻게 될지를 감안해야 한다. 투자 결정이 충동과 욕구에 따른 소비자의 결정과는 달리 불안정한 것도 본질적으로 이런 이유 때문이다. 추측 또는 예측에 근거한 전망은 소비 지출과는 달리 급작스럽게 뒤집어질 수 있는 것이다.

이런 차이는 GDP를 이해하는 데 매우 중요한 의미를 지닌다. 소비는 유동적이지 않지만 투자는 본질적으로 유동적이다. 단기적으로 재고 구매에서 진폭이 커지곤 하는 것도 이런 유동성 탓이다. 우리는 일반적으로 재고를 자산의 일부로 간주하지 않지만 재고 역시 자산이다. 기업은 판매가 늘어날 것으로 예상하면 바로 판매할 수 있는 최종 제품에 더 투자하거나, 아니면 생산 능력을 향상시킬 수 있도록 원자재나 부품을 더 많이 구매한다. 결국 기업들이 판매 예측에 근거해 재고 구매를 빠르게 증대시키거나 감소시키므로 재고 구매가 유동적이 되는 것이다. 기업들이 재고 구매를 빠르게 증대하면 투자재에 대한 수요가 급상승한다. 반대로 재고 구매를 감축하면 마찬가지로 투자 수요가 급감한다. 예를 들어 1990년 4/4분기에는 연 240억 달러의 비율로 재고가 줄어들었는데, 1년 뒤인 1991년 4/4분기에는 연 140억 달러의 비율로 재고가 늘어나면서 GDP에서 수요가 380억 달러나 급상승한 셈이다.

투자 불안정의 두 번째 형태는 불규칙하게 오르락내리락하는 장기적인 경기 순환과 관련 있다. 앞으로 수년간의 경기 전망이 어두울 경우 투자 지출은 급속하게 떨어진다. 1930년대 대공황 기간 동안 기업들은 실제로 모든 설비 확장을 멈추었다. 기계와 장비가 다 닳았을 때에만 겨우 교체한 것이다. 그 결과 1929년에서 1933년 사이 가계 소비는 41퍼센트 떨어진 데 비해 투자는 91퍼센트나 줄었다. 또 대공황이 최악이던 시점에서 전체 실업의 3분의 1은 사실상 자본재 수요의 급격한 감소로 인한 것이었다. 역으로 1933년에 대공황에서 회복된 이래 7년에 걸쳐 소비는 1.5배 정도 오르는 데 그쳤지만, 투자는 9배나 증가했다.

마지막이자 가장 확실한 투자 촉진 요인 중 하나는 기술이다. 우리는 이 장 끝에서 전부는 아니지만 몇몇 발명의 변환 효과에 대해 검토할 것이다. 여기서 기술을 단지 투자를 활성화하는 요인이자 투자를 불규칙하게 만드는 요인으로 리스트에 올리는 것만으로는 충분치 않기 때문이다. 엄청난 파급 효과가 있는 발명이 정기적으로 이루어지는 것은 아니다. 우리는 전혀 이루어질 기미가 보이지 않거나 아니면 천천히 이루어지는 발명을 기다릴 뿐이다. 연구에 성공해서든, 천재의 등장으로든, 행운이 따라서든 그 과정은 상관없이 다만 대단한 발명이 이루어지고 자본 지출에 새로운 장이 열리기를 말이다.

투자의 다른 양상도 주목할 필요가 있다. 투자는 경제에서 추진력인 동시에 잠재적 불안 요소인데, 그 효과는 경제학자들이 흔히 말하는 '승수(乘數, multiplier)'에 따라 확대된다. 승수 개념은 간단하다. 새로운 사업에 투자가 이루어져서 투자 지출에 변동이 있으면 건설 노동자의 임금이나 자재 등에 지출되는데, 돈은 거기서 멈추지 않는다.

투자 지출의 1단계 수혜자인 이들은 벌어들인 돈으로 추가 지출에 나서게 된다. 그 결과 새로운 판매가 이루어지고, 그에 따라 다른 사람들의 일자리도 창출된다. 최초의 지출 증대는 이런 식으로 그 효과가 없어질 때까지 2단계 및 3단계에 걸쳐 지출을 창출한다.

경제학자들은 투자 승수 효과를 대체로 1년에 2 정도로 예측하는데, 이는 증가할 때나 감소할 때나 마찬가지로 적용된다. 따라서 1990년에 투자 지출이 280억 달러 줄어들었는데, 만약 순 수출이 동일한 금액만큼 증가하지 않는다면 전국에 걸쳐 그 2배만큼 소득이 줄어들어서 GDP 수요가 560억 달러 감소하게 되었을 것이다. 만약 투자가 100억 달러 증가했다면 똑같은 방식으로 전국적으로 최초 100억 달러의 소득 증가 외에 승수 효과로서 100억 달러의 추가적인 소득 증대 효과를 누렸을 것이다.

여기서 두 가지 중요한 결론을 얻을 수 있다. 첫째, 투자는 경제의 한 부분으로 따라가는 것이 아니라 경제를 추진하는 원동력이라는 사실이다. 투자 지출 역시 소비와 마찬가지로 기업이 얻는 수입으로부터 영향을 받는 것은 분명하다. 또 몇몇 투자는 소비자가 구매하는 방향, 즉 소비 지출의 등락에 따라 이루어지기도 한다. 소비 지출이 증가하면 그에 부응하기 위해 새로운 공장을 지어야 한다. 그렇지만 기업 부문의 중요한 활동으로 여겨지는 투자의 독특한 성격은 열차의 맨 끝에 매달린 승무원실이 아닌 엔진이라는 것, 즉 투자가 경기를 이끈다는 것이다.

둘째, 투자 지출이 수년간 왕성하다가 수년간 침체되는 식으로 어느 정도 주기적인 양상을 띠는 이유를 어떻게 설명해야 하느냐는 문

🎯 주식 시장과 투자

주식 시장은 어떻게 기업 투자에 영향을 미치는가? 세 가지 방식으로 직접적인 영향을 미친다. 첫째, 주식 시장은 전통적으로 기업 지향적 집단들이 갖고 있는 전망에 대한 일반적인 지표 역할을 한다. 여기서 '기업(business)'이라고 하지 않고 '기업 지향적(business-minded)'이라 했는데, 이는 유가증권에 대한 수요와 공급이 비금융권 일반 기업들이 아니라 주로 유가증권 딜러, 주식 중개인, 대중 투자자들에게서 비롯되기 때문이다. 그러므로 주식 시장이 활성화된다는 것은 '기업 환경'이 좋다는 신호나 다름없다. 이 신호가 케인스가 말하는 '동물적 감각'에 영향을 미쳐 경영진이 기업 확장 계획을 추진하게 만드는 것이다. 반면에 주식 시장이 침체되면 사기가 꺾인 경영진은 일반적으로 경제 비관론에 빠져 확장 계획을 재고하게 된다.

그러나 정부가 경제 흐름에 미치는 영향력이 높아지면서 이런 전통적인 상호관계는 상당히 약화되었다. 한때는 기업들이 미래 전망에 필요한 실마리를 포착하기 위해 주식 시장을 주시했으나 요즘은 그것이 정부로 옮겨섰다. 미국은 과거 10년 동안 주식 시장이 상당히 동요했음에도 장비와 시설에 대한 기업 투자는 대체로 일정했는데, 이는 '주식 시장' 상황이 어떻게 변하더라도 정부가 경기 부양을 계속하리라는 기업인들의 생각이 반영된 결과였다. 1994년과 1995년에는 경제 성장이 완만했는데도 주식 시장은 활기를 띠었다.

주식 시장이 직접적으로 투자에 미치는 두 번째 효과는 신규 주식 발행이 더 쉬워진다는 점과 관련 있다. 투자 재원을 조달하는 방안 중 하나는 새로운 주식이나 채권 발행을 통해 확보한 자금으로 시설과 장비를 매입하는 것이다. 그런데 신주는 주식 시장이 침체를 보일 때보다는 활황세일 때 발행하기 쉽다. 특히 전기, 가스, 수도 등 새로운 자금 조달 경로가 사내유보(retained earnings)보다는 주식 발행에 의존하는 공익적인 설비 제공 기업의 경우가 그렇다. 또 주식 시장이 활성화되면 벤처 기업 경영자들의 창업 자본 조달도 쉬워진다. 벤처 투자자들이 몇 년 안에 해당 주식을 상당한 이익을 남기고 팔 수 있다는 기대감에서 적극적으로 나서기 때문이다.

마지막으로 사내유보가 많은 기업은 주식 시장이 매우 침체되면 보유 자금을 자본 지출에 투입하기보다는 다른 기업을 사들이거나 자사주 매입 유혹에 빠지기 쉽다. 즉 실질 투자 대신에 금융 투자가 일어나는 것이다. 물론 이런 투자에 성공한 기업은 계속 성장하지만 그렇다고 해서 경제 전체가 성장하는 것은 아니다.

제가 있다. 이에 대해 제번스(William Stanley Jevons)는 1870년대에 태양흑점에 원인이 있다고 설명한 바 있는데, 그의 답이 지금 우리가 생각하듯이 그렇게 어리석기만 한 것은 아니었다. 제번스는 천문학자로 훈련받은 사람으로 10년 주기의 태양흑점이 기후 변화를 가져오고, 기후 변화는 강우량의 변화를, 강우량 변화는 곡식 수확량 변화를, 곡식 수확량 변화는 생산량 변화를 일으킨다는 이론에 의문을 갖지 않았을 뿐이다. 물론 이후 연구에서 태양흑점 주기와 기후 주기 사이의 관계가 밀접하지 않다는 것이 판명되면서 태양흑점 주기 이론은 폐기되었지만 말이다.

이후 태양흑점 이론을 대신해 여러 가지 다른 이론이 제기되었다. 낙관론의 팽배로 비롯된 재고 축적이 결국 어느 순간 불가피하게 재고 급매로 이어진다는 이론을 비롯해, 은행 신용이 초과 창출(신용 창출 과정은 10장과 11장에서 검토할 것이다)된 다음에는 신용 축소로 이어진다는 이론, 군비 지출의 증감에 따라 경기 순환이 일어난다는 이론이 그것이다. 최근에는 '경기 주기'의 오르내림에 주목하기보다는 성장 엔진인 투자 지출 속도를 빠르게 혹은 느리게 하는 근본 요인에 더 많은 관심을 기울이고 있다.

평균적인 성장과 변혁을 통한 성장

지나치게 단순화한다는 위험 부담이 있더라도 많은 경제학자가 의견을 같이하는 부분에 대해 이야기해 보자. 모든 기업, 더 정확히 말해 최소한 영세 규모 이상의 기업에서는 끊임없이 새로운 상품, 새로운 시장, 효율성 증대 등을 통해 더 많은 이윤을 확보하려고 한다. 그런 만큼 경제 성장이야말로 자본주의 경제를 규정하는 것이라고 할 수 있다. 자유 시장 경제는 내적으로 애덤 스미스가 생각했던 것 이상으로 확장을 지향한다. 그것도 단순히 주어진 목적을 달성하고 멈추는 것이 아니라 성장 자체를 확대해 나가는 경향이 있다. 핀 시장이 포화 상태에 이르더라도 그 누군가는 안전 핀을 만들어 내고, 지퍼 생산에 나서고, 벨크로를 개발한다. 자본가들의 이런 노력 덕분에 투자 기회는 적어도 당분간은 계속 확대될 것이라는 사실을 스미스는 미처 간파하지 못했다.

정상적인 경우 성장은 여러 가지 요인에 영향을 받는데, 그 중 어떤 것은 누구도 통제할 수 없고 어떤 것은 그렇지 않다. 이자율을 낮춤으로써 기업 규모 확장에 필요한 대출을 촉진하는 금융 정책은 성장에 도움을 주지만, 반대로 '긴축' 금융은 성장을 둔화시키거나 멈추게 만든다. 정치적 발전이 성장에 긍정적인 영향을 미칠 수도, 부정적인 영향을 미칠 수도 있다는 것에는 의문의 여지가 없다. 이윤에 세금을 높게 매기면 투자는 억제되고, 마찬가지로 이윤에 세금을 낮게 매기면 투자는 촉진된다. 사회간접시설이나 교육, 연구 개발 등에 대한 정부 지출은 비용을 낮추는 것은 물론이고, 새로운 상품 및 공정을 만드는 데 필수적인 지식을 제공한다. 재정 정책이라 부르는 정부 지출은 8장에서 검토하겠지만 도움이 될 수도 장애가 될 수도 있다.

이 모든 것을 종합해 볼 때 성장은 비록 그 속도에는 차이가 있을지 몰라도 투자를 하는 곳에서 이루어진다. 그리고 우리가 예상할 수 있듯이 성장에서 가장 극적이고 중요한 요인은 기술이다. 더 정확하게 말하면 경제학자 넬(Edward J. Nell)이 말한 '변혁을 통한 성장 (transformational growth)'을 가져오는 특정한 기술적 우위가 성장에서 가장 중요하다. 넬이 말한 변혁을 통한 성장은 경제학자들이 흔히 '생산 가능 경계(production possibility frontier)', 즉 주어진 여건에서 이익 확보가 가능한 생산량의 최대치를 확대시키는 탁월한 발명이나 혁신의 집합체를 가리키기 때문이다.

1장에서 설명한 바와 같이 18세기와 19세기 초에는 증기 엔진이 이런 역할을 했다. 19세기 동안에는 모든 국가의 경제 지도를 '뒤바꿔 놓은' 철도가 이와 비슷한 결과를 이루어 냈다. 세 번째는 원거리 지역은 물론이고 그보다는 중요도가 떨어지지만 일반 가정에까지 동력 공급이 가능해진 전력화 사업이다. 네 번째는 우리의 모든 생활 속도를 바꾸어 놓은 자동차로 포장된 고속도로와 주유소, 정비 공장의 발전이다. 그리고 우리 시대에는 다섯 번째 변혁 수단인 제트 비행기와 컴퓨터의 출현을 목격하고 있다. 컴퓨터 및 반도체 기술의 혁명은 세탁소에서 다국적 기업에 이르기까지 모든 기업 조직을 변화시켰다. 또 제트 여객기는 1960년대 여행업을 단일 산업으로는 세계 최대로 변모시켰을 뿐 아니라 더 중요하게는 지구촌 경제의 출현을 가능하게 했다.

변혁을 통한 성장은 경제생활에 거대한 변화를 가져온다. 하지만 그 본질은 새로운 생산 가능 경계가 자리 잡는 데에는 일정 시간이 걸리며, '적응(digestion)' 기간이 필요하다는 것이다. 그 후에는 다시 전과 같이 일상적으로 생활하며 새로운 변혁 시기가 오기를 기다리면 된다.

또 다른 변혁을 통한 성장이 가능할까? 생명공학, 세라믹과 같은 신소재, 통신위성, 로봇 등 여러 산업 분야에서 미래의 새로운 금맥에 막대한 투자를 기울이고 있다. 과연 이런 것들로 변혁을 통한 성장이 이루어질까? 이 질문에 대해서는 8장과 9장에서 검토할 것이다.

8

공공 부문의
경제학

　　　　　　　　　　　　　　　　사람들은 가계 또는 기업 부문의
경제 문제에는 별다른 이의를 제기하지 않는다. 하지만 공공 부문의
경제 문제를 두고는 전혀 다른 반응을 보인다. 많은 이들이 공공 부문
을 제대로 알지 못하면서도 대놓고 호오(好惡)의 감정을 드러내는가
하면, 심지어 정부가 파멸의 원인인지 구원의 원천인지에 대해서도
자기 나름대로 의견을 가지고 있다.

　이런 심리 상태에서 벗어나기 위해 두 단계로 나누어 접근해 보자.
먼저 거의 모든 경제학자가 자신의 정치 성향과는 관계없이 공공 부
문 경제와 관련해 동의하고 있는 몇몇 사항을 알아둘 필요가 있다. 이
런 것들은 비록 논쟁거리는 되지 않더라도 대단히 중요할 뿐 아니라
심지어 의외로 받아들여질 수도 있는데, 이를 통해 우리가 이 장에서
다룰 문제의 양상이 어떤 것인지를 파악할 수 있을 것이다. 이어서 자
유주의자와 보수주의자 사이에 의견을 달리하는 문제를 다룰 예정인

데, 이는 주로 경제 문제에 대한 정부 개입의 효율성 측면과 관계가 깊다. 예를 들어 조세가 개인의 경제 동기에 미치는 부정적 영향은 어느 정도나 되며, 민간 지출에 비해 정부 지출은 어떤 강점이 있는지 알아보는 식이다. 이 논쟁이 공공 부문은 국내총생산(GDP)에서 어떤 위치를 차지하고 있는지 같은 것은 아니다. 우리는 다음 장에서 이 문제에 대한 보수주의자와 자유주의자의 견해를 함께 살펴볼 것이다. 하지만 그에 앞서 몇 가지 기본적인 사항에서 개념을 명확히 할 필요가 있다.

정부 지출의 적정 수준

우선 앞에서 확인한 바 있는 세 가지 사항을 다시 일깨우는 데에서 출발하자. 첫째, 생산물 구매자로서 정부 역할과 자금 지출자로서 정부 역할을 구분해야 한다. 기억하겠지만 이 둘 사이의 차이는 이전 지급이라는 사회보장과 같은 중요한 지출 요인에서 비롯된다. 어느 정도의 정부가 큰 정부인지, 정부가 어느 정도로 빨리 커지고 있는지에 대한 논란은 대부분 생산물 구매자로서 정부를 말하느냐, 아니면 자금 지출자로서 정부를 말하느냐에 따라 달라진다. 예를 들어 1996년에 (연방 정부, 주 정부, 지방 정부가 모두 포함된) 미국 정부의 구매 규모는 GDP의 약 22퍼센트였다. 하지만 정부가 지출한 금액은 이전 지급으로 말미암아 그보다 40퍼센트 이상 더 늘어나 대략 GDP의 33퍼센트에 달했다.

이 중 어떤 수치를 '채택해야' 하는가? 이에 대한 답은 우리가 알고자 하는 것이 무엇인지에 달려 있다. 국방, 교육 및 통신 등의 구매자로서 정부는 공공재가 GDP의 구성 요소로 중요하다는 것을 말해 준다. 반면에 이전 지급은 상당히 다른 면을 시사한다. 이전 지급은 비록 수십억 달러가 지출되었더라도 GDP에는 단 한 푼도 기여하지 못한다. 결국 이전 지급은 산출물 생산 기관이라기보다는 소득 재분배 기관으로서 정부 역할을 나타내는 지표이다. 따라서 정부 지출의 경우 구매와 이전 지급이라는 두 가지 형태를 구분하여 검토하는 것이 적절하다.

둘째, 지금까지 계속 강조했지만 연방 정부와 주 정부, 또는 지방 정부를 구분해야 한다. GDP에서 볼 때 연방 정부의 구매보다는 주 정부 또는 지방 정부의 구매가 더 많다. 그러나 이전 지급은 주 정부나 지방 정부가 아니라 대부분 연방 정부에서 이루어진다. 이런 상황은 다음 표를 통해 뚜렷하게 확인할 수 있다. 연방 정부와 주 정부 및 지방 정부를 구분하는 이유 중 하나는 연방 정부가 상당 규모의 돈을 주 정부 또는 지방 정부에 제공하기 때문이다. 연방 정부가 하는 이와 같은 '무상 지원(grants-in-aid)'도 물론 이전 지급이다. 주 정부나 지방 정부는 이런 무상 지원 덕분에 자체 예산만 가지고는 제공하기 어려운 교육이나 환경, 도로 건설 사업 등을 시행할 수 있다. 그에 반해 연방 정부는 적자를 감수하게 되는데, 이는 부분적으로 주 정부나 지방 정부의 사업을 지원한 탓이라 할 수 있다. 따라서 연방 정부가 주 정부나 지방 정부에 지원하는 이전 지급을 없애면 그만큼 적자를 줄일 수 있다. 하지만 그렇게 되면 주 정부나 지방 정부가 상당한 애로를 겪게 되는데, 여기에 대해서는 나중에 다시 이야기하자.

공공 부문의 지출 내역(단위: 10억 달러, 1996년 기준)	
정부 구매 지출 총액	2,447
연방 정부 구매 지출분	1,704
주 정부 및 지방 정부 구매 지출분	743
정부의 이전 지급	1,074
연방 정부의 이전 지급	763
주 정부 및 지방 정부의 이전 지급	311
연방 정부의 주 정부 및 지방 정부 무상 지원	215
이자 지급	241
정부 구매	1,181
연방 정부 구매분	719
정부 소비	863
정부 투자*	318

* 교육 및 연구 개발은 투자로 계상.
  자료 출처: 미국 상무부

셋째, 전쟁과 복지의 차이를 염두에 두어야 하는데, 이것 역시 정부 구매 지출과 이전 지급의 구분이 도움이 된다. GDP에 나타난 연방 정부의 구매 지출은 대부분 전쟁과 관련이 있다. 1996년을 예로 들면 연방 정부가 GDP상에 기여한 부분 중 3분의 2가 군사 목적을 위한 것이었다. 또 연방 정부의 지출 확대에 대한 비판이 있기는 하지만, 실질적으로 현재 연방 정부의 구매 규모는 1940년 연방 정부의 GDP 대비 재화와 용역 구매 비율과 거의 비슷하다. 의료나 교육, 수송 부문을 위주로 재화와 용역의 구매를 대폭 늘린 것은 주 정부와 지방 정부인 것이다.

그런데도 왜 연방 정부에 대해 비판의 목소리가 높은가? 그 이유는 주로 이전 지급이 급속히 증가했다는 데 있다. 하지만 (1960년 이후 20

퍼센트에 달하는) 이전 지급 증가율의 많은 부분은 사회보장 및 연금, 노령자를 위한 의료 지원 때문이다.

정부 지출에 '적정한' 수준이 있는가? 오늘날 미국 곳곳에서 정부 지출을 거세게 반대하는 부류가 있다는 것에는 의심의 여지가 없다. 그리고 그 대부분은 예산 낭비에 초점이 맞추어져 있다. 정부 공무원은 보통 '관료'라 부르고, 정부 사업은 '쓸데없는 짓'으로 여겨진다. 하지만 그 속에는 자기 이익을 확보하려는 경향도 없지 않다. 도시 거주자들은 정부가 도시 문제에 그다지 많은 예산을 쓰지 않는다고 생각하지만, 농촌 거주자들은 그렇게 생각하지 않는다. 마찬가지로 농촌 거주자들은 정부가 농촌 문제에 그다지 많은 예산을 지출하지 않는다고 생각하지만, 도시 거주자들은 그렇게 생각하지 않는다. 또 노령자들은 정부 지출의 삭감을 원하지만 정작 연금이나 의료 지원 삭감은 원치 않는다. 그에 반해 젊은 계층은 노령자를 지원하기 위해 조세를 부과하는 것이 불만스럽다. 자녀가 있는 부부는 학교 지출의 삭감을 원치 않지만 자녀가 없는 부부는 삭감을 원한다.

경제학자들은 이렇듯 정치적 색채가 강한 문제를 해결할 만한 역량이 없다. 단지 실업보험이 일을 더 쉽게 그만두도록 하는지 어떤지에서 볼 수 있듯이 여러 가지 형태의 이전 지출이 미치는 효과에 대해 어느 정도 말할 수 있는 경제 지식을 갖추고 있다는 것뿐이다. 결국 경제학자들은 이전 지출의 효과가 좋은지 나쁜지를 단언할 수 없다. 이는 가치 판단이 작용하는 문제이기 때문이다.

경제 활동의 한 부문으로서 정부

정부가 무엇을 해야 하는지는 모두 나름대로 생각이 있을 것이다. 하지만 정부가 실제로 무엇을 하고 있는지는 반드시 알아둘 필요가 있다. 그런데 정부 지출 정책이 어떻게 해야 가장 효과적인지를 두고 날카롭게 대립하는 경제학자들조차 공공 부문이 실제로 어떻게 운용되는지에 대해서는 의견을 같이한다.

공공 부문의 지출 동기가 민간 부문의 지출 동기와는 다르다는 데에서 논의를 시작하는 것이 적절하다. 가계 부문과 기업 부문의 지출은 각자 자유로운 의사 결정에 따라 이루어진다. 가계는 각자 원하는 대로 소득을 지출하거나 저축하고, 기업 역시 가계와 마찬가지로 자본 지출을 각자의 판단에 따라 의사 결정을 내린다.

그러나 공공 부문은 전혀 다르다. 공공 부문은 그 지출 규모가 관례나 이윤에 따라 결정되는 것이 아니라 정치적 결정, 즉 지방, 주, 연방의 의회나 행정부를 구성하거나 대표하는 사람들의 집단적 의지에 따라 이루어진다. 따라서 정치적 의지의 명시적 표출은 공공 부문에 중요한 의미가 있다. 공공 부문은 지출과 수입이 공개되어 있는 유일한 부문인데, 이는 보다 신중하게 통제하기 위해서이다. 정부는 조세 부과나 정부 지출, 각종 규제 등 공적 조치를 통해 가계나 기업의 행동 양식에 막대한 영향을 행사할 수 있다. 하지만 공공 부문처럼 공개된 방식으로는 가계나 기업의 경제적 활동에 직접적으로 영향을 미칠 수는 없다.

근대의 거시 경제 정책에 내재되어 있는 공공 부문에 대한 기본 방침은 간단하다. 경기 침체의 근본 원인은 기업 부문의 투자가 국내 저축에 미치지 못하여 일어나는 것이다. 이렇듯 어떤 경제 부문의 지출 부족으로 GDP가 하락했다면 이제까지 분석을 통해 다음과 같은 해답을 떠올릴 수 있다. 기업 부문의 지출 부족을 공공 부문의 추가 지출로 상쇄할 수 있지 않을까? 투자로 이어지지 못한 국내 저축을 지출로 이전하는 보완 통로로 공공 부문을 활용할 수 있지 않을까?,* 하고 말이다.

우리는 이미 답을 알고 있다. 저축을 공공 부문으로 이전하여 지출함으로써 수요 부족을 메울 수 있다는 것이다. 지출 과정의 메커니즘으로 볼 때 AT&T가 저축을 차입하여 자사 소유 위성을 구입하는 것이나, 재무부가 저축을 차입하여 공공 소유 위성을 구입하는 것이나 아무런 차이가 없다. 그렇지만 정치적으로는 다르다. 이것은 기업의 사업적 판단이나 향후 전망, 평판, 신뢰도 등에 미치는 영향이 매우 다를 수 있기 때문이다. 엄격히 말해 경제의 각 부문들이 어떻게 움직이고 어떻게 협력하는가의 관점에서 본다면 둘 사이에는 전혀 차이가 없다. 또 정부 지출이 내포하는 의미와 부차적인 영향에 대해 격렬하게 대립하는 경제학자들조차 정부의 경제 행위를 기업 또는 가계 부문처럼 경제의 한 부문으로 분석해야 한다는 것에는 이의를 달지 않는다.

* 물론 GDP를 높이는 다른 방법으로 투자가 촉진되도록 세금을 낮추는 것도 있다. 그렇지만 여기서 우리가 논의하는 것은 효과적인 투자 촉진 방안이 무엇이냐가 아니다. 지금은 단지 공공 지출과 민간 투자 사이에 일반적으로 알고 있는 것보다 더 밀접한 관계가 있음을 보여 주려 할 뿐이다.

이는 결국 가계 또는 기업이 차입하여 구매 지출을 늘리면 GDP가 증가하는 것과 마찬가지로 정부 차입에 의해 지출을 늘리는 경우에도 GDP가 증가한다는 것을 의미한다(하지만 정부가 이전 지급을 늘리는 경우에는 GDP가 증대할 수도 있고 그러지 않을 수도 있다. 지급 대상자가 세금을 낸 사람보다 소비 성향이 더 높은지 그렇지 않은지에 따라 소비가 늘어날 수도 줄어들 수도 있기 때문이다).

역으로 정부가 지출을 줄이면 기업 또는 가계와 마찬가지로 경제 활동 수준이 떨어진다. 마지막으로 정부가 지출보다 더 많은 세금을 거두어 재정 흑자를 기록하면 가계가 소득의 일부분을 저축하는 것과 마찬가지로 수요 부족이 발생하는데, 이런 경우 GDP가 하락하지 않으려면 가계 및 정부 부문이 저축하는 규모만큼 기업이 투자해야 한다.

재정 적자의 타당성

이와 같이 개개의 가계 또는 기업의 경제 활동은 경제 전반에 미치는 집단적 영향은 고려하지 않은 채 단지 자신들의 상황만 생각하며 내린 의사 결정에 따라 이루어진다. 그에 비해 정부는 경제 활동 전반을 책임 지는 차원에서 의사 결정을 내린다는 점이 다르다. 이 차이는 모든 정부 활동 중에서 가장 오해받는 적자 지출을 검토해 보면 더 확연하게 드러난다. 적자 지출은 정부가 세금으로 거두어들인 것보다 지출을 더 많이 하여 부족분을 차입으로 메울 수밖에 없는 상태를 의미한다. 이런 차입분이 정부 채무인데, 사람들은 이를 각각의 가계 또는 기업의 채무처럼 간주하며 충고하곤 한다. 즉 "가계 또는 기업이 무한정 돈을 빌릴 수 없듯이 정부도 무한정 빌릴 수 없다. 적자 지출 정부는 방만한 생활을 하는 것이다'라는 이야기가 바로 그렇다.

이것이 과연 사실일까? 사실처럼 들린다. 그러나 여러 가지 다른 이유로 적자 지출을 강력하게 반대하는 경제학자조차 정부를 개개의 가계 또는 기업과 동일시하는 주장은 옳지 않다는 것을 인정한다. 문제의 초점을 다시 적자 지출로 돌려 보자. 정부가 조세 부과와 차입 조정을 통해 적자를 적정한 규모로 유지할 수 있을까? 5장에서 GDP를 구성하는 항목을 살펴보았을 때 기업 부문의 경우 전반적으로 판매 수입보다는 지출이 더 많다는 것을 확인한 바 있다. 그리고 그 차이가 기업이 자본 지출을 위해 차입한 가계 부문의 저축에 있다는 것도 알고 있다.

이런 '초과' 지출에 대해서 그 어느 기업도 적자라고 말하지 않는다. AT&T나 엑슨이 새 공장을 짓고 신형 설비를 도입하려고 자금을 빌렸다고 하자. 이 경우 자본 설비에 그만큼의 지출이 추가되고, 그 결과 지출 총액이 판매 총액보다 많아졌다 해도 주주들에게 보내는 연차 보고서에는 손실로 기록되지 않는다. 단지 지출을 매출 원가나 판매비, 일반 관리비처럼 일상적으로 발생하는 비용을 처리하는 경상 계정과 그와는 별도로 자본의 증감만을 처리하는 독립적인 자본 계정으로 나누어 표시할 뿐이다. 초과 지출분을 적자 대신 투자라고 부르면서 말이다.

AT&T나 엑슨이 이런 식의 '적자'를 무한정 유지할 수 있을까? 여기에 대한 답은 그렇다는 것이다. 이 회사들은 새로운 투자에서 얻은 추가 수익 덕분에 해당 채무에 대한 이자도 지불할 수 있고, 신규 채권 발행에 필요한 원리금도 상환할 수 있다. 채권 만기일이 다가오면 이들은 대개 예전의 채권과 동등한 가치의 새 채권을 발행하여 자금을 조달한다. 그 자금을 이미 발행한 채권 보유자들에게 지불하는 것이다. 이처럼 성공적인 기업들은 언제나 투자 증대를 위해 더 많은 자금을 확보하려 애쓴다. 그 결과 엑슨은 1929년과 현시점 사이에 그 채무가 1억 7010만 달러에서 100억 달러로 늘어났다. 하지만 그렇더라도 엑슨의 신용도가 1929년보다 나빠진 것은 아니다.

전체적으로 볼 때 기업 부문의 채무는 지속적으로 증가해 왔다. 1975년에 기업의 (만기 1년 이상인) 장기 채무 총액은 5870억 달러였으나, 1997년에는 2조 6000억 달러를 넘어섰다. 이것이 과연 안전할까? 이런 질문을 통해 우리는 대단히 중요한 지점에 도달하게 된다. 차입의 안전 여부는 대개의 경우 그 돈이 어디에 사용되었느냐에 달려 있다는 것이다. 만일 기업의 채무가 새로운 공장 건설이나 설비 도입에 투자되었고, 그 투자 계획도 타당성이 있다면 채무 증가는 안전할 가능성이 대단히 높다. 이 경우 기업의 채무 증가는 대출받은 자금으로 구입한 기계나 장비 같은 실물 유형 자산의 증대 및 그에 따른 수익 창출 능력 향상에 따른 주식 가치의 상승을 금융 측면에서 나타낸 것일 뿐이다. 이런 자산이 여전히 생산적인 데다 정기적으로 교체되기까지 한다고 하자. 그렇다면 이런 자산의 구입을 목적으로 판매하는 채권이나, 이런 자산이 구입에 사용된 채권의 만기 상환을 위해 발행된 신규 채권의 경우 적절한 투자처를 찾는 개인이나 은행, 금융기관들에게 안전한 투자 수단이 되지 않을까? 대부분의 기업 채무가 수년 동안 별다른 문제없이 증대될 수 있었던 것도 사실 이런 이유에서였다. 분명 몇몇 기업은 부실하여 채권 가치가 떨어지는 일이 벌어질 수 있다. 그러나 전반적으로 보면 기업 채무는 대단히 안전하다고 할 수 있다. 그렇지 않았다면 기업 시스템 자체가 오래전에 무너졌을 것이다.

물론 기업의 채무 증가에 대해 전혀 다른 대답도 가능하다. 예를 들어 기업이 설비 투자가 아니라 투기 목적으로 자금을 빌렸는데, 결과적으로 손실을 보았다고 가정하자. 이 경우 부채 증가는 자신의 저축을 아무런 결실도 맺지 못한 곳에 투자한 셈이 되는 투자자에게는 말할 것도 없고, 더 이상 소득을 추가하지도 못한 채 이자 지불 부담만 늘어난 기업에게도 커다란 짐이 될 수 있다.

실제로 1980년대 미국에 거대한 기업 합병 물결이 밀어닥쳤을 때 이런 일이 벌어졌다. 기업 합병에 '불이 붙었던' 기간 동안 기업 사냥꾼들은 '인수 대상'을 찾아 나섰다. 규모는 크지만 제대로 운영되지 못하고 활력을 잃어버린 기업이 목표였다. 목표가 결정되면 해당 기업의 주식을 사들이기 시작하는데, 대개는 관계를 맺고 있는 은행을 통해 확보한 풍부한 신용 대출을 기반으로 해서였다. 일단 경영권을 행사할 수 있을 정도의 주식을 확보하게 되면 이들은 새로운 경영진을 구성했다. 그러고는 주식 매입에 활용한 채무를 갚을 자금을 조달할 목적으로 고금리 채권 발행에 나서는가 하면, 우량 자산을 매각함으로써 해당 기업을 실속 없이 막대한 규모의 부채만 떠안은 빈껍데기 회사로 만들었다. 이렇게 해서 생겨난 이른바 '정크 본드(junk bond)'는 해당 기업은 물론이고, 부주의하게 해당 기업 채권에 투자한 투자자에게까지 엄청난 부담이 되었다. 기업 합병이 과열된 기간 동안에만 기업 채무 총액이 두 배로 늘어나는가 하면, 그 이자 지불에 사용된 비용만 해도 전체 미국 기업의 당기 순이익의 90퍼센트에 달할 정도로 말이다.

민간 채무와 공공 채무

정부의 재정 적자에 대해 정당성을 부여할 수 있을까? 두 가지 측면에서 가능하다. 첫째, 정부 부문도 기업 부문과 마찬가지로 댐, 도로, 기술, 지식과 같은 실물 자산을 증대시켰다면 채무 증가가 정당화될 수 있다. 예를 들어 1980년대 내내 민간 투자와 유사한 형태의 '투자형' 지출이 연방 정부에 의해 진행되었다. 예산관리국(Office of Management and Budgets)에 따르면 1984~1986 회계연도 동안 이런 정부 지출이 5810억 달러에 달했는데, 이는 같은 기간 중 6240억 달러에 달한 재정 적자 총액 추정치에 거의 근접한 수치이다. 만일 이와 같은 성장 유발을 위한 지출이 다른 정부 지출과 합하여 계산되지 않았다면 '적자'는 미미했을 것이다. 이런 지출이 공공 투자 목적으로 지출된 점을 감안하여 정부 지출 대신에 공공 투자로 명명되었다면, 민간 부문에서 차입을 통한 투자 조달이 정당하다고 간주되는 것처럼 공공 투자 지출 역시 차입을 통해 조달하는 것이 정당하다고 받아들여졌을 것이다.

이렇게만 되었다면 재정 적자가 너무 크지 않느냐는 오도된 질문에 협압을 올리면서 국가적인 에너지를 낭비하지 않는 대신 우리가 어떤 종류의 공공 투자를 어느 정도나 원하는지를 놓고 대단히 실질적이면서도 중요한 토론을 벌일 수 있었을 것이다. 1990년대의 경우에도 마찬가지이다. 정부의 재정 적자가 발생했느냐 발생하지 않았느냐를 놓고 토론할 것이 아니라 세입을 초과하는 정부 지출이 투자에 활용되었는지 소비에 사용되었는지를 놓고 토론해야 했다.

둘째, 정부 지출을 투자와 소비 항목으로 구분하지 않는 탓에 정부 업무가 합리적으로 운영되지 못하고 있다는 점을 지적해야 할 것이다. 현재는 모든 정부 지출을 소비에 사용한다고 가정한 상태에서 '정부'라는 단일 항목으로 통합하여 다루고 있다. 하지만 우리가 정부 지출을 투자를 위한 지출과 소비를 위한 지출로 분리한다면, 정부 채무가 성장 유발이라는 목적에 의해 정당화될 수 있는 지출보다 얼마나 더 많은지를 정확히 알 수 있게 될 것이다. 그리고 이 경우 정부가 투자 지출의 재원이 아니라 소비 목적으로 채무를 증가시킨다면 우리는 핏대를 세우면서 정부의 소비성 지출, 즉 정부 운영에 필요한 경상비 지출을 그 목적에 부합하는 세원에 맞춰 꾸려 나가라고 요구하게 될 것이다.

경제의 한 부문을 구성하는 정부가 적자를 무리 없이 유지할 수 있는 데에는 보다 중요한 이유가 있다. 바로 공공 부문의 소득이 조세로부터 나오며, 조세는 그 나라의 일반적인 소득 수준을 반영한다는 것이다. 쉽게 말해 정부가 지출하는 모든 돈은 일단 GDP 흐름 속으로 흘러들어 가게 되고, 이 GDP 흐름 속에서 조세 부과를 통해 다시 확보할 수 있다는 것이다. 이런 맥락에서 볼 때 정부의 '소득원'은 그 어느 일반 기업보다 훨씬 더 크다. 심지어 기업 전체의 소득 능력과 견주어도 될 정도이다.

기업 지출과 정부 지출의 근본적 차이는 바로 이 자금 조달 능력에 있다. 개별 기업은 자금 조달 능력이 제한되어 있다. 그에 비해 정부의 자금 조달 능력은 상대적으로 무한하다고 볼 수 있다. 그렇기 때문에 정부가 기업보다 훨씬 더 큰 규모로 자금을 조달할 수 있는 것이다.

기업은 채권 보유자나 자금을 제공한 은행과 같은 통제할 수 없는 경제 주체에 대해 채무를 지고 있다. 따라서 이자를 지불하거나 채무 원금을 변제하기 위해서는 기업이 소유하고 있는 자금을 채권 보유자들에게 이전해야만 한다. 만약 기업이 채권 보유자 혹은 차입 은행에 지불할 자금을 확보하지 못해 이전이 이루어지지 않는다면 해당 기업은 파산하게 된다. 아무리 극단적인 경우가 생겨도 기업은 돈을 찍어 낼 수 없기 때문이다.

연방 정부는 상황이 전혀 다르다. 채권 보유자, 은행, 기타 채무를 지고 있는 사람이나 단체는 거의 모두가 같은 공동체에 속해 있으며, 그 공동체에서 수입을 얻고 있다(미국의 채권을 소유하고 있는 외국인들은 예외인데, 여기에 대해서는 나중에 설명하기로 한다).

다시 말해 정부는 발행한 채권을 상환하기 위해 공동체 밖의 사람에게 자금을 이전할 필요가 없다. 단지 법적 권한을 행사할 수 있는 국내 공동체의 (납세자인) 그 누군가로부터 같은 공동체의 (채권 보유자인) 다른 그 누군가에게로 자금을 이선할 뿐이다. 이를 비유해 설명하면 한 가족이 다른 가족에게 채무를 지고 있는 경우와 남편이 부인에게 돈을 빌린 경우의 차이라 할 수 있다. 또 다른 예를 말하면 어떤 기업이 다른 기업으로부터 돈을 빌린 경우와 같은 기업의 한 지점에서 다른 지점으로부터 돈을 빌린 경우의 차이라고도 할 수 있다. 이런 내부 간 채무는 특정 공동체의 자원을 다른 공동체로 유출시키지 않는다. 단지 같은 공동체 일원 간의 청구권을 재분배할 뿐이다.

이 외에도 다른 여러 가지 의문이 아직 남아 있다. 오늘날 미국 정부가 안고 있는 부채는 남녀노소 구분 없이 미국인 1인당 약 1만 3000달러에 달한다고 한다. 만일 이와 같은 부채가 없다면 삶이 더 풍요로워지지 않았을까. 우리 손자손녀들은 이와 같은 부채에 얼마나 시달려야 할까. 이런 식의 상식에 입각한 호소를 자주 듣는다 해서 그리 놀랄 일은 아니다. 하지만 이것이 과연 사실일까? 우리가 정부 채무를 변제하기로 결정했다고 가정해 보자. 이는 돈을 지불하고 정부 채권을 회수하는 것을 의미한다. 그러기 위해서는 화폐 제조기를 돌리지 않는 한 조세를 부과해야 한다. 결국 우리가 실제로 한 일은 납세자의 돈을 채권 보유자에게 이전한 것에 불과하다.

여기에 대해 약간만 더 덧붙여 보자. 많은 정치인이 우리 후손들이 짊어져야 할 부채 부담을 경고하고 있다. 그렇다면 이제 이런 채무를 청산해야 할 날이 닥쳤고, 은행에 들른 우리 후손들이 이 채무를 자신들이 갚아야 한다는 것을 알게 되었다고 하자. 우리 후손들은 급히 집으로 달려가 금고를 열어 보니 그 안에서 1인당 1만 3000달러에 달하는 정부 채무를 발견할 것이다. 물론 정부 채무가 으레 그렇듯이 정부 채권의 형태로 말이다. 그때 우리 후손들은 과연 어떤 표정을 지을까? 1만 3000달러라는 채무를 걸머지게 된 자신의 운명을 한탄할까, 아니면 1만 3000달러짜리 채권이 생긴 것을 기뻐할까?

정부의 통화 발행 권한

마지막으로 다른 무엇보다 정부 채무와 민간 채무 사이의 커다란 차이에 대해 확실히 알아둘 필요가 있다. 바로 정부는 기업들로서는 감히 요구조차 할 수 없는 권한이 있다는 사실이다. 전쟁 선포 권한처럼 국가 주권의 하나인 통화 발행 권한, 즉 돈을 찍어 낼 수 있는 권한이 그것이다.

전시에는 조세 부과나 국채 발행 등을 통해서도 필요한 자금을 확보하기 어렵기 때문에 정부가 통화를 남발하곤 하는데, 이는 재앙으로 이어질 수 있다는 사실을 굳이 덧붙일 필요는 없으리라. 그러나 평상시에도 통화 발행 권한은 국가 채무의 신뢰도에 대단히 큰 영향을 미친다. 예를 들어 정부 채권의 이자율은 회사채의 이자율보다 낮다. 회사에 돈을 빌려 주는 사람들은 그 돈을 회수하리라고 확신할 수 없지만, 정부에 돈을 빌려 주는 사람들은 정부가 돈을 찍어서라도 상환하리라는 것을 알고 있기 때문이다. 실제로 대공황 기간 중에 많은 대기업이 도산했고, 그에 따라 해당 대기업이 발행한 회사채 보유자들은 투자한 돈을 회수하지 못했다.

그렇다면 지금까지 근 300여 년에 달하는 자본주의 기간 동안 정부 채권 보유자들에게는 이런 일이 몇 번이나 발생했을까? 두 번 있었는데, 한 번은 미국 남부 연합이 남북전쟁에서 패했을 때이고, 또 한 번은 제정 러시아가 1917년 혁명으로 무너졌을 때이다. 두 경우 공히 정부가 더 이상 통화를 발행하지 못하면서 그 전까지 '황금과도 같았던' 채권이 갑자기 휴지조각이 되어 버렸다.

재정 적자에 대한 오해와 진실

이제 냉철하게 결론을 내릴 때가 되었다. 대규모 재정 적자가 지속될 경우 경제 운용 면에서 문제가 발생할 수 있다. 그러나 이는 국가 파탄의 문제가 아니다. 단지 부주의한 국가 예산 책정의 문제일 뿐이다.

연방 정부가 조세 수입에 근거해 가능한 규모 이상으로 지출하는 경우 그 차액만큼을 국채 발행을 통해 차입해 들여와야만 한다. 그런데 국채는 이용 가능한 신용 증권 중에서 가장 안전한 데다 정부가 매각에 필요하다고 판단하는 적절한 수준에서 채권 가격을 매기기 때문에 국내 저축이 연방 정부에게 최우선적으로 돌아가게 된다. 주 정부나 지방 정부, 기업, 가계 등 기타 다른 차입자들은 국내 저축 사용 순위에서 두 번째로 밀리게 되는 것이다. 그러므로 저축에 대한 수요가 공급보다 많을 경우 두 번째 순위의 차입자는 '구축'될 수 있다. 즉 연방 정부는 필요로 하는 자금을 조달할 수 있지만, 연방 정부가 아닌 주 정부나 지방 정부, 민간 차입자 등은 필요한 자금을 얻지 못할 수도 있는 것이다.

여기에도 복잡한 문제가 있다. 예를 들어 정부가 1000만 달러를 차입함으로써 민간 기업의 사업이 그 규모만큼 줄어들게 되었다고 해 보자. 이 경우 민간 기업의 사업 성공을 통해 얻을 수 있는 소득이 사라졌다는 것만큼은 확실하다. 그러나 정부가 차입한 돈을 어디에 어떻게 사용했는지를 확인하기 전까지는 섣불리 국가적 손실이라고 결론지을 수 없다. 민간 기업이 하려던 사업이 고급 아파트 건설이고, 정부가 추진한 사업이 빈민가 재건축이라고 가정해 보라. 이 경우 민간 기업이 구축되었다고 해서 국가적 손실이라고 할 수 있을까? 오히려 국가적 이익이라 할 수 있지 않을까?

문제는 차입금을 어느 부문에서 어느 정도나 사용해야 하는지 알 수 없다는 점이다. 전시에는 정부가 저축액을 포함한 모든 재원에 대해 일차적 사용 권한이 있는 것은 분명하다. 또 평시라 해도 실업 문제가 심각할 경우에는 기업에게 차입금을 우선 사용할 권한이 있다는 것이 일반적인 견해이다. 그렇지만 다른 시기, 예를 들면 평시지만 완전 고용 상태인 경우에 정부 또는 기업 중 누가 먼저 자본 시장의 자금을 사용할 것인지를 결정하기란 대단히 어려운 일이다. 다른 나라들과 마찬가지로 아직 정부 예산에 투자 항목이 도입되지 않았기 때문에 더더욱 그렇다.

재정 적자와 관련하여 고려해야 할 문제는 이 밖에도 많다. 예를 들어 (현재 25퍼센트 수준인) 미국 국채의 외국인 소유 비율이 더 높아질 경우 발생 가능한 문제 같은 것이 그런데, 이는 민간 부문에도 똑같이 적용된다. 미국 기업에 대한 최대의 채권자가 외국인들일 경우 어떤 결과가 빚어질 수 있느냐는 형태로 말이다(이 문제는 나중에 설명할 것이다). 또 다른 문제로 정부 채무가 너무 많아 이자 지급 때문에 조세 부담이 가중될 경우 어떤 일이 일어날 수 있느냐는 점을 들 수 있다. 이는 GDP 대비 정부 부채 비율이 높은 이탈리아 경우를 고려할 때 완전히 비현실적인 질문은 아니다. 하지만 여기서는 단지 현재 미국의 GDP 대비 부채 비율이 다른 산업 국가와 비교할 때 매우 낮은 편이고, 미국의 재정 적자 역시 GDP 대비로 볼 때 다른 자본주의 국가에 비해 낮은 수준이라는 점만은 지적하고자 한다.

이는 미국의 경제 현황을 두둔하기 위해서 하는 말이 절대로 아니다. 단지 국가 채무와 재정 적자 문제를 현실적으로 접근하여 정확하게 판단을 내리는 데 장애가 되는 선입견을 없애기 위해서일 뿐이다. 이제 이번 장의 내용을 요약해 보자. 그러면 다음과 같은 내용이 된다.

1. 경제학적 관점에서 볼 때 정부는 가계, 기업, 해외 부문과 더불어 경제 주체의 하나로서 단지 크기만 큰 가계나 기업이 아니다. 우리가 이런 핵심적인 차이를 이해하지 못하면 경제 주체의 한 부문으로서 정부가 지닌 강점과 약점을 정확하게 판단할 수 없으며, 이는 대단히 심각한 판단 착오로 이어질 수 있다. 각자의 정치적 견해가 작은 정부를 지향하든 거대 정부를 지향하든 상관없이 말이다.

2. 정부 채무가 투자 목적으로 지출되었는지 소비 목적으로 지출되었는지 알지 못하는 이상 재정 적자의 정확한 규모 파악은 불가능하다. 게다가 정부 지출의 목적이 투자인지 소비인지 여부는 언제나 판단하기 쉽지 않은 문제이다. 정부 지출이 도로나 교량 같은 엄격한 의미의 사회간접시설에 이용되었다면? 그렇다면 1997년의 '재정 적자' 중 700억 달러는 낮추어 잡아야 한다. 교육 지출이 사회간접시설 투자와 마찬가지로 국가 생산력을 증대시켜 주는 만큼 투자의 일부로 보아야 한다면? 그렇다면 1997년 정부 투자는 3290억 달러로 늘어난다. 정부 차입분 중에서 이 액수를 빼면 미국의 재정은 적자가 아니라 흑자가 된다.

한 마디로 우리에게 필요한 것은 공공 투자에 대한 합리적 평가라 할 수 있다. 이 평가에 따라 공공 투자를 위한 '자본 예산'에 해당하는 금액만큼 재정 적자에서 차감해야 할 것이다. 그러고도 여전히 재정 적자가 많다면, 이는 정부 지출을 삭감하거나 조세를 올려 충당하면 된다. 재정 적자 문제를 두고 그렇게 히스테리에 가까운 예민한 반응을 보일 필요는 없는 것이다.

현재 상무부에서 정부 투자와 정부 지출을 구분하는 작업을 진행 중이라는 사실에 주목하자. 여러 가지 어려움은 있겠지만, 일단 시작된 만큼 정부 재정을 정확히 이해하는 데 실질적으로 도움이 되는 결론이 나올 것이다.

3. 그렇더라도 여전히 정부 예산을 보다 현명하게, 보다 유용하게 사용할 필요가 있다. 물론 여기에도 판단의 문제는 따를 것이다. 어느 계층에게는 불필요하다고 생각되는 지출이 다른 계층에게는 합당한 지출로 받아들여지는 것처럼 말이다. 농업 보조금과 공항 확장 공사에 대한 농부와 도시 거주자의 견해가 서로 얼마나 다른지를 생각해 보라. 결국 이와 같은 결정에는 옳고 그름이 분명하지 않다. 이 과정에서 우리 모두를 위해 필요한 것은 효율성과 올바른 판단이다. 이는 공공 부문이든 민간 부문이든 마찬가지이다. 정부가 경제의 한 부문이듯 경제 또한 정부의 한 부문이다. 정부와 경제가 보다 잘 운용되기 위해서는 이와 같은 시각이 필요하다.

9

경제에서 정부의 역할

경제 영역에서 정부의 역할에 대해서는 두 가지 커다란 문제가 남아 있다. 첫째는 정부 부문이 인플레이션을 유발하느냐의 문제이고, 둘째는 정부가 GDP 성장에 도움이 되느냐의 문제이다. 대체로 (고전학파를 계승한 신자유주의자를 비롯한) 보수주의자들, 그 중에서도 특히 기업들은 정부 지출이 인플레이션을 유발하는데도, 정작 GDP 성장에는 그다지 도움이 되지 않는다는 견해이다. 반면에 (케인스주의자를 비롯해 정부 개입을 요구하는) 자유주의자들은 정부 지출과 인플레이션은 그다지 관계가 없으며, 정부 지출은 GDP 성장에 도움이 된다고 본다. 여기서 우리는 자유주의적인 견해에 더 가깝지만, 그렇다고 전적으로 자유주의에 기운 것만은 아니다. 그러면 지금부터 양측의 견해를 좀 더 자세히 알아보자.

먼저 인플레이션에 관해 살펴보자. 과연 정부 지출이 인플레이션을 유발할까? 앞으로 확인하게 되겠지만 이 질문에는 여전히 의문 부호가 붙어 있다. 그러니 일단 의견이 일치하는 부분에서 시작하여 의견이 일치하지 않는 것으로 접근해 나가도록 하자.

특정 조건 아래에서는 정부 지출이 인플레이션을 유발한다는 것에 모두 동의한다. 그 조건은 현재의 임금 수준으로 고용 가능한 노동자의 수가 매우 적으며, 대부분의 공장과 설비가 정상 수준으로 가동 중인 '완전 고용(full employment)' 상태를 말한다. 완전 고용 상태에서 정부 지출을 추가하면 노동 수요가 올라가서 임금이 오르거나, 공장에서 적정 생산량 이상의 상품을 생산하게 되면서 비용이 늘기 때문에 자연히 물가도 오르게 된다. 따라서 제정신이 있는 사람이라면 경제가 호황일 때는 그 누구도 정부 지출 증대를 옹호하지 않는다.

그러나 이렇듯 명백한 경우에도 몇 가지 유의해야 할 점이 있다. 우선 완전 고용 상태에서는 그 어떤 종류의 추가 지출이라도 인플레이션을 유발하게 된다는 점이다. 가계나 기업의 추가 지출 역시 정부의 추가 지출과 마찬가지로 임금을 상승시키거나 비용을 증가시키기 때문이다. 따라서 중요한 것은 정부 부문에서 추가 지출이 발생했다는 사실이 아니라, 완전 고용 상태에서는 경제 부문 어디에서건 추가 지출이 발생할 경우 문제를 일으킨다는 점이다.

완전 고용 상태에서 군비(軍備) 확충이나 도시 재정비 계획의 시행 등의 이유로 불가피하게 정부 지출을 늘려야 할 때 인플레이션을 회피하는 유일한 방법은 다른 부문의 지출을 줄이는 것이다. 완전 고용 상태에서는 가계나 기업 혹은 가계와 기업의 모든 구매를 줄여 GDP에서 정부 부문의 지출을 증대할 수 있는 여지를 확보하지 못하는 한, 인플레이션을 유발하지 않은 채 군사 장비 구입이나 후생 증대를 꾀

하는 것이 불가능하기 때문이다.

경제 상황이 전혀 다를 경우, 즉 실업률이 높고 공장 및 설비 가동률이 낮은 경우에는 추가 지출과 인플레이션 사이의 상관관계에 다소 불분명한 구석이 있다. 과연 이런 상황이라면 물가를 자극하지 않고도 정부 지출을 늘리는 것이 가능할까? 지난 수십 년간의 경험에 따르면 가능하다고 볼 수 있다. 수백만 명의 실직 노동자와 가동을 멈춘 채 늘어서 있는 기계들이 물가와 비용을 올리지 않고도 지출을 늘릴 수 있게 해 주는 것이다. 이와 관련해서 가장 설득력 있는 증거는 1934년부터 1940년까지 대공황 기간 동안 미국의 경험이다. 당시 미국은 정부 지출 증가에 힘입어 GDP는 50퍼센트 높아졌지만 물가는 5퍼센트 안에서 억제되었다.

그러나 대공황 시절과는 달리 오늘에 와서는 이렇게 확고하게 단정을 짓기가 그리 쉽지 않다. 나중에 다시 검토하겠지만 일반적으로 인플레이션은 경제가 제대로 돌아가지 않을 때보다는 원활하게 잘 돌아갈 때 발생하기 쉽다. 하지만 실업률이 높고 유휴 공장이 많다고 해서 정부 지출 증가가 고용 및 생산의 증대를 가져오면서도 물가 상승은 초래하지 않을 것이라고 확신할 수 없다. 그다지 바람직하지 않은 이런 결과는 기업의 지출 증대나 소비자 지출 증대의 경우에도 마찬가지로 적용될 수 있다. 우리가 인플레이션에 취약한 제도 아래 살고 있는 이상 정부만이 아니라 다른 경제 부문의 수요 증대에 따라서도 인플레이션이 일어날 수 있는 것이다.

여기서 자유주의자들과 보수주의자들 사이의 논쟁 주제가 두 가지로 나누어진다. 첫째는 정부 지출이 가져오는 생산 및 고용 증대가 정부 지출에 의해 파생되는 인플레이션 압력을 감당할 만큼 가치가 있느냐는 점이다. 대체로 자유주의자들은 가치가 있다는 쪽이고, 보수주의자들은 가치가 없다고 보는데, 이 문제도 나중에 다시 검토할 것이다.

둘째는 생산 증대를 위한 정부 지출과 민간 지출의 상대적 효율성에 관한 것이다. 보수주의자들은 민간 지출을 통해 공장 및 설비 증가가 이루어지고 이것이 생산 능력을 증대시키는데, 그 결과 구매할 수 있는 상품이 더 많아지기 때문에 궁극적으로 인플레이션 압력을 완화시킨다고 주장한다. 하지만 공공 지출은 이와는 반대로 수요가 많은 상품을 생산하는 데 거의 또는 전혀 도움이 되지 않으므로 결국 물가를 상승시키게 된다는 것이다.

보수주의자들의 이런 주장과 관련해서는 몇 가지 말해 두어야 할 점이 있다. 이를 일반적으로 이야기하는 방식과는 조금 다르게 설명해 보자. 보수주의자들이 주장하듯이 문제를 단순히 '공공' 지출과 '민간' 지출의 관점에서 논의할 경우에는 분석적 차원이 아니라 이데올로기적 열정에서 접근하기 쉽다. 물론 공공 지출은 수요가 많은 생산물 증가와는 무관한 폭격기 개발 및 제조에 사용되기도 한다. 하지만 공공 지출이 노동 생산성을 향상시킬 수 있는 교육에 사용되는 것도 사실이다.

마찬가지로 민간 생산 역시 첨단 기술 분야에만 집중되는 것이 아니다. 고층 호화 호텔 건축에도 투입될 수 있는 것이다. 게다가 어떤 종류의 민간 지출은 공공 지출이 수반되거나 아니면 선행되어 있는 경우에만 가능하다. 예를 들어 자동차 산업을 일으키기 전에 고속도로를 건설해야 하며, 수출을 위한 석탄 생산을 증대하기 전에 공공 석탄 출하 항구를 건설해야 하는 것이다. 보수주의자들이 주장하듯이 어떤 종류의 지출이 다른 종류의 지출보다 인플레이션 유발 효과가 큰 것은 사실이다. 하지만 인플레이션 유발 효과가 큰 지출이 반드시 공공 지출에 의해서만 이루어지는 것은 아니다. 따라서 정부 지출과 민간 지출의 효율성 여부는 범주화시켜 단순하게 평가할 것이 아니라 개별 사업별로 정밀하게 따져 보아야 한다.

  정부 지출이 인플레이션을 어느 정도 유발하는지에 대해서 좀 더 자세히 고찰해 보자. 이와 관련해서는 정부 지출 자금을 조달하는 방식에 초점을 맞춰야 한다. 보수주의자들도 정부가 민간 부문으로부터 직접 차입하거나, 단순히 저축 채권을 발행하는 것까지 무조건 반대만 하는 것은 아니다. 또 정부가 가계 또는 기업의 저축을 차입하는 것이 바로 인플레이션을 유발한다고 주장하는 것도 아니다. 단지 돈이 지출되는 사업의 목적에 따라 인플레이션 유발을 이유로 반대하는 것일 뿐이다. 그렇다면 도대체 어떤 근거에서 뉴욕 시가 지하철 망을 개수하기 위해서 돈을 빌리는 것이 뉴욕의 에너지 기업 콘에디슨이 발전소를 개수하기 위해서 돈을 빌리는 것보다 더 인플레이션을 유발한다고 보는 것일까?

  이와 같은 인플레이션 논쟁은 연방 정부가 재무부 유가증권을 연방준비은행에 판매하는 형태로, 연방준비은행으로부터 돈을 직접 차입하는 것에 초점이 맞춰져 있다. 이를 채무의 통화화(monetizing the debt)라고 하는데, 이렇게 되면 은행의 대출 능력을 높이는 효과와 더불어, 다음 장에서 검토하겠지만 통화량을 늘리는 효과도 있다. 그런데 통화량이 늘어나면 통상 인플레이션이 유발된다. 이 점에 대해서 만큼은 모든 경제학자의 의견이 같다. 경제학자들의 의견이 갈라지는 것은 돈이 주범이냐, 그것도 유일한 주범이냐의 여부일 뿐이다. 이와 관련 공공 지출액을 조달하기 위해 정부 채권을 판매하게 되면 금융 대출이 더 쉬워지므로 인플레이션이 유발되는 것이 사실이지만, 그렇다고 이것이 인플레이션의 주요 원인이 정부 지출에 있다는 의미는 아니라는 것이 내 견해이다. 통화와 인플레이션에 관한 더 상세한 논의는 나중에 통화 문제를 검토할 때까지 이 정도에서 일단 덮어 두기로 하자.

수요 관리와 경제 성장

이어서 두 번째 주요 논쟁점인 정부 지출이 실제로 GDP를 높이느냐의 문제로 시선을 돌려 보자. 이에 대해 자유주의자들은 GDP를 높인다고 하고 보수주의자들은 그다지 효과가 없다고 한다. 이 둘의 견해를 모두 들어 보자.

자유주의자들의 견해는 이 책에 반영되어 있는 만큼 우리에게 친숙한데, 대략 다음과 같은 두 가지 사항에 근거한다. 첫째, 정부(이제부터 정부라고 하면 항상 지방 정부, 주 정부, 연방 정부를 모두 포함하는 의미로 사용한다)는 많은 종류의 생산물을 산출해 내는데, 이와 같은 정부 생산물에 대해서는 일률적으로 어떻다고 일반화하기 전에 하나하나 신중하게 점검해 볼 필요가 있다. 정부의 활동을 살펴보면 그 범위가 사회보장 수표의 발행, 행정 서비스의 확대, B-1 폭격기의 이착륙을 위한 보조 활주로 건설을 비롯해 댐이나 하수 시설 건설, 각종 연구 지원, 토지 침식 방지 프로젝트 시행 등 다양하기 이루 말할 수 없다. 게다가 이와 같은 정부 지출은 그 자체가 GDP의 한 부분이기 때문에 GDP를 증대시킬 수 있으며, 그런 공공 투자가 제대로 된 것이기만 하다면 생산성을 높일 수 있을 것으로 본다.

실제로 자유주의자와 보수주의자의 의견이 모아지는 부분 중 하나는 정부가 사회간접자본의 버팀목 역할을 함으로써 경제 성장에 중요한 역할을 할 수 있다는 것인데, 여기서 사회간접자본은 댐, 수로, 도로 같은 고전적 형태의 공공 자본(파나마 운하는 역사상 가장 큰 규모의 사회간접자본임에 분명하다)과 연구 개발이나 교육 같은 새로운 형태의 성장 유발적인 공공 투자를 포괄하는 용어이다.

이와 관련해 경제학자인 에이샤워(David Alan Aschauer)는 1990년에 발표한 연구 보고 〈공공 투자와 민간 부문의 성장(Public Investment and Private Sector Growth)〉을 통해 레이건 정부와 부시 정부가 10년 동안 사회간접자본을 등한시하고 감축함으로써 국가의 공공 자본이 고갈되다시피 한 만큼 앞으로는 사회간접자본 투자가 민간 투자보다 더 많은 GDP 상승을 가능하게 할 것이라고 주장한 바 있다. 여기에 대해 처음에는 대체로 회의적이었지만 이제는 에이샤워의 연구가 옳은 것으로 밝혀졌다. 인플레이션을 감안한다면 사회간접자본에 대한 미국 정부의 지출은 1960년대의 절반에 불과할 정도로 줄어들었던 것이다. 불운하게도 재정 적자 폭을 줄이라는 엄청난 압력으로 클린턴 대통령 집권 첫 4년 동안에는 이 문제를 시정할 수 없었다. 클린턴 정부 시절에는 심지어 전시 같은 예외적인 경우나 특정 목적을 달성하기 위한 재정 적자를 의회가 표결을 통해 절대적으로 지지하지 않는 이상 모든 적자 예산을 헌법에 어긋나는 것으로 규정하는 '균형 예산' 수정안이 의회에 제출되기까지 했다. 여기에 대해 이 책의 두 저자를 포함해 9명의 노벨 경제학상 수상자와 1000명이 넘는 경제학자들이 반대 서명을 했지만, 이 수정안은 1997년 결국 균형예산법이라는 이름으로 의회에서 통과했다.

정부 지출이 GDP 증진에 도움이 된다는 자유주의자들의 두 번째 근거는 이제까지 여러 차례 검토해 온 내용이다. 바로 정부가 저축을 차입하여 지출함으로써 기업 부문만큼 효과적으로 GDP에서 수요 부족을 상쇄할 수 있다는 것이다. 이렇듯 정부 부문이 다른 부문에 대해 균형자 역할, 즉 기업 부문이 차입하여 투자하는 데 실패한 경우 정부가 대신 차입하여 지출하고, 민간 부문의 저축이 충분하지 못할 때에는 흑자 예산을 운용하여 지출을 유보하는 등의 역할을 어떻게 수행해야 하는지 같은 인식이야말로 거시 경제에서 이끌어 낸 중요한 개념 중 하나이다.

여기에 대해 자유주의자들은 수요 관리자(demand manager)로서 정부 역할을 강조한다. 정부가 만족스러운 정도의 수요 창출을 책임지도록 해야 한다는 것이다. 그렇다고 이것이 수요 관리가 손쉬운 목표라는 말은 아니다. 물론 자유주의 경제학자들은 얼마 전까지만 해도 고용 및 생산 수준을 오디오 기기 조정하듯이 정교하게 통제함으로써 경제를 "직질하게 조질할 수 있다"라고 그럴싸하게 이야기하곤 했다. 하지만 이런 낙관론은 이미 사라진 지 오래이나. 도서히 받아들일 수 없는 수준의 인플레이션을 각오하지 않고는 고도 경제 성장을 추진하기 어렵다는 것이 주지의 사실이기 때문이다. 조세 또는 지출은 방정식에 숫자 대입하듯이 쉽게 올리거나 내릴 수 있는 것이 아니다. 경제 현실에 대한 여론이나 정치적 합종연횡, 구조적 저항 같은 것을 감안하면 정부가 화창한 날씨에 요트 조종하듯이 경제를 이끌어 갈 수 있다고 상상하는 것 자체가 몽상이다. 현실은 차라리 돌풍이 휘몰아치고 파도가 솟구치는 속에서 나침반 하나에 의지해 헤쳐 나가는 것과 다를 바 없다.

사실 상황은 지금까지 설명한 것보다 더 심각하다. 수요 관리는 단순히 거친 바다에서 앞으로 나아가기 위한 투쟁 정도가 아니다. 최근 들어서 수요 관리가 경기 순환의 원인으로 작용하고 있기 때문이다. 이제는 미국의 경기 침체의 원인을 지지부진한 민간 투자 탓으로만 돌릴 수 없다. 제2차 세계 대전 이후의 경기 침체는 하나같이 연방 정부의 예산 정책에 어느 정도는 그 원인이 있다. 1949년, 1954년, 1957~1958년 및 1960~1961년에 미국 정부는 군비 지출을 삭감한 바 있다. 하지만 조세 삭감이나 민간 지출 증대를 통해 그 삭감액을 상쇄하지 못했다. 또 1969~1970년, 1974~1975년, 1980~1982년 및 클린턴 대통령의 첫 번째 임기 동안 정부는 인플레이션을 억제할 목적으로 정부 정책을 통해 경제 성장이 둔화되는 환경을 유도한 적이 있다. 그런데 그 영향은 정작 경제 자체에만 미쳤고, 인플레이션에는 별달리 작용하지 않았다.

이렇듯 수요 관리가 만병통치약이 아니라는 사실은 너무나 명백해졌다. 문제를 완화하기 위한 노력이 새로운 문제를 유발했고, 이 새로운 문제 역시 처음의 문제 못지않게 심각했기 때문이다. 그렇더라도 수요 관리는 필수 불가결한 수단임에 분명하다. 경제라는 것은 본질적으로 기업 투자의 불안정성이나 소비자 구매에 영향을 미치는 낙관론과 비관론의 물결, 군비 지출 규모 같은 정부 정책의 변화 등에 따라 활성화되거나 침체할 수밖에 없다. 그런 만큼 이런 요인들의 영향권에서 벗어나기 위해서도 민간 부문이 침체되었을 때는 지출을 늘리고, 민간 지출이 활성화되었을 때는 지출을 줄이는 방향으로 공공 부문을 활용하는 것이 필요하다. 경우에 따라서는 공공 지출은 그대로 유지한 채 세금을 올리거나 내림으로써 수요를 조절하는 대안을 채택할 수도 있다. 그 과정에서 비록 연방 정부가 정책을 잘못 운영했거나 심지어 정반대로 운영했더라도 경제의 조타수로서 역할을 포기해서는 안 된다. 오히려 이런 도전을 통해 자신의 역할을 제대로 찾아낼 수 있는 방법을 깨우쳐야만 한다.

정부 역할 무용론

이런 식의 수요 관리는 자유주의 경제학자들의 주장이다. 보수주의 경제학자들 및 이들에게 동조하는 정치인들의 주장은 전혀 다르다. 레이건 행정부 시절에는 장기적으로 국가적 차원에서 생산을 증대할 수 있는 것은 민간 부문이라는 주장이 제기되었다. 이제는 사라졌지만 당시에는 이를 가리켜 '공급 중시 경제학(supply-side economics)'이라 불렀다. 그 논지는 세율을 낮춰 생산 의욕을 부추기면 생산이 증대되고, 그에 따라 최종적으로는 정부 조세 수입이 증가한다는 것이다. 그 결과 조세가 삭감되었다. 그리고 예측대로 생산도 증가했다.

단지 정부 수입이 증대될 정도로 충분한 성장이 이루어지지 못했을 뿐이다.

최근 들어 보수주의 경제학자들과 정치인들 사이에서 새로운 견해가 강력하게 대두하고 있다. 이를 가리키는 특별한 용어는 아직 없지만 그 요지는 간단하다. 경제 시스템이 자율적으로 작동하는 과정에서 자연스럽게 형성되는 결과를 변화시키기 위해서 정부가 실질적으로 또 지속적으로 할 수 있는 일은 없다는 것이다. 예를 들어 자유 시장 경제에서 실업률은 노동자 수요와 공급의 자율적 조정의 결과를 반영한다는 것이 이들의 주장이다.

이와 같이 내부에서 자연적으로 창출되는 노동자 고용 비율이 있다는 견해는 언뜻 설득력 있어 보인다. 어느 시점의 고용 수준에는 '합리적인' 고용주들, 즉 추가 수익이 가능하다고 판단되는 이상 노동자를 최대한으로 채용하려는, 수익에 민감한 고용주들이 일으키는 노동 수요가 반영되어 있다. 이에 맞서 노동자들 역시 현재 혹은 앞으로의 경제 상황을 최대한 고려하여 납득할 만한 수준이라고 판단되는 임금을 받으려 할 것이다. 그런 만큼 이들에 의해 결정되는 고용 수준은 시장이 판매자와 구매자의 이해 차이를 조정해 나가는 것과 마찬가지로 고용주와 노동자 간의 가장 적절한 협상 결과를 반영하게 되어 있다.

이런 식의 합리적인 분석 과정을 통해 그 누구도 감히 부인하기 어려운 강력한 정책 방향이 제시된다. 시장에서 결정되는 고용 수준은 그 사회에서 이용 가능한 무수한 정보들을 반영한다는 것이다. 그 결과 실업률이 너무 높으면 임금 수준이 떨어지고, 실업률이 낮은 상태라면 노동력 부족으로 임금이 올라간다. 이 과정에서 문제는 단 하나

뿐이다. 즉 어느 시점에서 경제의 '정확한' 상황이 어떤지를 과연 누가 아느냐는 것이다. 여기에 대해 보수주의 경제학자들은 시장에 간섭을 하지 말고 그대로 놓아두면 된다고 한다. 그러면 자연스럽게 유지 가능한 임금 수준에 도달하게 되고, 그럼으로써 가장 타당한 고용 수준이 결정된다는 것이다.

여기서 중요한 것은 정부가 보다 높은 고용 수준을 유지하는 데 필요한 정보를 제공할 수 없다는 주장이다. 정부 정책을 입안하는 사람들은 실제 시장이나 시장에 참여하는 경제 주체들의 총체적인 시각을 제대로 알 수가 없으며, 그런 만큼 정책 입안자들의 판단이 시장 자체의 판단을 따라가기 어렵다고 보기 때문이다.

따라서 이 보수주의 경제학자들의 결론은 논리적으로 대략 이렇다. 정부는 최저 임금 같은 것을 정할 필요가 없다. 또 '적법한' 임무를 수행하는 데 필요한 것이 아닌 이상 그 어떤 특별한 경제 조치를 취할 필요도 없으며, 시장의 작동에 따라 자연적으로 발생하는 것이 아닌 '고용 창출'을 목적으로 수요를 부추길 필요도 없다. 설사 정부 지출로 현재의 노동 상황이 개선되었더라도 이는 순전히 운이 좋아서 그런 것일 뿐이다. 결국 정부는 시장에 축적되는 무수한 정보에 더할 수 있는 것이 없으며, 주어진 정보마저 시장보다 제대로 활용하지 못한다는 것이다.

이제 우리가 7장에서 미결 상태로 남겨 둔 문제로 돌아가 보자. 또 다른 변혁적 성장을 이루기 위해 그냥 앉아서 기다리는 것 말고도 할 수 있는 일이 있을까? 지금까지 검토한 사항을 참고해 보다 구체적으로 살펴볼 때 정부 자체가 초고속 열차 사업이나 산업 부문에 대한 연구 개발, 교육, 도시 재건축 지원 같은 공공 사업 또는 사회간접자본 지출을 통해 경제 성장을 추동할 수 있다고 보아도 될까?

우리는 이와 같은 큰 변화를 정부가 유도할 수 있는지, 만일 할 수 없다면 그 이유는 어디에 있는지를 둘러싸고 벌어지는 논쟁을 정확히 파악하고 있어야 한다. 이와 관련해 정부가 어떤 점에서 민간 기업과 같고 어떤 점에서 다른지, 또 정부가 앞으로의 경제 전망을 바꿀 수 있는지는 지금까지 검토했다.

그렇다면 이 문제에 어떤 결론을 내릴 것인가? 결론을 내렸다면 무엇을 근거로 해서인가? 어느 한쪽의 의견이 다른 의견보다 더 타당성이 있어서 그런 것일까? 그러기가 쉽다. 하지만 우리가 공개적으로 한쪽을 지지하거나 반대하더라도 다른 의견 역시 충분히 타당성이 있는 것은 아닌지 되새겨 볼 필요가 있다.

이와 관련해 그 답을 시사해 주는 일화를 하나 이야기해 보자. 《최초의 새로운 국가(The First New Nation)》에서 사회학자 립셋(Seymour Martin Lipset)은 동일한 상황에 직면해 서로 다르게 대응하는 캐나다와 미국을 비교한다. 이 두 나라는 모두 미개지 개척에 적극적으로 나설 수밖에 없었다. 그런데 그 과정에서 서로 다른 인물이 국민적 영웅으로 사람들 마음에 자리 잡게 된다. 캐나다에서는 새로 획득한 숲에 국가의 법률과 명령을 적용하는 주홍색 코트의 기마경찰이, 미국에서는 스스로의 법과 질서를 적용하고자 하던 카우보이 같은 사람이 국민적 영웅으로 떠오른 것이다. 이렇듯 서로 다른 인물을 국민적 영웅으로 선정한 것을 볼 때 (정부 주도의 경기 부양책이 성공할 것인지와 같은 문제를 포함한) 많은 사회적 선택에 영향을 크게 미치는 것은 문화적 영향 및 비전의 공유 여부라는 것을 알 수 있다. 마르크스의 비판에서 제기된 바와 같이 경제가 사회 시스템에서 부동의 기반이 아니라는 점을 다시 한 번 확인하게 되는 것이다. 경제는 사회 시스템에서 대단히 중요한 부분이다. 하지만 모든 사회는 궁극적으로 서로 다른 사람들이 만들고 이어 오고 있는, 긍정적이든 부정적이든 현재에도 영향을 미치고 있는, 미래조차 다른 모습으로 바꾸어 놓을 수 있는 가치와 신념, 그리고 사회 시스템에 기초하고 있다는 사실을 인식해야 할 것이다.

10

통화란
무엇인가?

이제 거시 경제는 대부분 다룬 셈이지만 아직 완전하지는 않다. 현실적으로 소비와 투자라고 하는 거시 경제의 흐름이 어떻게 작용하는지 파악할 수 없기 때문이다. 소비와 투자라는 큰 줄기를 따라 흐르는 것은 '소득' 혹은 '생산'이라 할 수 있다. 하지만 소득이나 생산과는 다른 그 어떤 것도 있는데 그것이 바로 통화, 즉 돈이다. 지금부터 두 장을 할애해 통화가 무엇인지를 살펴보겠는데, 이는 거시 경제를 마무리하고 아직 우리가 다루지 않은 경제의 또 다른 측면인 미시 경제로 들어가기 위해서이다.

경제학자들은 끊임없이 바로잡아 주는데도 은행이 돈으로 가득 찬 창고라는 일반인의 그릇된 생각이 바뀌지 않는다고 불평하곤 한다. 그렇다면 은행은 도대체 무엇으로 가득 차 있다는 말인가? 이것이 10장에서 우리가 살펴보아야 할 문제이다.

통화의 두 종류, 현금과 수표

"통화란 무엇인가"라는 질문에서 시작하자. 동전과 지폐는 확실히 통화이다. 그러나 수표가 통화인가, 아니면 수표를 발행할 수 있게 해주는 요구불 예금이 통화인가? 저축성 예금은 통화인가? 그러면 국채는 또 어떤가?

여기에 대한 대답은 다소 자의적이다. 기본적으로 통화는 재화나 서비스를 구입하는 데 이용할 수 있는 그 어떤 것이다. 그런데 이렇게 할 수 있는 수단은 유동성 측면이나 구매 시 편의성 측면에서 서로 다른 여러 가지 종류가 있다. 동전과 지폐는 법률에 의해 판매자가 지불 수단으로 받지 않으면 안 되는 법정 통화로 규정되어 있으므로 통화이다. 오늘날에는 요구불 예금뿐 아니라 저축성 예금에서도 발행되는 수표는 미국에서 사실상 가장 많이 쓰이는 지불 수단이다. 하지만 (식당 같은 곳에서 "수표 안 받음"이라는 안내문을 본 적이 있듯이) 지불 수단으로는 받아들여지지 않을 수도 있다. 그에 비해 국채는 경우에 따라서 지불 수단으로 받아들여지기도 한다.

이처럼 여러 가지 종류의 것이 통화로 간주될 수 있다. 하지만 가장 일반적인 통화의 개념은 각자가 수중에 갖고 있는 모든 현금과 (저축성 예금과는 달리 예금주가 요구할 경우 즉시 지불받을 수 있는) 요구불 예금의 합계이다.

현금과 요구불 예금이라는 두 종류의 통화 중에서는 현금이 우리에게 가장 친숙한 형태이다. 그러나 현금에 대해서도 의문은 남아 있다. 현금이 어느 정도 공급되어야 하는지는 누가 결정하는가? 동전과 지폐의 공급 비율은 어떻게 조정하는가?

흔히 현금 공급량은 현금을 발행하는 정부가 결정한다고 여긴다. 하지만 조금만 더 생각해 보면 정부가 돈을 쓰기는 하지만 그것이 동전이나 지폐는 아니라는 사실을 알 수 있다. 정부가 지불할 때에는 거의 언제나 수표로 하기 때문이다.

그러면 통용되는 현금의 규모를 누가 결정하는가? 여기에 대한 답은 여러분이 현금을 어느 정도 가지고 다닐 것인지를 자문함으로써 구할 수 있다. 여러분이 현재 가지고 있는 현금보다 더 많은 현금을 원하는 경우에는 요구불 예금 계좌에서 현금을 인출할 것이다. 하지만 여러분이 현재 필요로 하는 현금보다 많은 현금을 가지고 있을 경우에는 현금을 요구불 예금 계좌에 입금할 것이다.

다른 사람들도 모두 여러분이 하는 것처럼 행동한다. 따라서 사람들이 가지고 있는 현금의 규모는 언제나 소지하고자 하는 규모 그 이상도 이하도 아니다. 예를 들어 크리스마스가 다가온다고 하자. 현금이 더 필요한 사람들은 요구불 예금에서 현금을 인출할 것이고, 크리스마스가 지나면 (현금을 받은) 가게 주인들은 요구불 예금 계좌에 입금한다.

이렇듯 요구불 예금액 규모 이상의 현금을 인출할 수는 없는 만큼 우리가 가진 현금의 양은 은행의 요구불 예금액 규모와 명백하고도 중요한 함수 관계가 있다.

이 말은 은행이 금고에 요구불 예금 총액만큼의 현금을 보유하고 있다는 뜻인가? 그렇지는 않다. 왜 그렇지 않은지를 이해하기 위해 이번에는 우리가 은행 계좌에 예금해 놓은 현금의 운용 과정을 살펴보자.

여러분이 현금이나 수표를 은행에 예금했다고 하자. 은행은 여러분이 맡긴 돈다발을 따로 표시해 보관하거나 여러분에게 받은 수표를 별도로 보관하지는 않는다. 그저 여러분의 은행 '계좌'에 그만큼의 현금이나 수표가 입금되었고, 그에 따라 여러분의 현재 예금 잔액이 얼마가 되었는지 컴퓨터에 기록될 뿐이다. 그때부터 현금은 해당 은행의 현금 보유량으로 남아 있으면서 은행원들의 서랍과 금고 사이를 왔다 갔다 하게 된다. 또 수표는 원래 발행한 은행으로 돌아가 수표를 발행한 사람의 계좌에서 해당 금액만큼 차감하게 된다.

결국 은행에서 여러분의 돈이 어느 것인지 아무리 열심히 찾아보려해도 여러분 명의의 예금 계좌에 기재된 금액 외에는 여러분 돈이라 할 만한 것을 찾지 못한다. 그 때문에 여러분의 예금 계좌에 기재된 돈이 대단히 비현실적인 것으로 여겨질 수도 있다. 하지만 막상 여러분이 은행 창구에서 현금 인출을 요청하면 은행에서 현금을 내주는 것으로 보아 여러분 은행 계좌에 적힌 금액은 진짜 돈임에 분명하다.

그런데 여러분을 비롯한 모든 예금주가 같은 날짜에 예금액을 전부 현금화한다고 가정해 보자. 그러면 심각한 사태가 벌어진다는 것을 알게 될 것이다. 은행 금고에는 모든 예금액의 인출에 대처할 수 있을 만큼 현금이 충분하지 못하다. 예를 들어 1997년 기준으로 미국의 요구불 예금액 혹은 즉시 현금화가 가능한 예금액은 1조 달러를 웃돈다. 하지만 은행이 보유하고 있는 동전 및 지폐의 총액은 그 3분의 1에 불과하다.

당장은 이것이 극도로 위험한 사태로 받아들여지겠지만 잠시 뒤에는 다시 안심하게 된다. 결국에는 대부분의 사람이 현금을 은행에 넣어 둔다. 지금 당장 현금이 필요하지 않거나 현금으로 지불하는 것이 수표로 지불하는 것보다 불편하기 때문이다. 그러나 어쨌든 일부 또는 다수의 예금주들이 현금 인출을 원할 가능성은 언제나 있다. 이런 경우 은행은 현금을 얼마나 필요로 하는가? 적정한 현금 보유 규모는 어느 정도인가?

연방준비제도와 지급준비율

은행들은 오랫동안 지급준비율(reserve ratio)이 어느 정도가 적당한지, 다시 말해 요구불 예금주의 인출 요구에 대비해 현금 보유 비율을 어느 정도로 해야 안전한지를 스스로 결정해 왔다. 그러나 오늘날에는 대규모 미국 은행들은 전국적으로 은행 업무를 강화하기 위해 1913년 설립된 연방준비제도(Federal Reserve System)라는 중앙은행 제도에 대부분 참여하고 있다. 연방준비제도 아래에서 미국 전역은 12개 지역으로 구분하고, 지역별로 (흔히 연방은행으로 통칭되는) 연방준비은행이 구성되는데, 그 구성원은 해당 지역의 회원 은행들이다. 한편 독립적으로 금융 통화 정책을 추진할 수 있도록 대통령이 상원의 자문과 동의를 얻어서 임명한 14년 임기의 위원 7명으로 구성된 연방준비위원회는 워싱턴에 소재하며, 12개 지역별 연방은행과 공조 관계를 유지한다.

연방준비위원회의 가장 중요한 기능 중 하나는 의회가 부여한 범위 안에서 여러 등급의 은행들에 대해 각각의 지급준비율을 결정하는 것이다. 역사적으로 볼 때 도시 은행의 지급준비율은 요구불 예금의 13

에서 26퍼센트였고, 지방 은행은 그보다 약간 낮았다. 하지만 오늘날에는 지급준비율이 은행의 규모와 예금의 종류에 따라 결정된다. 예를 들어 가장 큰 은행은 18퍼센트, 가장 작은 은행은 8퍼센트라는 식이다. 연방준비위원회는 또 장기 (저축성) 예금의 지급준비율도 결정하는데, 이 경우에는 인출이 얼마나 쉬운지의 여부에 따라 1~6퍼센트 정도에서 결정된다.

연방은행이 수행하는 두 번째 중요한 기능은 회원 은행이 고객에게 제공하는 서비스와 동일한 서비스를 회원 은행에게 제공한다. 회원 은행은 다른 은행으로부터 받은 수표를 모두 자동적으로 연방은행 계좌에 예금한다. 그런데 예금주들은 다른 은행과 거래하는 사람에게 지불하기 위해 수표를 발행하는 만큼 결과적으로 은행들은 연방은행을 통해 자동적으로 다른 은행과 수표를 결제하는 셈이다. 또 회원 은행이 연방은행의 '요구불 예금 계좌'에 예치하는 예치금은 은행 금고의 현금과 마찬가지로 예금에 대한 지급준비금의 일부가 된다.

이와 같이 미국의 모든 은행은 이른바 부분적 지급준비제도 (fractional reserve system) 아래에서 운용되고 있다. 즉 요구불 예금의 특정 비율을 현금으로 보유하거나 아니면 연방은행에 예치하는 것이다. 이 비율의 최저치는 연방은행이 결정하는데, 이는 우리가 흔히 생각하듯이 은행 예금에 대한 안전장치 마련을 목적으로 결정하는 것은 아니다. 만일 부분적 지급준비제도 아래에서 모든 예금주가 한꺼번에 은행에서 현금을 인출하기로 결심했다고 하자. 이 경우 은행은 도저히 예금주들의 현금 인출 요구를 따를 수 없고, 결국 문을 닫을 수밖에 없다. 이것이 이른바 은행 제도의 파탄인데, 이는 가공스러울 정도로 파괴적인 경제 현상이다. 하지만 오늘날에는 예금주들의 현금 인출 요구가 별다른 위협이 되지 않는다. 연방은행이 해당 은행들에게 막대한 현금을 지원하기 때문이다.

은행 제도가 파탄이 날 위험성이 적기는 하지만 그렇다고 굳이 이런 위험을 떠안을 필요가 있을까? 부분적 지급준비제도에 그럴 만한 장점이 있는 걸까? 이 질문에 답하기 위해서 다시 여러분이 거래하는 은행을 살펴보자.

실제 상황보다는 다루기 간편하게 고객이 여러분의 은행에 100만 달러를 예금했고, 연방준비위원회가 정한 지급준비율은 20퍼센트라고 가정하자. 그러면 은행은 20만 달러를 현금으로 은행 금고에 보관하거나 연방은행에 요구불 예금으로 예치해야 한다.

이렇게 지급준비율을 맞춘 다음 은행은 남는 예금액으로 무엇을 해야 하는가? 단순히 은행 금고에 현금으로 넣어 두거나 연방은행에 예치한다면 즉시 사용 가능한 현금이 꽤 많은 셈이니 유동성은 높아지겠지만, 은행으로서 소득을 창출할 방법이 없다. 은행 거래 자체에 높은 수수료를 부과하지 않는 이상 은행을 유지할 수 없게 된다.

하지만 은행이 가치 있는 서비스를 제공함으로써 소득을 창출하는 확실한 방안이 있다. 지급준비금을 제외한 나머지 현금 및 요구불 예금을 기업이나 가계에 대출하거나 회사채 또는 국채 형태의 금융 투자에 나서는 것이다. 이렇게 하면 소득을 창출할 수 있을 뿐 아니라 기업 투자 및 정부 차입을 돕는 셈이 된다.

부분적 지급준비제도 덕분에 은행들은 예금된 자금의 일부를 대출해 주거나 투자할 수 있다. 그러나 이것만이 부분적 지급준비제도의 효용 가치는 아니다. 다음 장에서 보겠지만 연방준비위원회는 부분적 지급준비제도를 활용해 은행들이 어느 정도의 금액을 대출이나 투자에 이용할 수 있는지 규제할 수 있다. 달리 표현하면 연방준비위원회가 통화량, 즉 은행의 수용 가능한 예금의 규모를 통제할 수 있는 수단이 바로 부분적 지급준비제도인 것이다.

통화 발행을 둘러싼 환상과 실제

다음 장에서는 연방준비위원회가 통화를 어떻게 관리하는지의 문제를 검토할 것이다. 그러나 통화가 무엇인지에 대한 논의를 마치기 전에 마지막으로 남은 문제, 즉 현금이 실제로 어디에서 와서 어디로 가는가 하는 문제를 마무리해야만 한다. 미국 지폐를 꼼꼼히 살펴보면 '연방은행권(Federal Reserve Note)'이라는 표시가 있는데, 이는 연방은행이 발행한 지폐라는 의미이다. 지금까지 이런 은행권을 일반인들이 어떻게 갖게 되는지 과정을 알아보았다. 자신의 요구불 예금 계좌에서 현금을 인출하면 은행권을 갖게 되는 것이다. 이와 같이 예금주들이 현금을 인출하면 은행의 현금 보유량이 줄어들고, 그러면 은행들은 해당 지역 연방은행에 필요한 액수의 현금 공급을 요청한다.

이때 연방은행은 무엇을 하는가? 연방은행은 1달러, 5달러, 10달러, 20달러 지폐 뭉치를 금고에서 꺼내는데, 이 뭉치는 인쇄된 지폐일 뿐 통화로서의 의미가 전혀 없다. 단지 해당 은행 잔고에서 공제된 후 무장 트럭에 실려 운송되는 것일 뿐이다. 이 새로운 지폐 디미가 은행 소유로 남아 있는 이상 아직은 통화가 아니다. 현금 인출을 요청하는 예금주들에게 넘어가는 순간에야 비로소 통화가 된다. 하지만 그 결과 예금주들의 요구불 예금 계좌에 남은 예금액이 현금 인출액만큼 줄어들었다는 것을 잊지 말아야 한다.

이와 같은 통화 발행 과정이 영원히 계속될까? 연방은행은 원하는 만큼 돈을 인쇄할 수 있을까? 연방은행이 재무부 조폐국에 1조 달러에 달하는 지폐 발행을 요구했다고 하자. 이 돈이 연방은행에 도착했을 때 어떤 일이 벌어질까? 그 답은 연방은행이 내부 금고에 불필요한 것을 집어넣는 데 지나지 않는다는 것이다. 연방은행은 예금주들이 현금 인출을 요구하지 않는 이상 통화를 '발행할' 방법이 없다. 게다가 예금주들이 원하는 현금의 양은 항상 요구불 예금 계좌의 잔액으로 한정되어 있다.

따라서 '돈을 찍어 낸다'는 환상은 유의해야 한다. 대부분의 사람이 수표가 아닌 현금으로 거래했던 히틀러 시대 이전의 독일 같은 나라에서는 수표 거래가 활발한 오늘날에 비해 현금을 유통시키기가 더 쉬웠을 것이다. 하지만 인플레이션 유발 원인이 많다고 해도 실제 돈을 찍어 내는 행위 그 자체가 원인 중 하나라고 말하기는 어려울 것 같다.*

지폐 발행 과정에서 제약은 없는가? 원래는 연방 의회에서 만든 제한이 있었다. 화폐 가치를 일정 수준으로 유지하기 위한 보증으로 최소한 발행할 화폐 총액의 25퍼센트 가치에 해당하는 금화 증권(gold certificate, 미국 재무부에서 발행하는 특별한 지폐로, 발행된 액수만큼의 금괴가 포트 녹스에 보관된다.─옮긴이)을 연방은행이 보관하라는 것이었다. 그런데 1960년대 들어 물가가 치솟고 달러의 국제 가치가 떨어지면서 점차 금 보유량이 법이 정한 보유량에 미치지 못하게 되었다. 이에 대해 기본적으로 두 가지 해결 방안이 제시되었는데, 하나는 금으로 보증하는 비율을 25퍼센트에서 10퍼센트로 낮추는 것이었고, 또 하나는 아예 금으로 보증하는 비율 자체를 없애는 것이었다. 1967년 연방 의회는 이 중 두 번째 방안을 시행했다.

금으로 보증하느냐 하지 않느냐에 따라 어떤 차이가 생길까? 경제학자의 관점에서 보면 차이가 없다. 금이 오랜 기간 동안 사람들을 빠져들게 만든 금속이기는 하다. 그 때문에 통화의 배후에 금이 있는 편이, 즉 통화 가치가 금으로 보증되는 편이 심리적으로 더 효용 가치가 높은 것은 부정할 수 없다. 하지만 이 경우 통화가 100퍼센트 금으로 교환되지 않는다면 사용자들은 돈에 대한 신뢰를 요구하게 된다. 결국 신뢰에 문제가 없는 한 돈은 '금만큼이나 유용'하지만, 일단 신뢰가 무너지면 돈은 아무짝에도 쓸모없게 된다.

이와 같이 통화를 금으로 보증하느냐 하지 않느냐는 국내 통화 가치라는 측면에서 보면 순전히 심리적 문제라 할 수 있다. 하지만 이 문제를 조금 더 파고들 필요가 있다. 예를 들어 통화를 금화로 사용해

• 우리는 1920년대 독일 노동자들이 임금으로 받은 돈을 외발 수레로 실어 나르는 광경을 모두 목격한 바 있다. 도대체 독일 정부는 무슨 이유로 일주일에 10억 마르크를 받는 사람이 100만 마르크짜리 1000장 대신에 1억 마르크짜리 10장으로 받을 수 있도록 더 큰 단위의 통화를 지폐로 발행하지 않은 것일까? 그 답은 더 큰 단위의 통화를 지폐로 새로 발행하기 위해서 관료들에게 결제를 받는 데 시간이 걸리기 때문이라는 것이다. 예를 들어 재무부의 젊은 경제 관료가 6개월 후 유통시키기 위해 10억 마르크 지폐를 준비해 두자고 상관에게 건의했다고 생각해 보라. 그의 상관은 틀림없이 깜짝 놀라면서 이렇게 반박할 것이다. "그런 짓은 절대 안 돼. 10억 마르크짜리 지폐 발행으로 통화가 늘어날 수 있단 말이야!"

서 통화가 100퍼센트 금으로 교환 가능하게 되었다고 하자. 그러면 경제가 보다 원활하게 돌아가게 될까?

금화 사용까지 주장하는 것은 아닐지라도 이런저런 종류의 금 본위제(gold standard)에 집중적으로 관심을 보이는 현상은 계속 반복되고 있다. 그러나 조금만 더 깊이 생각해 보면 현재의 통화 제도에서 비교적 쉽게 처리할 수 있는 문제가 금 본위제에서는 대단히 어려워질 수 있다는 사실이 바로 드러난다. 금 본위제를 채택할 경우 경제적 욕구의 변화에 따라 통화 공급을 어떤 식으로 증가하거나 감소시키느냐는 문제가 대두되기 때문이다. 금화를 통화로 할 경우 통화량이 고정되거나 아니면 금광의 발견 여부나 국제 무역으로 이루어지는 금의 유입 및 유출에 따라 통화량이 좌우된다.

말이 난 김에 좀 더 덧붙이자면, 국제 무역 흐름의 변화나 금광의 우연한 발견 등으로 말미암아 금 보유 증가 속도가 실질 생산량 증가보다 빨랐을 때 인플레이션을 겪은 많은 나라의 사례에서 보듯 금 본위제로는 인플레이션을 막을 수 없다는 문제도 있다.

게다가 1971년 후반 공식 가격이 1온스에 35달러이던 금이 1979년에는 1온스에 800달러 이상으로 상승했다가 다시 1온스에 400달러 수준으로 급락하는 등 금 가격이 급격하게 요동치는 현상을 어떻게 설명할 것인가?

여기에 대해서도 경제학자들은 별다른 합리적인 설명을 내놓지 못하고 있다. 금 자체가 은이나 우라늄, 땅, 노동보다 더 가치 있는 것은 아니다. 아니, 사용 가치라는 맥락에서 엄격하게 따지면 금은 필수품 목록에서도 그 순위가 낮다. 그런데도 부자든 가난한 사람이든, 학식이 있든 없든 관계없이 누구나 금을 원하는 데는 이유가 있다. 금은 수세기 동안 사람들이 가장 소중하게 여기던 금속이다. 그런 만큼 세상이 어수선해지면 미래를 대비한 구매력 보존 수단으로 영원한 부의 상징인 금에 최우선적으로 눈을 돌리게 마련이다. 옳든 그르든 수세기에 걸쳐 금은 인류에게 가장 믿을 만한 '가치 보존 수단'으로 받아들여져 왔기 때문이다. 과연 금이 앞으로도 영원히 가치 있는 것으로 남을 수 있을까? 만약 그렇다면 그 가치는 어느 정도나 될까? 여기에 대해서는 절대적인 답이 있을 수 없다.

돈은 대단히 흥미롭고도 오묘한 발명품이다. 일찍부터 생각할 수 있는 거의 모든 것이 신비로운 돈의 상징으로 쓰여 왔다. 예를 들면 고래의 이빨, 조개, 깃털, 나무껍질, 털, 모포, 버터, 담배, 가죽, 금, 은, 동 그리고 (대부분의 선진국에서) 그림이 그려진 종잇조각이나 컴퓨터 출력물의 간단한 번호 등이 그랬다. 사실 자연적으로든 강제적으로든 정해진 방식으로만 손에 넣을 수 있도록 희소하게 만들어 놓기만 한다면 그 어느 것이든 돈으로 사용할 수 있다. 그러나 돈이라는 상징적인 물건의 배경에는 신뢰가 있어야 한다. 돈은 우리가 신뢰하는 한 필요로 하는 목적에 사용될 수 있다. 하지만 신뢰가 사라지면 그 순간부터 활용 불가능하게 된다. 돈을 "사람들의 생활 기반이 되는 약속"이라 부르는 것도 그 때문이다.

11

통화는
어떻게
운용되나?

자본주의 국가는 기본적으로 미국과 유사한 통화 제도를 운용한다. 결국 모든 나라에 통화량의 변동 방향과 규모를 통제하는, 본질적으로 연방준비제도와 유사한 임무를 맡고 있는 중앙은행이 있는 셈이다.

어떤 중앙은행이든 그 목적은 동일하다. 자신들의 경제에 '적정한' 규모의 통화 공급이 유지되기를 바라기 때문이다. 통화량이 모자라면 경제는 마치 구속복을 입기라도 한 것처럼 제대로 몸을 놀릴 수 없다. 가계와 기업들은 은행에서 돈을 융통할 수 없어서 결국 경제 활동을 축소할 수밖에 없는 것이다. 반대로 통화량이 너무 늘어나면 가계나 기업은 평상시보다 은행 잔고가 더 높다는 것에 고무되어 여유 자금이나 이자율이 낮은 은행 자금까지 활용하면서 소비를 늘리려는 유혹을 받을 것이다.

이 때문에 연방준비위원회의 임무가 상당히 쉬워 보일 수 있다. 연방준비위원회의 임무라야 경제 과열 여부를 파악하여 그에 맞춰 적절하게 통화량을 조정하는 것이 전부이다. 즉 경제가 '과열되어' 인플레이션 가능성이 높아지면 통화량을 줄이고, 경제가 침체되어 실업률이 높아지면 반대로 통화량을 늘리면 되는 것이다. 이렇듯 중앙은행의 업무가 쉬운 듯 보이지만 실제로는 그렇지 않다.

중앙은행의 구조와 역할

중앙은행 책임자는 어떻게 통화 공급을 늘렸다 줄였다 할 수 있을까? 앞 장에서 보았듯이 그 열쇠는 부분적 지급준비제도에 의해 은행들이 '초과 지급준비금(excess reserves)'을 가지고 대출이나 투자를 할 수 있다는 데 있다. 초과 지급준비금은 간단히 말해 현금이나 연방은행 예치금 중에서 예금주의 예금을 보증하기 위해 법이 요구하는 지급준비금을 제외한 나머지 금액, 즉 지급준비금 초과분을 의미한다.

연방준비제도란 본질적으로 은행들의 법정 지급준비금(reserve requirement)을 올리거나 낮추도록 하기 위해 고안된 제도이다. 만약 연방준비위원회가 법정 지급준비금을 올리면 은행들은 자유롭게 대출에 이용할 수 있는 초과 지급준비금이 줄어들면서 활동에 제약을 받게 된다. 대신 연방준비위원회가 법정 지급준비금을 낮추면 이번에는 정반대 상황이 벌어진다. 은행들이 대출할 수 있는 초과 지급준비금이 늘어나면서 활동이 자유로워지고, 그에 따라 더 많은 이윤을 기대할 수 있는 것이다.

실질적으로 연방준비위원회가 취할 수 있는 방법은 세 가지가 있다. 첫째는 직접적으로 지급준비율 자체를 변경하는 것이다. 이 경우 모든 은행이 새로운 지급준비율의 영향을 받는 만큼 은행의 대출 여력을 대규모로 증대하거나 축소하는 데 대단히 효과적인 방법이라 할 수 있다. 하지만 지급준비율 변경은 금융 시스템 전반에 무차별적으로 영향을 끼치기 때문에 아주 예외적으로만 사용한다.

둘째 방법은 이자율을 통화량 통제 수단으로 사용하는 것이다. 이 방법은 지급준비금이 부족한 은행도 원한다면 활용할 수 있다. 연방은행의 지급준비금 계좌에서 자금을 빌려 와서 자기 은행의 지급준비금 계좌에 집어넣는 형식으로 말이다.

물론 연방은행은 이렇게 빌려 주는 지급준비금에 대해 이자를 부과하는데, 바로 이 이자율을 가리켜 재할인율(discount rate) 또는 어음할인율이라고 한다. 연방준비위원회는 재할인율을 올리거나 낮춤으로써 지급준비금과 관련해 은행들에게 유리하게도 불리하게도 만들수 있다. 따라서 지급준비율 자체를 변경시키는 것과 비교하면 재할인율의 변경은 은행들이 지급준비금 증감 여부를 스스로 결정하도록 하는 것으로 보다 완화된 수단이다. 재할인율 변경은 아울러 모든 이자율 구조에 영향을 주고, 그에 따라 통화량도 늘거나 줄게 된다. 이자율이 높아지면 금융 긴축 상황이 벌어지면서 대출 이자가 오르는 것은 물론이고 대출 여부도 까다롭게 평가하는 반면, 이자율이 낮아지면 금융 긴축 상황이 완화되면서 대출 이자가 내릴 뿐 아니라 돈을 빌리는 것두 쉽기 때문이다.

재할인율 변경은 이런 식으로 통화 공급을 통제하는 주요 수단으로 사용할 수 있다. 하지만 실제로 재할인율을 통화 공급 통제 수단으로 사용하는 나라는 얼마 되지 않는다. 미국 역시 재할인율을 통화 공급 통제를 목적으로 사용하지 않는 많은 나라 중 하나이다. 예를 들어 연방준비위원회는 은행들이 현재의 재할인율로 원하는 금액 전부를 빌릴 수 있게 하지는 않는다. 미국에서 재할인 '창구'는 은행들이 지급준비금의 일부 부족분을 보충하기 위해 소액을 빌릴 수 있는 곳이지, 대출 포트폴리오 확대를 위해 대규모 자금을 빌릴 수 있는 곳은 아니다. 이에 따라 미국에서 재할인율은 은행들의 총 대출 규모를 결정하는 능동적 요인이라기보다는 연방준비위원회가 파악하고자 하는 경제 현실에 대한 지표 정도로만 활용된다.

통화 공급 통제와 관련해 미국에서 가장 자주 사용하는 정책 수단은 공개 시장 조작(open market operation)이라 부르는 셋째 방법인데, 이는 연방은행들이 미국 국채를 공개 시장에서 매각 또는 매입함으로써 지급준비금 공급량을 변경하는 것이다.

이것은 어떻게 작용할까? 연방준비위원회가 은행들의 지급준비금을 증가시키려 한다고 가정해 보자. 연방준비위원회는 연방은행들을 통해 채권 시장에서 연방 정부가 발행한 채권, 즉 국채를 구입하고 판매자에게는 연방은행 수표로 지불한다.

이 수표에 주목하자. 이 수표는 일반 은행이 발행한 것이 아니라 연방은행이 발행한 것이다. 유가증권 판매자는 이 수표를 다른 수표와 마찬가지로 자기가 거래하는 은행 계좌에 입금할 것이고, 이 수표를 받은 은행 역시 다른 수표와 마찬가지로 연방은행으로 보낼 것이다. 그 결과 다른 은행의 지급준비금이 줄어들지 않았는데도 유가증권 판매자가 거래하는 은행의 지급준비금은 증가한다. 결국 전반적으로 은행들의 지급준비금이 늘어나고, 그에 따라 은행들의 대출 및 투자 능력이 이전보다 확대된다. 이렇듯 국채 구입을 통해 연방은행이 은행 계좌에 돈을 입금함으로써 사실상 지급준비금의 추가 제공에 나서는 것을 가리켜 채무의 통화화라고 한다.

거꾸로 연방준비위원회가 은행들의 지급준비금이 너무 많다고 결정할 경우에는 연방은행 자산의 일부인 국채 판매에 나선다. 그러면 앞의 경우와 반대로 국채 구입자는 자기가 거래하는 은행에서 발행한 수표로 국채 값을 지불할 것이고, 연방은행은 이 수표를 받아 해당 은행 계좌에서 정산할 것이다. 이렇게 하면 은행들의 지급준비금이 줄어들게 된다. 이 수표가 다른 은행으로 이전되지 않는 만큼 전체적으로 지급준비금의 감소를 초래하기 때문이다. 결국 연방준비위원회는 국채를 팔아 은행들의 연방은행 예치금을 줄임으로써 그 지급준비금을 감소시킨 셈이다.

이와 같이 연방준비위원회가 통화량을 증가시키거나 감소시키는 방법에는 세 가지가 있다. 지급준비율의 증감, 재할인율의 증감, 그리고 국채의 매입 혹은 판매가 그것이다.

이런 방법들은 과연 얼마나 제대로 작동할까? 연방준비위원회가 미국 전역에서 필요로 하는 통화량을 정확히 딱 맞게 공급할 수 있을까? 다른 경제 현안과 마찬가지로 이에 대한 답 역시 그다지 확실하지 않다. 연방준비위원회나 다른 나라 중앙은행이 통화량을 조절할 수 있는 것은 분명하다. 하지만 이들이 통화량을 정확히 또는 목표한 바대로 조정할 수 있는지는 전혀 별개의 문제이다.

본질적으로 연방준비위원회는 다음과 같은 세 가지 다른 문제에 직면하고 있다.

1. 무엇을 해야 할지 모른다

이는 뛰어난 전문 인력을 갖추고 연방준비제도를 이끌어 가고 있는 연방준비위원회의 경제학적 지식 또는 지적 능력에 의문을 제기하는 것이 아니다. 단지 지난 10여 년에 걸쳐 서구 경제의 특성이 되다시피 한 '스태그플레이션(stagflation)'이라는 불만스러운 상황의 반영일 뿐이다.

스태그플레이션이란 경기가 침체되어 있는데도 물가는 오르는 상황을 의미한다. 많은 사람이 일자리를 구하지 못한 상태인데도 여러 분야에서 물가가 상승하는 것이다. 이는 통화 관리 당국인 연방준비위원회가 직면한 심각한 딜레마이다. 경기 침체가 물가 상승보다 심각하다고 판단하면 연방준비위원회는 통화량을 늘릴 것이다. 하지만 결과는 유감스럽게도 급속한 생계비 상승만 유발할 뿐 고용 여건의 극적인 개선 같은 것은 이루어지지 않는다. 반대로 연방준비위원회가 실업보다 물가 상승을 더 우려하면 지급준비금의 활용 여지를 축소할 것이다. 이렇게 되면 가격에 민감한 소비자들에게 곧바로 도움을 주지도 못한 채 고용 하락, 특히 주택 건설 사업과 같이 주로 은행의 대출 여부에 의존하는 사업은 빠른 속도로 침체할 수 있다.

우리는 다음 장에서 이것을 다시 검토하겠지만 이 딜레마가 모든 중앙은행에 심각한 문제인 것은 분명하다. 인플레이션 억제 정책이나 경기 활성화 정책 중에서 어느 것을 택한다 해도 고통은 있을 수밖에 없다. 그 어떤 정책도 신속한 해결책을 기대할 수 없기 때문이다. 여기서 위험한 것은 중앙은행의 정책이 통화를 늘렸다가는 줄이고, 또 늘렸다가는 줄이는 식으로 갈팡질팡하는 것이다. 별로 놀라운 일도 아니지만, 이런 식의 처방에는 경제가 제대로 반응하지 않는다.

2. 목표 달성을 위한 행동이 효율적이지 못하다

연방준비위원회가 목표를 분명히 인식하고 있다고는 하지만 항상 목표를 달성할 수 있는 것은 아니다. 연방준비위원회가 통화량을 조절하는 능력은 종종 현을 조작하는 능력에 비유된다. 현을 당기는 것은 쉽지만 미는 것은 어렵다. 연방준비위원회의 사정도 이와 크게 다르지 않다. 통화량을 줄이는 것은 쉽다. 여러 가지 방법을 동원해 은행이 보유하는 지급준비금 규모를 줄이면 된다. 하지만 통화량을 늘리는 것은 통화량을 줄일 때처럼 쉽지 않다. 연방준비위원회가 지급준비율을 낮추거나 공개 시장에서 국채 매입으로 채무를 통화화함으로써 은행을 통해 지급준비금을 증가시킬 수 있을지는 몰라도 정작 은행이 원하지 않는 이상 대출을 강요할 방법이 없다.

경제 상황이 정상적이라면 은행은 대출에 나선다. 하지만 대공황 같이 경제가 어려운 시기에는 상환이 불투명한 대출에 나서기보다는 지급준비금을 사용하지 않은 채 두려고 한다. 이 경우 연방준비위원회는 은행의 초과 지급준비금을 사람들 손에 들어가게 할 방법이 없다.

게다가 증감된 통화량이 항상 재화와 용역의 구입을 위한 지출의 확대나 축소에만 사용되는 것은 아니라는 점이 연방준비위원회의 역할을 더 복잡하게 만든다. 통화량의 증감이 일반 대중의 현금 보유량, 즉 유동성을 높이거나 낮출 수도 있기 때문이다. 예를 들어 연방준비위원회가 인플레이션의 가속화 가능성을 예측하고 은행 대출을 더 어렵게 만들기 위해 통화량을 통제한다고 하자. 상황이 예측한 대로 진행되면 은행 대출이 줄어들고, 그에 따라 소비 역시 줄면서 가격 상승 압력이 낮아질 것이다. 그런데 사람들이 연방준비위원회와 마찬가지로 인플레이션의 가속화 가능성을 예상하면 이야기는 달라진다. '돈 가치가 있는 동안' 쓰고자 하는 마음이 들면서 사람들의 현금 보유 선호, 즉 유동성 선호가 줄어들게 된다. 이렇게 되면 연방준비위원회의 소비 억제 조치는 사람들의 소비 지출 상승으로 뜻을 이루지 못하게 된다.

3. 국제 교류의 증가로 통제력에 한계가 생길 수 있다

이는 새롭고도 중요한 전개이다. 오늘날 선진국들 사이에서는 서로 자금 차입이 가능한 일종의 국제 금융 시장 비슷한 것이 형성되어 있다. 이제 자금을 원하는 미국 기업은 미국 국내 은행만이 아니라 독일이나 프랑스 은행에서도 자금을 빌릴 수 있게 되었다. 이는 외국에 있는 기업도 마찬가지이다. 이와 같은 국제 금융 시장에 대해서는 나중에 더 자세히 살펴볼 예정인데, 여기서 중요한 사실은 자금 차입자들이 다른 나라 은행에서 직접 돈을 빌릴 수 있게 되면서 연방준비위원회나 다른 나라 중앙은행이 장기 이자율을 통해 통화량을 통제하는 데 상당한 제약이 따르게 되었다는 점이다.

통화주의의 등장

아직 연방준비위원회가 직면한 문제를 모두 지적한 것은 아니다. 하지만 이 정도만으로도 통화 관리가 얼마나 어려운 일인지 설명하는 데는 충분할 것이다. 최근 들어 저명한 보수주의 경제학자이자 노벨상 수상자인 프리드먼이 몇 년 전에 제시한 통화주의(monetarism)라는 새로운 형태의 통화 관리 방안에 많은 관심을 기울이게 된 것도 사실 통화 관리 기술이 이렇듯 어려운 데다, 통화 정책의 결과가 종종 기대와 다르게 나타나기 때문이라 할 수 있다.

프리드먼의 제안 자체는 간단하다. 그는 경제 체제에서 통화량만큼 중요한 요인이 없는 만큼 통화량 관리를 연방준비위원회의 판단에만 맡겨 두어서는 안 된다고 주장한다. 프리드먼에 따르면 연방준비위원회가 전심전력을 기울인다 해도 통화량을 필요한 만큼 정확히 유지할 수가 없는데, 그렇게 된 데에는 여러 가지 이유가 있다. 우선 경제 상황에 대한 자료를 모아 해석하는 데만도 수주일 또는 수개월이 걸리는 상황에서는 연방준비위원회가 아니라 세상의 그 어느 누구라 해도 일정 시점에서 경제의 실제 상황을 제대로 파악할 수 없다. 게다가 모든 정책 기관이 이전에 결정한 자신들의 정책에 매몰된 상태이므로 결정을 바꾸는 데 상당한 시간이 걸린다는 것도 문제이다. 그뿐인가. 경제 상황에 대한 자료라는 것이 모호하기 짝이 없어서 통화 관리 방향을 어느 쪽으로 틀더라도 정당화할 수 있을 정도이다.

프리드먼에 따르면 이런 이유로 말미암아 모든 나라의 통화 관리 당국은 종종 통화량을 억제해야 할 시점에서 늘리거나, 아니면 그 반대로 통화량을 늘려야 할 시점에서 억제함으로써 가뜩이나 어려운 경제 상황을 더 악화시킨다고 한다. 올바른 처방도 잘못된 시점에 적용하면 병을 고치는 게 아니라 오히려 악화시키는 역할밖에 할 수 없다는 것이다.

따라서 프리드먼의 처방은 단호하다. 통화량이 국민총생산(GNP)의 장기 성장률에 부합하는 일정 비율로 증가되어야 한다고 주창했다. 그는 이 방법에 따라 통화 공급이 이루어지면 급여 및 재고, 대출의 수요 증대에 부응할 수 있을 뿐 아니라 경제를 성장 궤도로 올려놓을 수 있다고 주장했다. 예를 들어 경제가 침체 국면으로 진입한다고 해도 국제적인 발전 추세에 따라 통화량이 일정 수준으로 증가하게 되면 은행의 초과 지급준비금은 늘어나고, 그에 따라 대출이 확대됨으로써 경기 침체로부터 벗어날 수 있다는 것이다. 또 인플레이션이 갑작스럽게 발생했다고 하더라도 은행의 대출 여력은 변함없는 비율로 증대할 경우 인플레이션으로 확대된 대출 요구는 일정 수준에서 자동적으로 억제될 수밖에 없고, 그에 따라 인플레이션 압력이 완화된다는 설명이다.

프리드먼의 주장에는 분명히 상당한 설득력이 있지만, 문제점도 아주 없지는 않다. 그 중 하나는 경제적 측면이다. 바로 통상적인 혹은 정상적인 경제 성장률이 이느 정도인지 혹은 어느 정도여야 하는지를 결정하는 것 자체가 문제라 할 수 있다. 프리드먼의 제안은 재화와 용역을 생산하는 능력이 역사적인 경향, 특히 장기적인 생산력 증가를 반영한다는 가정에 근거하고 있다. 그러나 연구 결과 생산력은 생각했던 것처럼 자동적으로 상승하지는 않는 것으로 나타났다. 게다가

'자연적인' 힘으로 과거 1년에 약 3퍼센트 정도 경제가 성장했다는 것을 안다고 해서 이 성장률이 앞으로도 적정한 성장률이라고 확신할 수 있을까? 더욱이 환경 제약 요인이 있다고 해서 경제 성장을 둔화시켜야 할지, 아니면 실업률이 증대하고 있는 만큼 성장을 촉진해야 할지를 생각해 보라. 다른 말로 표현하면 상황 변화에 따라 성장을 조정하는 것이 좋은지, 일정 비율로 꾸준히 성장하는 것이 좋은지를 말이다. 여기에 대해서는 좀처럼 확신이 서지 않는다.

두 번째 문제는 경제라기보다는 정치와 관련 있다. 프리드먼은 경제 체제를 가지고 까불거리지 말고 자연적인 활력 그 자체의 흐름에 맡겨 두라고 요구한다. 그러나 여러 해에 걸쳐 자연적으로 활력이 생기지 않는 경우에는 어떻게 해야 할까? 경제가 활력을 잃어 가는데도 경제의 숨통을 틔워 주려는 노력마저 말아야 한다는 걸까? 프리드먼의 제안은 비행 중 조종사가 자동 항법 장치를 우선시하기보다 공기의 자연적인 흐름에 맡길 때 궁극적으로 더 순조롭고 안전한 비행이 될 것이라고 설득하는 것이나 다를 바 없다.

아마도 이것이 프리드먼이 한 제안의 치명적인 결함일 것이다. 그리고 이는 경제 정책 불(不)개입 주장에 대해 우리의 회의적인 시각도 반영한 것이다. 옳든 그르든 지난 세기 동안은 경제 체제 운용 과정에서 정부 개입이 증대하는 쪽으로 나아갔다. 프리드먼을 비롯한 통화주의자들이 제기한 문제점에도 불구하고 여전히 많은 경제학자는 효과적인 정부 개입이 가능하다고 믿을 뿐 아니라, 악화된 경제 상황에 "어떤 조치를 취해야 한다"라는 정치적 압력도 높아지고 있다. 경제 체제가 스스로의 힘으로 목표를 향해 나아가도록 곁에서 지켜보기나

하는 태도는 거의 대부분 과거의 일이다. 애덤 스미스의 사상은 이미 존 메이너드 케인스에 의해 밀려났다. 어쩌면 정부가 효과적으로 개입하는 것이 가능하지 않을 수도 있고, 정부 개입이 기대한 것과 다른 결과를 가져올 수도 있다. 단적으로 말해 프리드먼의 경고가 사실일 수도 있다. 그러나 또다시 경제 체제에 수동적 태도를 취하는 것에 만족하는 것은 현실적이지 않다. '방관'은 그럴싸한 정책 수단처럼 들리지만 실제로는 그렇지 않다.

3부

미시 경제

시장 체제의 해부

12

시장은
어떻게
움직이나?

 경제학을 미시 경제와 거시 경제
두 '부분'으로 나눈다는 것이 어처구니없어 보일지도 모른다. 경제 자
체는 하나인데 둘로 나누어 놓았다는 점에서 이상할 수도 있다. 그러
나 지금까지 검토했던 경제 문제들은 총 저축이나 총 투자, 정부 지출
같은 대규모 흐름을 중시하는 거시적 관점을 통해 명확히 드러나지
만, 산출물과 관련된 다른 형태의 경제 행위들은 거시적 관점으로는
파악하기 쉽지 않다.

생산자 또는 소비자로서 우리가 하는 선택은 경제생활에 지대한 영
향을 미치는 거시적 문제로서, 구매자와 판매자의 행위에 초점을 맞
춘 미시적 측면과는 다른 관점이 필요하다. 그 다른 관점이 바로
GDP를 연구할 때는 미처 보지 못했던 식료품점이니 밀가루 가게니
수입품점이니 하는 구매자와 판매자가 실질적으로 만나는 시장이라
할 수 있다.

가격 제도

미시적 관점을 취할 경우 우리는 바로 가격 문제에 부닥치게 된다. 그런데 인플레이션 문제를 검토하면서 가격 수준에 대해 언급했던 경우를 제외하면 지금까지 가격을 다룬 적은 없다. 그런데 미시 경제에서는 특정한 개별 가격이 시장에서 어떻게 결정되는지를 설명한다. 미시 경제가 수요와 공급을 다루는 데에서 시작하는 것도 그 때문인데, 문제는 이 수요와 공급이라는 말이 일상적으로 쓰이면서도 정작 그 의미가 무엇인지는 명확하지 않다는 것이다.

수요와 공급에 대해서는 종종 "올라간 것은 반드시 내려온다"라는 법칙과 마찬가지로 경제생활의 일반 법칙을 의미하는 것처럼 말하곤 한다. 그러나 이런 법칙은 없으며, 설령 있다고 하더라도 이는 수요와 공급의 법칙이 아니다. 수요와 공급은 그보다는 구매자와 판매자가 시장에서 가격 차이를 보일 때 '그 차이를 해결하는' 시장 가격이 어떻게 형성되는지, 가격 차이를 해결하지 못한다면 그 이유는 무엇인지를 이해하는 방식이다. 바꿔 말하면 수요와 공급을 통해 시장이 경제 체제 내에서 어떻게 일정한 질서를 만들어 내는지, 2장에서 애덤 스미스의 경제 개념을 살펴보며 파악했듯이 서로 이해를 달리하는 경제 주체들이 어떤 식으로 서로 협조하게 되는지를 알 수 있는 셈이다.

그러니 먼저 수요(demand)라고 말할 때 그것이 무엇을 의미하는지를 명확히 하는 것에서 시작하도록 하자. 대부분의 사람들은 자동차에 대한 수요가 떨어졌다든가 금에 대한 수요가 높아졌다든가 하는 말을 들었을 때 수요라는 단어를 단지 일정한 지출 규모로 받아들이

곤 한다. 그러나 경제학자들이 시장을 설명하기 위해 수요를 정의할 때의 의미는 그런 것이 아니다. 경제학자들에게 수요란 어떤 상품에 얼마를 지출하는지도 의미하지만, 더불어 해당 상품을 어떤 가격에서 얼마를 지출하는지, 그리고 가격이 변했을 때 얼마를 지출할 것인지도 의미하기 때문이다.

게다가 경제학자들은 가격 변화에 따라 구매 방식이 어떻게 변하는지에 대해서도 중요한 개념을 도출해 냈다. 그것은 가격이 오르면 적게 사고, 가격이 떨어지면 많이 산다는 사실이다. 이는 정말 어이없을 정도로 단순한 개념으로 보일 수 있는데, 많은 경제 이론이 이 개념에 근거해서 나왔다. 경제학자들이 이 개념이 사실이라고 믿는 데에는 두 가지 이유가 있다. 첫째, 가격이 떨어지면 소득이 늘어난 것과 다를 바 없는 만큼 더 많이 살 수 있다. 둘째, 가격이 떨어지면 그 상품을 구매하는 것이 다른 상품을 구매하는 것보다 유리한 만큼 더 많이 사려고 한다.•

이와 같은 설득력 있는 논리로부터 경제학자들은 다음 도표에서 볼

• 가격이 하락할 때 구매 능력이 증가하는 것은 쉽게 이해할 수 있지만, 구매 의욕은 왜 높아질까? 여기에 대한 답은 대부분의 상품으로부터 얻게 되는 효용 또는 만족도에 근거하고 있다. 일반적으로 주어진 기간 안에 특정 상품을 점점 더 많이 구매하게 되면 만족은 그에 반비례해 갈수록 감소한다. 한 주에 한 번 정도 저녁을 스테이크로 먹게 되면 환상적이지만, 두 번이면 그것도 괜찮다는 생각 정도로 끝나고, 세 번이면 그냥 그렇고, 일곱 번이면 질리게 된다. 이런 식으로 만족도의 증가 폭이 점차 감소하는 것을 가리켜 한계 효용의 체감(diminishing marginal utility)이라고 한다. 따라서 저녁을 계속 스테이크로 먹으면 그 만족감이 점차 줄어들기 때문에 가격이 하락할 경우에만 더 많이 먹게 된다. 처음 스테이크로 저녁을 먹게 될 때는 선뜻 많은 돈을 지불하겠지만, 일곱 번째에도 스테이크로 저녁을 먹는다면 애초에 지불한 정도의 금액을 지불하지 않게 된다.

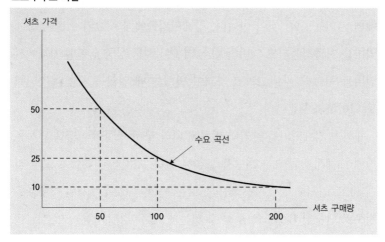

수 있는 수요 곡선(demand curve)을 도출해 냈는데, 이는 시장에서의 행동 방식을 묘사하는 데 대단히 유용해서 널리 사용되고 있다. 예를 들어 이 도표가 백화점에서 일주일 동안 가격대 별로 옷을 얼마나 많이 구매하는지를 나타내고 있다고 가정해 보자. 그러면 그래프의 점선에서 볼 수 있듯이 옷값이 50달러라면 50벌을 사게 되고, 25달러라면 100벌을 사고, 10달러라면 200벌을 사게 된다는 것을 알 수 있다.

그러면 공급의 경우에는 어떤가? 예상한 바와 같이 판매자 역시 가격 변화에 반응하지만 판매자는 구매자와는 정확히 반대 방향으로 움직인다. 가격이 높을수록 시장에 보다 많이 내놓으려 하고, 가격이 낮을수록 적게 내놓으려 한다. 판매자는 궁극적으로 이윤을 극대화하려고 하는데, 이는 가격이 높을수록 이윤도 더 많이 얻을 수 있기 때문이다. 여기서 제조업자가 대량의 상품을 보다 싸게 생산하는 것이 가능한지의 여부는 상관없다. 그보다는 상품 가격이 이전보다 높아질

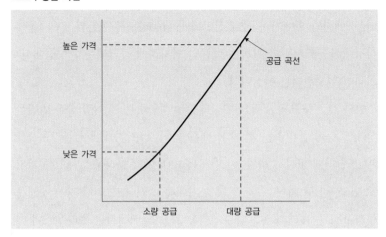

경우 GM이나 시골 농부가 당시 보유 중인 토지나 장비를 가지고 즉각 더 많은 생산량을 구매자에게 제공할 수 있는지, 혹은 제공하고자 하는지가 더 중요하다. 여기에 대한 대답은 분명히 긍정적이다.

따라서 수요 곡선은 우하향하는 반면에 공급 곡선은 우상향하는 것으로 표시할 수 있다. 다만 이 경사가 얼마나 급한지는 가격이 오를 때 판매자가 시장에 얼마나 신속하게 공급할 수 있는지에 달려 있다. 통상 농부는 가격이 오르더라도 일정량의 곡식만 공급할 수 있고, GM 같은 경우는 3부제 작업을 통해서라도 더 많은 차를 생산할 수 있다. 일반적으로 공급 곡선은 위의 도표와 같은 모양을 한다.

공급과 수요의 균형

이제 시장 메커니즘이 어떻게 작용하는지를 파악할 때가 되었다. 하지만 그 핵심은 이미 확인한 바 있다. 수요와 공급은 그 형태가 다르며, 구매자와 판매자가 서로 상반되게 행동하도록 만든다. 그 때문에 시장에서 "살 사람이 원하는 만큼만 정확하게 공급되는 균형점에서" 가격이 형성된다는 사실이다.

이와 같은 수요와 공급의 메커니즘을 파악하는 데 가장 좋은 방법은 사례를 들어 설명하는 것이다. 예를 들어 어떤 가게에서 블라우스를 29.95달러에 판다고 하자. 이 가게는 1200벌의 블라우스 재고를 가지고 있고, 한 달 내에 모두 팔 것을 기대하고 있다. 그러나 가게 주인은 블라우스가 '팔리지 않는다'고 한다. 29.95달러에서는 블라우스에 대한 수요가 고객의 구미를 당길 만하지 않다는 뜻이다. 이 가게가 손실을 줄이기 위해서는 사들인 블라우스를 빨리 처분해야 하는데, 가게 주인이 가격을 10.95달러로 내린 것도 재고와 손실을 줄이기 위해서이다. 그러자 블라우스가 팔리기 시작하는데, 이번에는 너무 빨리 팔려 나가 가게 주인은 10.95달러에 계속 판매하면서도 이윤이 남을 수 있도록 전보다 훨씬 낮은 가격으로 제조업자로부터 블라우스를 추가로 사들이려 한다. 하지만 제조업자는 가게 주인이 원하는 낮은 가격으로는 팔 수 없다고 하여, 결국 값싼 블라우스의 수요는 많지만 공급이 없는 셈이다.

그렇다면 공급자와 고객을 모두 만족시키는 가격이 있을까. 답은 있다는 것이다. 즉 블라우스의 수요와 공급의 균형점이 존재한다. 균형 가격 도표에서 보듯이 19.95달러에서 균형 가격이 형성된다.

여기서 온갖 형태로 그릴 수 있는 곡선의 모양 자체에는 그다지 신경 쓸 필요가 없다. 다만 이런 곡선들은 구매자로서의 행동과 판매자

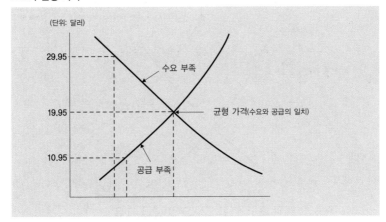

로서의 행동이 서로 다르다는 사실을 보여 준다는 것, 수요와 공급 곡선의 교차점은 이렇듯 서로 다른 구매자와 판매자의 행동이 가격의 변화에 따라 서로 일치하는, 즉 살 사람이 원하는 만큼만 정확하게 공급되도록 균형이 잡힌 지점이라는 것만 염두에 두면 된다.

지금까지 배워 온 바에 따르면 시장은 그냥 내버려 두면 소비자와 판매자의 이해가 일치하는 균형 가격에 도달하게 되어 있다. 하지만 시장을 그냥 내버려 두는 경우란 거의 없다. 구매자와 판매자의 취향이 끊임없이 바뀌고, 소득이나 비용도 변하게 마련이다. 그 결과 구매자들이 원래의 가격으로 더 많은 상품을 원하는가 하면, 가격이 변하지 않았는데도 이전만큼 사지 않으려 하기도 한다. 판매자 역시 가격대별로 상품을 시장에 더 많이 공급하려 하거나 더 적게 공급하려고 한다. 결국 우리가 쉽게 그리는 수요 및 공급 곡선의 모양을 제대로 알 수 있는 사람은 아무도 없다. 그렇다면 이렇게 되는가?

여기에 대한 답은 물론 가격이 변한다는 것이다. 어떤 것을 더 많이

도표 | 수요 증가

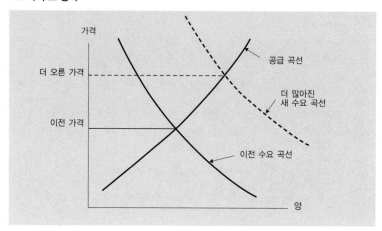

도표 | 공급 증가

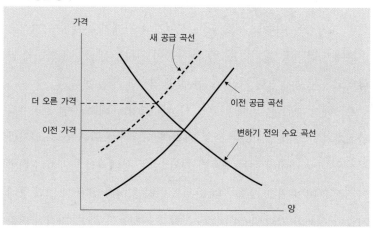

사려고 하거나 살 수 있을 경우 수요가 증가하고, 그에 따라 가격이
상승하게 된다. 그 변화가 어떻게 되는지는 수요 증가 도표를 통해 간
단히 확인할 수 있다. 굵은 선은 소득의 증가 같은 어떤 변화로 말미
암아 수요의 증가가 있기 이전의 수요 곡선 및 공급 곡선, 그리고 균

형 가격을 나타낸다. 점선은 소득이 증가했을 때 수요 곡선에 어떤 영향이 미치는지, 그 결과 가격에는 어떤 변화가 생기는지를 보여 주는데, 이런 경우 가격은 상승하게 된다.

물론 이런 메커니즘은 역으로도 작용한다. 소득이 낮아지면 수요가 하락하고, 그에 따라 가격 역시 떨어지게 된다.

공급 곡선의 경우에도 사정은 다르지 않다. 예를 들어 비용 상승 등의 이유로 판매자가 상품을 더 적게 공급하고자 할 때 어떤 상황이 발생하는지를 공급 증가 도표로 확인하도록 하자. 이 경우 공급이 감소하면 가격이 상승하고, 반대로 공급이 증가하면 가격이 하락함을 도표를 통해 확인할 수 있다.

분배 기능으로서 시장

이제 이런 도표가 무엇을 뜻하는지 알아보도록 하자. 구매자는 균형 가격(또는 그 이하의 가격)을 지불하고자 하고, 실제로 지불할 수 있다면 원하는 상품을 확보하게 된다. 하지만 그러지 못하면 원하는 상품을 확보하지 못한다. 마찬가지로 판매자는 균형 가격(또는 그 이상의 가격)에 상품을 공급하고자 하고, 실제로 공급할 수 있다면 판매가 가능하고, 그러지 못하면 판매가 불가능하다.

이렇듯 시장은 사실상 균형 가격의 형성을 통해 어떤 구매자들에게는 상품을 할당하고, 다른 구매자들에게는 상품을 보류한다. 결국 어떤 판매자들은 상품을 팔 수 있도록 하고, 다른 판매자들은 팔 수 없게 만드는 것이다. 이런 식으로 가진 돈이 너무 적거나 구매 욕구가 부족한 구매자들과 일정한 가격에서는 팔려고 하지 않거나 팔 수 없는 판매자들을 경제 행위에서 제외시키는 수단이 시장이라는 사실에 주목하자. 바로 이것이 시장의 분배 기능이다!

가격 체제가 분배 기능이라는 관점을 취해야 가격이 시장 분배 과정에 개입한 결과 종종 듣게 되는 부족(shortage)과 과잉(surplus)이라는 두 단어의 의미를 명확히 이해할 수 있게 된다.

저소득층을 위한 주택이 부족하다는 이야기를 자주 하는데, 이는 가난한 사람들이 경제적으로 부담할 수 있을 만한 주택을 찾기 어렵다는 의미이다. 하지만 어떤 시장이건 만족하지 못하는 구매자는 어느 정도는 있게 마련이다.

예를 들어 앞에서 블라우스 시장에서 19.95달러를 지불하려 하지 않거나 지불할 수 없는 구매자는 블라우스를 사지 못하는 것을 본 적이 있다. 이것이 부족하다는 의미인가? 경제학적 용어로는 그렇지 않다. 경제학적 용어로 부족하다는 것은 시장에서 만족하지 못한 사람이 하나도 없다는 의미가 아니다. 현재 가격에 사려고 하고 또 살 능력이 있는데도 정작 원하는 상품을 구할 수 없는 것을 의미할 뿐이다.

균형을 이룬 시장에서는 구매자가 이런 상황에 맞닥뜨리지 않는다. 균형 가격인 19.95달러보다 낮은 16.95달러라면 블라우스를 사겠다는 구매자가 많을 것은 확실하다. 하지만 문제는 그 가격에 팔려는 판매자가 없다는 것이다. 따라서 '부족'이라고 하는 것은, 구매자가 현재 가격에 사고자 하고 또 살 수 있는데도 그 가격으로는 자신의 수요를 채우지 못하는 것을 가리킨다.

왜 이런 일이 벌어지는가? 예를 들어 중세라면 교회, 현대라면 정부 기관 같은 시장과는 관계없는 곳에서 균형 가격 이하로 가격을 정하면 이렇게 된다. 정부가 블라우스의 가격을 균형 가격인 19.95달러보다 낮은 16.95달러로 정했다고 하자. 그러면 앞에서 19.95달러에 블라우스를 사지 못했던 구매자들이 가게로 몰려들게 된다. 하지만 구매자들은 갑자기 불어난 수요를 감당할 수 있을 정도로 블라우스 재고가 충분하지는 않다는 사실을 알게 된다. 이 경우 누가 블라우스를 갖게 될까? 더 높은 가격이라도 기꺼이 내놓으려 하고 또 내놓을 수 있는 사람일까? 아니면 정해진 가격을 내놓을 수 있는 사람 중에서 운이 좋은 사람일까? 여기에 대한 답은 미리부터 길게 줄 서서 기다리거나, 판매자와의 뒷거래를 통하거나 그것도 아니면 공식 가격보다 높은 가격에 상품을 파는 불법 암시장이나 그레이 마켓을 통해서라는 것이다.

과잉의 경우에는 정반대의 현상이 나타난다. 예를 들어 정부가 곡물 가격을 자유 시장(free market) 가격 이상으로, 다시 말해 시장에서 구매자와 판매자 사이의 자유로운 거래에 의해 형성된 가격 이상으로 유지하려 한다고 하자. 이 경우 정부는 곡물의 최저 가격을 균형 가격보다 높게 정할 수밖에 없는데, 그러면 곡물의 공급량이 수요량보다 많아지고, 그에 따라 시장에서는 공급량이 수요량과 일치할 때까지 가격이 떨어지게 된다. 하지만 정부가 곡물 가격을 균형 가격보다 높게 유지하고자 하는 이상 시장에서 구매자가 사들이는 공급량이 농부들이 파는 공급량과 일치할 필요가 없다. 팔리지 않은 공급량, 즉 과잉 공급분은 정부가 사들이기 때문이다.

따라서 '부족'이나 '과잉'라는 단어는 시장에서 가격 메커니즘이 제대로 작동하지 않아서 구매자와 판매자가 만족하지 못한 상태에서 경제 활동을 해 나가야 하는 상황을 뜻한다. 현재의 가격을 받아들이려 하지 않는 구매자와 판매자는 아예 배제해 버리는 자유 시장과는 완전히 상황이 다른 것이다. 싱싱한 캐비어가 한 캔에 80달러나 하는 탓에 구매 의사가 없다면 캐비어가 부족하다고 해서 불평하지는 않는다. 그런데 정부가 싱싱한 캐비어의 가격을 파운드당 1달러로 정하면 곧바로 어마어마한 캐비어 부족 사태를 맞게 된다.

그렇다면 저소득층이 경제적으로 부담 가능한 저렴한 주택 문제는 어떻게 봐야 하는가? 저렴한 주택이 부족하다는 이야기가 뜻하는 바는, 부동산이라는 특정 시장의 결과를 비(非)경제적 시각에 입각해 볼 때 바람직하지 않다는 선언이라 할 수 있다. 하지만 가난한 사람이 집을 살 여유가 없다고 하는 것은 시장 기준에서 보면 시장마다 벌어지는 분배 과정에서 나타나는 많은 사례 중의 하나에 불과하다. 예를 들어 의사의 진료와 같은 특정한 재화나 용역이 '공급 부족' 상태라고 할 때 거기에는 가격 메커니즘이 의사의 진료와 같은 특별한 희소 자원을 배분하는 수단으로서는 적절해 보이지 않는다는 뜻이 함축되어 있다. 그렇다고 이것이 시장이 가진 분배 기능의 효율성을 의심한다는 뜻은 아니다. 단지 시장의 분배 과정을 통해 나타난 결과를 마땅찮게 생각하는 것일 뿐이다. 다르게 표현하자면 효율성이 대단히 가치 있는 것이기는 하지만, 시장 체제를 평가하는 데 효율성이 유일한 기준이라고 할 수는 없다는 것이다.

그렇지만 효율성이라는 말 덕분에 시장의 작동과 관련된 결정적으로 중요한 면을 파악할 수 있다. 그것은 다른 어떤 분배 체계보다도,

심지어 이런저런 형태의 계획보다도 더 효율적으로 재화와 용역의 분배를 이루어 내는 시장의 능력이다.

인류 역사상 가장 탁월한 사회적 발명 중 하나가 시장 체제라는 데에는 의문의 여지가 없다. 과거 시장 체제가 도입되기 이전 사회의 성격을 되돌아보자. 그러면 거기에는 대체로 두 가지 어려움이 따랐다는 것을 기억할 것이다. 주로 전통적 관습에 따라 사회를 꾸려 나가려고 할 경우 사회는 무기력하고, 수동적이고, 변화가 없다. 예를 들어 기후 변화로 말미암아 농사나 사냥에서 새로운 방식의 모색이 불가피한 경우처럼 무언가 새로운 것을 이루어 내야만 하는 상황에서도 전통 경제 체제 내에서는 그 목표를 달성해 내기가 너무나 어렵기 때문이다.

반면에 명령에 의한 통제 체제는 옛날이건 지금이건 또 다른 종류의 본질적인 문제를 안고 있다. 즉 거대한 사업을 추진하는 데에는 유용하나 복잡한 시스템을 운용하는 데에는 그다지 도움이 되지 않는다는 것이다. 게다가 경제 과정에 정치 권력이 군림하게 되면서 자칫 대규모 관료화가 이루어져 일상생활까지 일일이 관여하는 형태가 되기라도 하면 이는 끝없는 비효율과 부작용의 근원이 될 뿐이다.

관습이나 통제에 의한 경제 체제가 이런 어려움을 겪어야 하는 것과는 달리, 시장을 통해 형성되는 가격 제도에는 두 가지 큰 장점이 있다. 즉 대단히 역동적이고 자발적이라는 점이나. 예를 들어 창의석인 데다 아심만만한 누군가가 새로운 공정을 시도하거나 새로운 재화를 발명하려 한다고 하자. 이 모든 것은 가격 체제의 역동성 덕분에 체제 내로 쉽게 편입된다. 심지어 다른 누구의 공식적인 허락 없이도 그냥 시도하면 될 정도로 말이다. 결국 자신의 결과물을 열심히 파는 것이 해야 할 일의 전부인 셈이다.

한편 자율성이라는 시장의 두 번째 속성은 분배 기능 면에서 특히 유용하다. 거의 불가피한 암시장, 성가신 감독관, 서로 앞에 서려고 하는 고객 행렬 등이 나타나는 배급표 대신에 가격 체계는 그 어떤 구체적인 관리 조직이나 부작용 없이도 분배 기능이 원활하게 작동한다. 게다가 탁월한 자체 조정 메커니즘 덕분에 계획을 짜느라 애써서 고민할 필요도 없고, 계획에 따른 마찰을 걱정할 필요도 없다. 시장의 자율성은 이렇듯 일일이 설명조차 할 수 없는 온갖 난관에도 스스로 적응하고, 스스로 교정해 나갔다. 경제학이 다른 여타의 사회 규범과 구분될 수 있었던 것은 그 덕분이라 할 수 있다.

이와 같은 시장의 분배 기능은 언제나 경탄하게 된다. 우리는 분배라 하면 흔히 표 한 장, 빵 한 덩어리 하는 식의 배급을 연상하게 만드는, 공식적이고 경직적인 공유 방식을 떠올린다. 하지만 이는 시장에서 이루어지는, 전혀 통제받지 않는 자유로운 흐름과는 정반대이다. 가격 메커니즘은 배급표를 통해 분배받는 것과 똑같은 방식으로 분배 기능을 수행한다. 다만 돈을 여러 가지 용도로 사용 가능한 배급표라고 생각하면 된다. 시장의 이런 핵심 기능을 이해하는 것이 무엇보다 중요하다. 시장은 대단히 정교한 배급 체계이기 때문이다.

물론 시장 체제에도 문제는 있다. 시장 체제는 비록 효율적이고 역동적이기는 하지만 가치 판단이 배제되어 있다. 시장 체제 아래에서는 재산이나 소득이 없으면 재화와 용역에 대해 권리의 정당성이 인정되지 않는다. 재산이나 소득이 있는 사람에게는 해당 경제에서 생산된 재화와 용역을 가질 자격이 주어지지만 재산이나 소득이 없는 사람에게는 아무것도 돌아가지 않는다.

이렇듯 재산이나 소득이 있는 사람 외에는 누구도 사회의 생산물에 대해 분배를 요구할 수 없다는 시장의 맹점으로 인해 대단히 심각한 문제가 벌어진다. 이것은 결국 상당한 재산이나 소득을 물려받은 사람은 그 스스로는 아무것도 생산하지 않았더라도 생산물의 상당 몫을 누릴 자격이 부여되는 데 비해, 재산도 없고 일도 구하지 못하여 생산을 할 수 없는 사람은 경제 메커니즘에서 생산물을 얻을 방법이 없음을 뜻하기 때문이다. 한마디로 시장 체제의 분배 방식을 따르려면 길거리에서 굶어 죽어가는 사람도 모른 척해야 할 판이다.

바로 이런 이유 때문에 아무리 시장 체제를 유지하는 사회라 하더라도 어느 정도는 가격에 의한 분배 결과에 간섭할 수밖에 없다. '경제 문제'가 '사회 문제'로 비화될 때에는 특히 그렇다. 군사적 위기 상황에서는 돈보다 우선하는 특별 허가제를 시행하는 등 국가가 나서서 부유층이 희소하고 값비싼 물품을 대량으로 매점하는 행위를 막고, 경제가 침체된 지역에서 식량이나 의복을 살 돈마저 없는 사람들을 위해서는 국가가 직접 식량과 의복을 지원하는 식이다. 역사적 차원에서 보면 효율성보다는 정의 실현을 요구하는 목소리가 갈수록 높아짐에 따라 배급 방식 대신 점차 조세와 이전 지급이라는 수단을 이용해 왔다. 보수주의자와 자유주의자 사이의 견해 차이 중 상당 부분도 사실은 효율성을 우선시 해야 한다는 주장과 정의 실현이 중요하다는 주장 사이의 대립이라 할 수 있다.

13

시장의
실패와
정부 개입

　　　　　　　　　　　　지금까지는 시장이 어떻게 작동하
는지에 관심을 기울였다. 그렇다면 이번에는 시장이 제대로 작동하지
않는 경우를 알아보도록 하자. 먼저 시장 주체들이 정보 부족으로 말
미암아 합리적으로 의사 결정을 할 방법이 없고, 그에 따라 시장에서
도출된 결과가 정보에 따른 행위가 아니라 무지나 행운 혹은 우연이
반영된 경우를 꼽을 수 있다. 그다음은 시장을 통해서는 본질적으로
효율적 분배를 기대하기 어려운 재화라 할 수 있는 이른바 '순수 공공
재'와 관련된 경우가 있는데, 이는 재화를 구입하거나 구입하지 못하
는 것이 판매나 구매 당사자뿐 아니라 다른 제3자의 복지에까지 영향
을 미치는 세 번째 경우와도 밀접하게 관련되어 있다.

　또 시장 경제는 민간 차원에서는 감당할 수 없을 정도로 오랜 기간
을 거쳐야만 투자 회수가 가능한 몇몇 경우는 사회적 투자를 필요로
한다는 점, 그리고 마지막으로 일반적인 재화나 용역과는 달리 사회

적으로 보다 균등하게 분배할 필요가 있는 의료보험 같은 재화나 용역의 경우를 들 수 있다. 이제 이 모두에 대해 차근차근 살펴보자.

합리성과 정보의 부재

시장 체제는 개인들이 합리적일 뿐 아니라 정보 취득 욕구가 강하다는 가정에서 출발한다. 다시 말해 시장 참여자들이 시장에 대해 거의 정확한 정보를 가지고 있다는 것이다. 정보의 중요성을 단적으로 보여 주는 사례로는 여행객이 그 나라의 언어를 전혀 알지 못할 때 시장에서 부딪치는 상황을 들 수 있다. 이런 경우 여행자는 물건 값이 얼마인지를 알 방법이 없다. 그 때문에 시장에서 구입한 물건을 들고 의기양양하게 돌아왔다가 나중에야 똑같은 물건이 호텔에서 반값에 팔리는 사실을 알게 되곤 한다.

시장 참여자들은 정확한 정보나 적절한 정보가 없는 상태에서는 올바른 결정을 내릴 수 없는 것은 명백하다. 그런데 시장 참여자들은 대부분 적절한 정보를 갖고 있지 못하다. 소비자들은 단지 풍문이나 우연히 얻어들은 정보에 솔깃해서, 그도 아니면 광고에 혹해서 결정할 뿐이다. 어떤 치약이 정말 치아에 좋은지, 어떤 치약을 사용했을 때 가장 기분 좋을지 일일이 조사할 만한 시간이 있는 사람이 과연 몇이나 있겠는가? 설령 치약 전문점 주인이라 하더라도 대체품을 비롯한 모든 종류의 치약 가격과 효능을 다 알 수는 없는 법이다.

이런 정보 부족은 시간이나 돈을 투입하면 어느 정도는 개선될 수 있다. 하지만 자기가 사는 모든 제품을 철저하게 조사할 의사와 자원을 가진 사람은 거의 없을뿐더러, 설사 있다 해도 그것이 반드시 합리적이라고 할 수도 없다. 결국 모든 시장에는 늘 일정 정도의 무지는 있게 마련이고, 그에 따라 실제 가격과 공급량이 완전한 정보를 갖고 있을 때의 가격이나 공급량과는 차이를 보이게 된다. 경우에 따라서는 이 차이가 상당히 클 수도 있다. 누군가가 어떤 물품에 대해 '너무 비싸게 샀다'든지 '너무 싸게 팔았다'고 마음 상해 하는 것에서 볼 수 있듯이 말이다.

시장이 제대로 작동하지 않는 시장 실패의 이유 중에서 또 다른 중요한 것으로는 '그릇된' 기대에 따른 불안정한 효과를 들 수 있다. 예를 들어 가격 인상으로 말미암아 가격이 훨씬 더 오를 것이라는 뜬소문이 났다고 하자. 이는 인플레이션 시기에 흔히 겪게 되는 일인데, 이런저런 재화들의 가격 상승이 내일은 더 오를 것이라는 예측으로 이어진 경우라 할 수 있다.

이럴 때 구매자는 평상시처럼 가격 상승에 따라 구매를 줄이려 하는 대신 조금이라도 더 사들이려 한다. 하지만 판매자는 이 기회를 틈타 판매를 늘이려 하지 않고 내일 가격이 더 오르기를 기대하면서 판매를 보류하고 기다리기 시작한다. 결국 수요는 증가하고 공급은 감소하면서 물가가 급등한다.

가격이 이런 식으로 뒤틀려서 움직이게 되면 대단히 위험한 결과가 빚어질 수 있다. 인플레이션 혹은 경기 붕괴가 지속적이면서도 누적적으로 작용하여 결국 상품 가격이 아찔할 만큼 높아지거나 심연에 빠지듯 폭락할 수 있기 때문이다. 그릇된 기대는 최악의 경우 경제를 초인플레이션(hyperinflation)이나 대공황같이 통제 불능의 상태로 몰고 갈 수도 있고, 아주 잘 처리해 낸다 해도 시장 질서가 교란되면서 경제에 충격과 혼란이 생기는 것은 불가피하다.

이와 같은 시장 실패를 바로잡을 수 있을까? 어느 정도는 가능하지만 완전히 바로잡을 수는 없다. 정보 부족은 경제 보도를 보다 충실히 한다거나 허위 사실의 광고를 금지하는 법률 제정 등을 통해 완화할 수 있다. 또 경제적으로 그릇된 행동을 사회의 중요 인사들이 나서서 설득함으로써 줄일 수는 있다.

그러나 아무리 선의에 따른 치유책이라 해도 어느 정도는 어떻게 할 수 없는 부분이 있다는 사실을 인식해야 한다. 소비자 정보의 경우를 보자. 담배의 경우 포장지에 흡연이 위험하다고 표시해 그 유해성을 '알리지만' 정작 담배 광고 자체는 막지 않는다. 약의 경우에도 약병에 이해할 수 없는 성분까지 인쇄해 판매하도록 하면서도, 어떤 종류의 아스피린이 다른 종류보다 효능이 좋다는 광고를 허용함으로써 소비자에게 잘못된 정보를 전달하고 있다.

왜 이런 일이 벌어지는가? 이런 경우 그 어떤 명쾌한 설명도 찾기 어렵다. 본질적으로는 시장 체제에 불완전한 부분을 바로잡는 중이라 할 수 있다. 소비자가 온정주의에 치우치는 일 없이 올바르게 결정을 내릴 수 있도록 관련 정보를 제공하라고 말이다. 어쩌면 개인들이 저지르는 실수보다는 이렇듯 개인들이 실수하지 않도록 애쓰는 정부 자체가 더 많은 실수를 해서 그럴 수도 있다. 아니면 개인들이 실수하는 것을 충분히 막을 수 있을 만큼 거대한 정부를 우리가 원하지 않아서일 수도 있다.

이는 어쩌면 당연한 과정일 수 있다. 하지만 결론은 이런 우리의 노력에도 불구하고 무지 혹은 잘못된 정보가 여전히 남아 있는 탓에 시장에서 여전히 만족스럽지 못하거나 효율적이지 못한 결과가 발생하고 있다는 사실이다.

순수 공공재의 존재

이제 어떤 종류의 산출물은 통상 시장에서 거래되는 보통의 재화나 용역과는 성격이 다르다는 사실에서 비롯되는 여러 가지 문제로 시선을 돌려 보자. 이런 산출물을 일컬어 순수 공공재(pure public goods)라고 하는데, 순수 공공재는 정의하기 쉽지 않으므로 그 성격을 국방, 기상 서비스, 등대 같은 것으로 설명하도록 하자. 이런 재화에는 다음과 같은 세 가지 특성이 있다.

첫째, 한 개인에 의한 공공재 소비가 다른 개인의 소비에 의해 방해받지 않는다는 점이다. 등대의 경우 보트 한 척이 이용하나 보트 열 척이 이용하나 그 이용 가능성이나 유용성에서는 마찬가지이다. 텔레비전에서 전해 주는 기상 서비스도 100명이 보나 1억 명이 보나 그 이용 가능성이나 유용성 면에서는 다를 바가 없다. 하지만 식량, 의복, 의사의 서비스 같은 민간재는 이와 달리 누군가가 소비하면 다른 사람은 소비가 불가능하다.

둘째, 그 누구도 공공재의 사용으로부터 배제되지 않는다는 것이다. 자기 차를 사용하는 것은 막을 수 있지만 국방 서비스를 받는 것은 막을 방법이 없기 때문이다.

마지막으로 정상재(normal goods)의 경우 개인의 민간 소비는 소득의 지출 여부에 대한 각 개인의 결정에 따라 좌우된다. 그러나 국방이나 기상 서비스, 등대 서비스를 개인이 혼자 살 수 있는 방법은 없다.[*] 공공재의 가치가 어느 정도인지는 우리 모두가 동의해야 한다!

예를 들어 개인적으로 국방 서비스를 원하고, 또 그 대가도 기꺼이 지불할 용의가 있기 때문에 이런 거래가 가능한 시장을 요구한다고 하자. 여기에 대해 모든 사람이 인정한다 하더라도 공공재의 위와 같은 세 가지 특성 때문에 시장을 형성할 방법이 없다.

경제학자들의 의견이 갈리는 또 다른 이유

시장은 시장 이외의 방식으로 분배할 때 생기는 복잡한 문제 없이 수요와 공급의 균형을 만들어 과부족을 해소한다는 것에 의견을 달리하는 사람은 없다. 하지만 과부족을 해소하는 데 시간이 얼마나 걸리는가? 과부족의 해소 과정에서 정치적 또는 사회적 혼란이 얼마나 생기는가? 여기에 대해서는 의견을 달리할 여지가 많다. 경제학자들의 의견이 엇갈리는 이유도 사실은 바로 여기에 있다.

대체로 보수적인 경제학자들은 시장이 수요와 공급의 불일치를 해소하는 속도가 빠르다는 점을 강조하면서, 시장의 역동성으로 말미암아 생겨나는 부정적 영향을 과소평가하는 경향이 있다. 그에 비해 자유주의적 경제학자들은 종종 문제를 다른 각도에서 바라본다. 시장이

---

[*] 대단히 부유하고 절대 권력을 가진 군주의 경우라면 어떨까? 만일 국방 서비스를 살 수 있다면 이는 이 사회가 시장 체제가 아니라 단 한 사람만을 위한 통제 경제 체제라는 이야기가 된다. 이런 경우는 공공재와 민간재 사이에 차이가 없다.

수요와 공급의 불일치를 해소하는 과정이 더디게 진행되며, 그 과정에서 소득 불균형의 문제도 발생한다고 주장한다. 예를 들어 미국 정부가 시행 중인 곡물류 같은 농산물 가격 유지 정책을 검토해 보자. 보조금이 철폐되면 농산물 가격이 급락하고, 그에 따라 수지타산을 맞출 수 없는 많은 수의 농가가 농사를 접게 될 것이다. 최종적으로 농업의 효율성이야 제고되겠지만, 그 전환 과정에서 많은 농가가 자신들이 경작하던 땅을 떠나 과거 농업에서 얻던 소득에 훨씬 못 미치는 저임금으로라도 새로 일할 곳을 찾을 수밖에 없게 된다. 그에 따라 많은 농촌 공동체가 사라질 것이고, 남아 있다 해도 그 규모가 대폭 줄어들 것이다.

이런 경우 자유주의적이냐 보수적이냐에 따라서가 아니라, 농촌에 거주하느냐 거주하지 않느냐에 따라 그 견해가 갈리는 경향이 있다. 어느 쪽이 옳은가? 여기에 대한 답은 단지 시장이 어떻게 움직일지 알 수 있느냐, 또는 얼마나 많은 사람이 시장의 움직임에 영향을 받느냐의 여부에만 달려 있는 것이 아니다. 자유 시장 체제로부터 혜택을 보는 사람들이 거둔 이득과 부담을 걸머져야 하는 사람들이 입은 손실에 대비해 각각 어느 정도의 중요성을 둘 것이냐에 따라서도 달라지기 때문이다. 그렇다면 개별 농가의 중요성을 어느 정도 부여할 것인가? 이 문제에는 '올바른' 답이 없다. 경제학자들이 농산물 보조금 같은 사안에 계속 의견을 달리할 수밖에 없는 것도 그래서이다.

외부 효과의 존재

시장 실패의 세 번째 요인은 공공재의 특성과 밀접하게 연관되어 있다. 경제학자들이 생산의 외부 효과(externality of production)라 일컫는 것, 즉 재화나 용역을 직접 사거나 팔거나 사용하는 사람이 아닌 다른 사람에게까지 미치는 해당 재화나 용역의 효과를 허용할 것이냐의 문제이기 때문이다.

외부 효과의 전형적인 예로는 공장의 매연을 들 수 있다. 매연이 발생하면 이 공장 생산물을 사용하지 않는 공장 주변 사람들도 의료비와 세탁비를 부담해야 하는 탓이다. 또 공항 근처의 소음을 예로 들수도 있다. 비행기를 타지도 않고 별다른 혜택이 주어지는 것도 아닌데, 단지 공항 가까이 산다는 이유로 부동산의 가치가 떨어지고 비행기 소음으로 고막이 손상될 수 있기 때문이다.

외부 효과는 자본주의 경제 체제에서 가장 어렵고 때로 위험하기까지 한 문제 중 하나인 공해 억제 문제를 제기한다.

경제학적 관점에서 볼 때 공해란 무엇인가? 쓰레기, 먼지, 소음, 혼잡 및 그 밖에 우리가 원하지 않는 것을 생산하는 것이다. 우리가 비록 매연, 스모그, 교통 소음이나 교통 체증 같은 공해를 사회적 생산의 일부라고 생각하지 않을지 몰라도 이것들 역시 우리가 경제생활을 영위하는 데 필요한 물품의 생산 결과임에는 틀림없다. 매연은 철강이나 시멘트를 생산하는 과정의 일부분이고, 스모그는 산업 에너지와 열의 생산 과정에서 나오며, 교통 체증은 운송의 산물이다. 이런 원하지 않는 부산물을 경제학자들은 전문적인 용어로 '악화(bads)'라고 부르는데, 이는 '재화(goods)'와 연관된 말이다.

외부 효과가 존재하는 근본 이유는 기술적인 데에 있다. 우리는 대량의 재화를 깨끗하게, 즉 쓰레기나 유해한 부산물 없이 생산하는 방법을 모르고 있다.

하지만 외부 효과 문제에는 경제적 측면도 있다. 설령 우리가 깨끗하게 생산해 내는 방법을 알고 있다 하더라도 생산 공정을 쓰레기가 안 나오게 바꾸기보다는 쓰레기를 강에 버리는 편이 더 저렴하기 때문에 외부 효과는 여전히 발생할 수 있다. 이 경우 개인이나 기업에게는 더 저렴할지 몰라도 사회 전체로 보면 저렴하지 않을 수 있다. 기업은 쓰레기를 '아무 비용 부담 없이' 강에 버릴 수 있겠지만 강 하류 부근에 사는 사람들은 오염된 강물을 처리하기 위해 비용을 치를 수밖에 없다. 그렇더라도 사람들은 종이를 살 때 제지 공장 주변에 살지 않는 한 종이 가격이 저렴한지에만 관심을 가지지, 좀 더 비싸더라도 공해를 유발하지 않는 용지를 사겠다고 자발적으로 나서지는 않는다.

마지막으로 어떤 외부 효과는 '악화'가 아니라 '재화'라는 것에도 주목할 필요가 있다. 예를 들어 사무실 건물이 새로 들어서면 주변 건물의 재산 가치가 높아질 수 있는데, 이것이 바로 긍정적 외부 효과이다. 다른 사람들이 얻는 혜택은 새로 들어선 건물에서 비롯된 것이지만 그렇다고 새 건물 소유주에게 대가를 지불하는 것은 아니기 때문이다. 몇몇 민간재는 부분적으로 공공재의 속성을 띠게 되는데, 이는 바로 이와 같은 외부 효과에 의해서이다.

굴뚝에서 뿜어져 나온 매연과 공장에서 호수로 쏟아지는 오물, 온 도시를 질식시킬 듯한 자동차 매연으로 추레해진 경관에 환경오염 피해자까지 늘면서 생태 문제에 관심을 가진 사람들 대부분이 소리 높여 규제를 외치고 있다. 해마다 "그을은 굴뚝이나 유황 성분이 들어 있는 석탄 사용을 금지하는 법안을 통과시켜라, 공장 쓰레기를 다른 곳에서 처리하거나 정화하도록 만드는 법안을 통과시켜라, 도심에 자동차 통행을 금지하는 법안을 통과시켜라" 하면서 말이다.

규제의 경제적 효과는 무엇인가? 법을 통과시키고자 하는 이유는 본질적으로 외부 효과를 내부화하기 위해서이다. 즉 사회 전체적으로는 무상이 아니지만 개인 또는 기업에게는 무상인 활동에 규제를 해서 비용을 부과하고자 하는 것인데, 이는 개인이나 기업이 공해 유발 활동을 완전히 중지하거나, 법에 규정된 범칙 비용을 부담하거나, 공해를 일으키지 않고 활동을 수행할 수 있는 방법을 찾도록 만들겠다는 의미이다.

그렇다면 규제가 공해를 줄이는 데 좋은 방법인가? 재화와 용역을 생산하는 과정에서 환경을 오염시키는 기업의 예를 들어 보자. 만일 기업에게 매연 제거나 오물 처리 장치 같은 공해 방지 시설의 설치를 명령하는 규제가 통과되었을 경우 그 비용을 부담하는 것은 누구인가?

처음에는 답이 명백해 보인다. 해당 기업이 부담해야 한다. 그러나 기업이 높아진 비용을 가격 상승으로 전가할 경우에는 답이 달라진다. 여기에 대해 경제학적으로 조금만 더 분석해 보면 공해 방지 비용은 사실상 기업이 아니라 세 집단이 부담한다는 것을 알 수 있다. 첫째, 기업은 높아진 가격으로 말미암아 판매량이 줄어들기 때문에 어느 정도 비용을 부담하는 셈이다. 기업이 얼마나 부담하는지는 해당 제품의 수요가 가격에 얼마나 민감하게 반응하는지에 달려 있는데, 수요가 완전히 비탄력적이지 않은 이상 판매와 수입은 줄어들 수밖에 없다.

다른 두 집단도 비용의 일부를 부담한다. 한 집단은 생산 요소, 즉 노동과 물적 자원의 소유자이다. 이들은 생산이 줄어드는 만큼 생산 요소의 고용도 줄어들고 그에 따라 소득도 감소하게 되는데, 이는 공해 규제에 따른 경제적 비용의 일부이다. 마지막 집단은 물론 소비자이다. 가격 상승으로 소비자가 규제 비용의 일부분을 부담하게 된다.

이런 규제 비용을 상쇄해 주는 것은 규제 비용을 부담한 세 집단을 비롯해 일반 대중이 더 나은 환경에서 살게 되었다는 사실이다. 그러나 이 세 집단의 경우 개별적으로든 전체적으로든 혜택이 비용보다 많다고 받아들일 만한 이유가 없다. 대부분의 혜택이 공해를 유발하는 재화나 서비스의 생산 또는 소비에 직접 관여하고 있는 개인보다는 일반 대중에게 돌아가게 되기 때문이다.

예를 들어 자동차 제조업자들에게 규제를 통해 공해 물질이 더 적게 배출되는 엔진을 만들도록 강제한다고 하자. 이 경우 자동차 제조업자에게는 판매 감소가 생길 것이고, 자동차 소비자에게는 비용이 추가될 것이고, 판매 감소로 말미암아 더 이상 자동차 생산에 투입되지 않는 토지나 노동, 자본 같은 생산 요소 소유자에게는 소득의 손실이 생길 것이다. 물론 이 세 집단은 일반 대중의 일원으로서 깨끗한 환경의 덕을 보기는 하겠지만, 이런 전체적 이득보다는 자기가 속한 집단에 미친 손실에 더 예민한 반응을 보이게 마련이다.

규제가 효율적인가? 경우에 따라 다르기 때문에 일률적으로 말하기는 어렵다. 경제학자들이 여기에 대해 일반적인 법칙, 즉 규제가 효과적일 수도 있고 그렇지 않을 수도 있는데, 이는 주로 규제를 강제하는 것이 얼마나 손쉬운지의 여부에 달려 있다는 기준을 적용하는 것도 그래서이다. 교통사고라는 외부 효과를 줄이기 위한 속도 제한 효과와 쓰레기 무단 투기 규제 효과를 비교해 보라. 속도 제한 법령을 집행하는 것도 어렵지만, 쓰레기 무단 투기를 방지하기 위한 법령을 집행하는 것은 거의 불가능에 가깝다. 그에 비해 방사능 오염 물질은 버리는 사람도 적고 감시 또한 쉬운 만큼, 그 처리를 위한 법령의 집행은 훨씬 간단하게 이루어진다.

따라서 이는 주로 비용의 문제라 할 수 있다. 만약 교통경찰을 고속도로에 1마일마다 혹은 도시의 골목마다 배치할 수만 있다면 속도 제한 위반이나 쓰레기 무단 투기 규제 역시 방사능 오염 물질 처리에 대한 규제만큼이나 효과적으로 이루어질 수 있다. 그렇지만 그 비용이 엄청나리라는 것은 틀림없으며, 경찰력의 과잉 투입을 두고 시민들의 반발 역시 상당할 것이다.

공해에 대처하는 두 번째 방법은 세금을 부과하는 것이다. 정부가 흔히 배출 부과금(effluent charges)이라 부르는 공해세를 부과하기로 했다면, 이는 본질적으로 공해 물질의 처리에 대해 가격 제도를 마련한 것이라 할 수 있다. 공해 물질을 배출하는 개별 기업은 세금보다 더 싸게 정화할 수만 있다면 스스로 처리함으로써 세금 부담에서 벗어나려 할 것이다. 하지만 대부분의 기업은 세금보다 더 싸게 공해 물질을 처리할 방법이 없기 때문에 부과되는 세금을 내고 정부가 나서서 환경을 깨끗하게 해 주기를 기대하게 된다.

배출 부과금이 공해 허가증은 아니다. 하지만 일정 비용으로 일정량의 공해 물질을 배출할 수 있도록 해 줌으로써 그 비슷한 역할을 하게 된다. 또 배출 부과금을 산정할 때 온갖 종류의 공해를 모두 금지할 목적으로 아주 높게 책정할 수는 있다. 하지만 환경은 별다른 비용을 들이지 않고도 어느 정도 자정 기능을 가지고 있으므로 대개 약간의 공해는 허용되게 마련이다.

배출 부과금으로 말미암아 전에는 별다른 비용 없이도 이루어지던 활동이 이제는 비용을 부담하지 않을 수 없게 되었다. 경제적 효과의 측면에서 볼 때 이런 부과금은 정부 규제나 다름없다. 이는 사실상 여러 가지 형태의 정부 규제 중 하나이다. 차이가 있다면 생산자에게 공해 방지 시설을 설치하고 세금을 내지 않을 것인지, 아니면 공해를 유발하고 그에 따라 부과되는 세금을 부담할 것인지 결정권이 있다는 정도뿐이다.

규제와 세금 부과 중에서 어느 것이 더 효과적인가? 여기에 대해서는 현실적인 차원에서 접근할 필요가 있다. 예를 들어 굴뚝의 매연에 세금을 부과하기보다는 강물로 방류되는 오염 물질에 세금을 부과하는 것이 실용적이다. 정부가 하수 처리 시설을 설치하는 것은 가능하지만, 매연 방지 시설을 설치하는 것보다 공해세를 지불하는 것이 더 저렴하다고 여기는 생산자가 배출하는 매연을 깨끗하게 할 방법은 없기 때문이다. 게다가 공해세가 더 효과적이기 위해서는 공해의 정도에 따라 달라질 필요가 있다. 제지 공장이나 발전소에서 오물이나 매연 배출이 늘어나면 세금을 더 내게끔 하는 것이다. 조세 부과에 따른 문제점도 점검할 필요가 있다. 예를 들어 공해세 부과를 위해 공해 감시 장치를 설치한다고 하자. 그렇게 하더라도 공해 정도를 정확히 측정하거나, 서로 다른 지역에 있는 공장에서 나오는 동일한 양의 공해 물질이 유발하는 환경 피해의 차이를 제대로 파악하기는 어렵다.

공해 문제를 다루는 세 번째 방법은 정부가 공해 배출 업체에게 공해를 배출하지 않을 경우 보조금을 지불하는 것인데, 이는 실질적으로 잘못한 쪽에게 자신들이 입힌 피해를 수습하거나 아니면 더 이상 피해가 생기지 않게 할 목적으로 지불하는 셈이다. 예를 들어 행정 관청에서 굴뚝에 매연 여과기를 설치하는 데 동의한 기업에게 세금을 감면해 주는 식인데, 이는 물론 공해 방지를 위해 지불하는 것이다.

보조금이 공해를 방지하는 가장 손쉬운 방법일 수 있다. 예를 들어 거주자들의 쓰레기 처리 습관을 규제하려 하거나 아무렇게나 버린 병이나 캔에 세금을 부과하기보다는 병과 캔을 정부가 사들이는 편이 효과적인 것처럼 말이다. 이렇듯 보조금은 가장 바람직한 방법은 아닐지라도, 바람직한 목적을 달성하는 데 유용한 수단은 될 수 있다.

장기 투자의 경우

이제 우리가 지금까지 설명하지 않은 시장 실패의 또 다른 경우를 검토해 보자. 이는 시장의 작동 과정에서 합리적으로 적용 가능한 평가 시점(time horizon)의 범위와 관련되어 있으며, 여기서 합리적이라는 것은 이익을 얻는다는 의미이다. 한마디로 말해 투자의 위험도도 높은 데다 투자 회수에 오랜 기간이 걸리지만, 잠재적으로 큰 가치를 지닌 연구 개발이 추진될 수 있는 환경을 시장이 마련해 줄 수 있느냐는 것이다.

오늘날 미국에서 가장 각광받고 있는 생명공학과 통신 수단인 인터넷을 살펴보자. 이 두 산업은 과연 어떻게 발전하게 되었는가?

1960년대 초반 미국 국립보건원(National Institute of Health)에서는 당시 생물물리학(biophysics)이라고 부르던 분야의 연구 개발에 해마다 수십억 달러를 지출하기 시작했다. 그에 따라 이중나선이니 DNA니 DNA 재조합 같은 생명공학의 단초를 여는 놀라운 업적들이 쏟아져 나왔고, 그로부터 25년에서 30년 뒤에는 매출액이 수백억 달러에 달하는 데다 수익성마저 탁월한 거대 산업이 새롭게 그 모습을 드러내게 되었다. 만약 일반적인 절차에 따라 의사 결정이 이루어졌을 경우 민간 기업은 절대로 이런 식으로 투자를 하지는 못했을 것이다. 위험이 너무 큰 데다 이익을 거둘 때까지 오랜 시간을 기다려야 하기 때문이다. 현재 1달러를 투자한다 해도 10년 정도는 아무런 수익을 기대할 수 없었다. 미래 수익의 가치를 시장 메커니즘에 따라 현재 가치로 환산하면 투자 수익률은 거의 영(0)에 가까운 셈이다.

인터넷은 25년 전 핵무기의 사용 증거를 확인하기 위한 통신 시스템의 일환으로 개발된 이래 국립과학재단(National Science Foundation)의 프로젝트로 진행되었으며, 최근 들어서야 기업들이 막대한 수익을 올리기 시작한 분야이다. 이것 역시 평가 시점이 민간 기업의 수준을 훨씬 넘어서는 차원에서 이루어지는 사회적 투자가 없었다면 있을 수 없었다.

조금 각도를 달리해서 교육 문제를 생각해 보자. 자본주의적 사고방식에 아주 철저한 부모라면 자식 교육에 16년간이나 투자하는 일은 절대로 없을 것이다. 16년간 투자하는 동안 전혀 소득을 기대할 수 없는 데다, 미래의 소득이라는 것 또한 불확실한 탓이다. 이제까지 교육을 사교육에만 의존하는 사회가 없는 것도 그래서이다. 그런데 역설적인지 몰라도 교육을 받은 노동력만큼이나 경제적으로 사회에 도움이 되는 것도 없다.

결과적으로 교육, 사회기반시설, 연구 개발에 대한 투자는 최소한 부분적으로라도 정부가 부담해야 한다. 시장만으로는 충분한 투자를 기대할 수 없기 때문이다.

문제는 시장이 재화와 용역을 소득과 재산의 정도에 따라 분배한다는 데 있다. 돈이 있는 사람은 구할 수 있으나 돈이 없는 사람은 구하지 못하는 것이다. 물론 대부분의 재화나 용역은 소득에 따라 분배해도 사회적으로 별다른 문제가 되지 않는다. 하지만 의료보험같이 사회 전체적으로 보다 균등한 분배가 요구되는 것도 있다. 시장 분배의 결과 의료비가 없다는 이유로 의료 혜택을 받지 못하는 상황을 받아들이기는 어렵기 때문이다. 결국 정부가 시장에 개입하여 노령자를 위한 의료보험을 제공하거나 극빈자를 위한 의료비 지원에 나서게 된다. 특정한 세금 우대 조치 대상자들을 지원하도록 일반 의료보험에 보조금을 지불하는 것이다.

공공 지출과 민영화

시장이 제대로 작동하지 않을 때 일반적인 개선 방법은 정부가 나서는 것이다. 이 경우 공적으로 제공되는 재화의 공급 수준을 어떻게 결정할 수 있을까? 시장 메커니즘 대신에 다른 종류의 의사 결정 수단인 투표를 이용할 수 있다. 우리가 어느 정도의 공공 지출을 원하는지를 투표로 결정하는 것이다. 그런데 투표에는 묘한 메커니즘이 있어서 때로는 너무 많이 공급하게 만들고, 때로는 너무 적게 공급하게 만든다. 투표는 우리가 소득을 사용하는 것처럼 조금씩 나누어서 이용할 수가 없다. 투표는 긍정 또는 부정이기 때문이다. 그 결과 의료보험은 의회에 지지자가 있지만 교육은 그러지 못하다는 이유로, 의료보험 분야는 돈이 넘쳐나고 교육 분야는 빈사 상태에 이를 수 있다.

이 문제에 치유책이 있는가? 몇몇 경제학자들은 공공재의 공적인 특성을 없앰으로써 공공재를 최대한 많이 시장 체제에 편입시키자는 방안을 제시한 바 있다. 이 경우 국공립 공원에 입장료를 부과함으로써 원하는 사람들만 그에 상응하는 공원 서비스를 누리도록 할 수 있을 것이다. 도로는 물론이고 심지어 가로에도 통행료를 부과하고, 건물 신축이나 고속도로 보수를 도로 서비스에 대한 민간 수요량에 맞춰 제한할 수도 있을 것이다. 또 법원 이용을 판사나 배심원을 고용할 수 있는 사람으로 국한하고, 경찰 기금에 기부했다는 배지를 단 사람만 경찰이 보호하는 식으로 민영화할 수도 있을 것이다.

이런 식으로 공공재를 민영화하면 자동차나 영화 관람권 같은 순수 민간재의 경우와 마찬가지로 그 생산량이 소비량보다 많을 수도 있고 적을 수도 있을 것이다. 하지만 공공재를 민영화하는 데에는 두 가지 문제가 있다. 첫째는 공공재를 일반재로 전환하는 그 자체에 기술적으로 어려움이 있다는 것이다. 예를 들어 미사일 방어 시스템을 누구는 보호하고 누구는 보호하지 않도록 설계할 수가 없다.

둘째는 이와 같은 착상이 사회 정의에 반한다는 것이다. 국방을 민간재로 전환한다고 생각해 보라. 이 경우 국방 시스템은 국방 서비스를 산 사람만 방어해 줄 것이다. 어쩌면 국방 서비스를 더 많이 살수록 더 많이 방어받을 수 있게끔 서비스가 구성될지도 모른다. 하지만 민주주의를 신봉하는 사람 중에 국방이 부자들을 위한 요새가 되는 것을 원하는 사람은 거의 없을 것이다. 또 법원, 학교, 경찰 같은 것들이 공공 목적에서 제외되는 것을 그 누구도 바라지 않을 것이다. 공공재는 우리의 소득으로 살지 말지를 결정하면 그만인 민간재와는 다르다. 공공재는 우리의 권리로 간주해야 한다. 의료보험료를 낼 수 없다는 이유로 길에서 죽을 수밖에 없다는 말을 과연 그 누가 하고 싶겠는가?

몇몇 공공재는 시장 영역에 반환하는 것이 타당할 수 있고, 그에 따른 좋은 방안도 나올 수 있다. 예전 같으면 도시의 거리마다 통행료를 부과하는 것은 상상조차 어려웠지만, 이제는 차마다 바코드를 부착하고 거리마다 감시 장치를 설치하면 된다. 과거에는 그 비용이 엄청난데다 성가시기까지 해서 고려할 가치도 없었지만 이제는 충분히 가능해 보인다. 그러나 모든 재화를 민간재로 전환하는 것은 불가능하다는 점, 그리고 공공재로 남아 있어야 할 재화의 바람직한 산출량을 결정하는 데에는 시장을 이용할 수 없다는 점을 염두에 둘 필요가 있다. 공공재의 경우 경제적 의사 결정을 하는 데 정치적 방안이 시장 메커니즘에 우선하는 것이다.

시장 체제의 재검토

이번 장의 주제를 기억할 필요가 있다. 시장 체제에는 그 제도적 특성에서 비롯된 특유의 약점 또는 비효율적인 영역이 있다. 그것을 개선하기 위해서는 규제, 조세 부과, 보조금 같은 여러 종류의 정치적 개입이 필요하다. 경제 메커니즘에서 자율 규제가 작동되지 않을 경우 정치적 행동 외에는 취할 수 있는 다른 방법이 없기 때문이다.

그렇다고 이 결론을 정부의 역할 강화를 요구하는 일반적인 청원으로 해석할 필요는 없다. 실제로 시장에 대단히 비판적인 많은 경제학자도 정부 역할은 줄어들기를 바란다. 정부가 관료화되지 않고 더 민주적이기 위해서 말이다. 요점은 시장의 역기능이 존재한다는 점, 따라서 어느 정도의 정부 역할을 불가피한 것으로 받아들여야 한다는 사실이다. 그래야 정부의 권한을 이용해 개별적인 시장의 실패를 개선할 방법을 찾을 수 있고, 그에 따라 시장 체제의 전반적 운용을 강화할 수 있는 것이다.

시장 체제에 대한 여러 가지 비판을 다루었으니 이제 그 장점을 환기시킨 다음 결론을 내리는 것이 적절할 듯하다. 시장 체제에는 기본적으로 두 가지 장점이 있다. 첫째, 시장은 각 개인이 경제생활을 추구하는 과정에서 자신이 가진 에너지와 능력과 포부를 최대한 발휘하도록 하고, 기꺼이 위험을 감수하도록 만든다. 그 덕분에 시장 체제에는 유연성, 생동감, 창의성, 변화 가능성이 풍부한 것이다. 시장 실패에도 불구하고 시장 경제는 괄목할 만한 성장을 이룩했는데, 성장의 원동력은 궁극적으로 시장 참여자들의 활약에 있다. 이제까지 그 어떤 제도도 이만한 성과를 이루어 낸 적이 없다. 모든 선진국이 경제적 복지를 창출하기 위한 기본 메커니즘으로서 시장 경제를 활용하고 있는 이유가 바로 이것이다.

둘째, 여러 가지 이유로 정부 개입이 불가피하다는 것을 이해하게 되었지만 어쨌든 시장 체제는 정부 개입의 필요성을 최소화한다. 물론 모든 정부 간섭이 자유의 제약이고, 모든 시장 활동이 자유의 표본이라고 가정하는 것은 잘못이다. 진실은 정부와 시장 체제 모두 자유를 증진할 수도 억압할 수도 있다는 것이다. 그렇지만 역사적으로 보아 인류에게 엄청난 고통을 안겨 준 것 중 하나가 바로 정부 권력의 집중이라는 사실을 감안하면, 정치적 권위에 대한 의존은 최소화하면서도 사회가 요구하는 기본적인 경제생활은 제대로 운용될 수 있도록 해 주는 시장 메커니즘의 존재는 그 의미가 크다고 할 것이다.

14

독과점
시장과
기업 문제

　　　　　　　　　　　　　　지금까지 미시 경제학을 이론적
인 측면에서 설명해 왔지만 이제는 기업 문제, 즉 대기업과 중소기업
의 문제를 다룰 때가 되었다. 그 출발점은 오늘날에는 과점(oligopoly)
형태로 변모한 독점(monopoly)이라는 시장 형태이다. 대부분의 사람
들에게 정작 자신에게 무엇이 유리하고 무엇이 불리한지는 정확히 모
르면서도 막연히 독점이나 과점은 나쁜 말이고, 경쟁은 좋은 말로 여
긴다.[•] 이 때문에 시장을 독점하고 있는 독점 기업에게는 욕심 많고

• 완전 독점(pure monopoly)은 극히 드물다. '독점적' 기업들 대부분이 공급자가 하나밖에
없는 독점 시장이 아니라 공급자가 몇 되지 않는 과점 시장에서 활동하고 있기 때문이다.
과점 시장에서는 소수의 공급자들이 대부분의 시장을 나누어 갖고, 그 나머지를 놓고 다
른 소규모 회사들이 경쟁한다. 미국 비누 시장의 경우 전체의 60퍼센트를 4개 대기업이
차지하고 있으며, 나머지 40퍼센트를 놓고 600개 이상의 중소기업이 경쟁을 벌이고 있다.
자동차 타이어 및 튜브 시장에서도 상황은 비슷하다. 100여 개 이상의 업체가 있는데, 그
중 상위 4개 업체가 시장의 3분의 2를 차지하고 있다.

사악하다는 인상을 받는 반면에, 시장에서 치열하게 경쟁을 벌이는 경쟁 기업들에게는 순수하고 건강하다는 인상을 받게 된다. 심지어 독점 기업과 경쟁 기업은 그 동기나 근본 의도에서부터 차이가 있는 것으로 비쳐지기까지 한다. 선의를 갖고 있는 경쟁 기업 대 악의로 무장한 독점 기업이라는 식으로 인식하는 것이다.

그러나 진실은 독점 기업이나 경쟁 기업이나 그 동기가 다르지 않다는 것이다. 둘 다 이윤 극대화를 추구하기 때문이다. 경우에 따라서는 시장 경쟁에서 살아남기 위해 비용에 민감할 필요가 있는 경쟁 기업이, 시장 경쟁이 그리 치열하지 않은 데다 비교적 여유가 있는 독점 기업에 비해 훨씬 더 철저하게 이익 지향적인 태도를 취할 수도 있다. 한마디로 동기가 나쁘다는 것과 불완전 경쟁이라는 것은 전혀 상관관계가 없다.

그렇다면 경쟁의 어떤 면이 그리도 좋다는 것인가? 이론상으로 그 답은 명백하다. 완전 경쟁 시장(purely competitive market)에서는 소비자가 왕이다. 소비자 주권(consumer sovereignty)으로 표현되는 것처럼 완전 경쟁 시장에서는 실질적으로 소비자가 모든 것을 결정한다.

소비자 주권에는 두 가지 의미가 있다. 첫째, 완전 경쟁 시장에서 소비자는 수요라는 방식을 통해 자원의 배분을 결정한다. 즉 기업은 소비자의 선택에 따라 춤출 수밖에 없다. 둘째, 소비자는 가능한 한 풍부하게 공급되면서도 값은 저렴한 재화를 선호한다. 결국 완전 경쟁 시장에서 활동하는 기업들은 소비자들 요구에 따라 가능한 한 많은 양을 가능한 한 저렴한 비용으로 생산할 수밖에 없는 셈이다.

독점 시장이나 과점 시장에서는 소비자들의 이런 권리가 상당 부분

박탈당한다. 독과점 시장에서 활동하는 기업은 자사 제품이 경쟁사 제품과는 다르고 그보다 더 뛰어나다는 광고를 통해 소비자의 수요를 높이는 식으로 여러 가지 전략을 취할 수 있다. 만일 광고가 성공적이라면 이 기업은 완전 경쟁 시장에서의 가격보다 더 높은 값에 팔 수 있는데, 이는 완전 경쟁 상태보다는 조금이라도 더 높은 이윤을 올리는 만큼 독점적 요소가 포함된 가격이라 할 수 있다.

불완전 경쟁의 비용

이와 같은 일반적 결론에 이의를 제기하는 사람은 없다. 광고를 통해 자사 제품이 독특하다고 주장하는 '불완전 경쟁(imperfect competition)' 시장에서의 가격은 모든 제품이 균질한 시장에서의 가격보다 높게 마련이다. 게다가 비용도 더 들기 때문에 불완전 경쟁 시장에서 판매되는 제품의 판매량은 완전 경쟁 시장에서 판매되는 제품의 판매량보다 적어질 수밖에 없다.

그렇다면 이런 불완전 경쟁이 실질적으로 얼마나 중요한 것일까? 여기서 문제가 더 복잡해진다. 소비자 수요 문제에 대해 살펴보자. 1867년의 경우 미국에서는 소비자들에게 '메이커 제품'을 구입하도록 알리기 위해 5000만 달러가 들었다. 그런데 1900년에는 광고비 지출이 5억 달러에 이르렀으며, 오늘날에는 이 비용이 초등 및 중등 교육을 위한 비용의 약 3분의 1에 달하는 1300억 달러 정도로 늘어났다. 어떤 의미에서 이런 광고비 지출은 광고가 없던 시절에 사던 것과는 다른 종류의 것을 사라는 일종의 소비자 교육 캠페인으로 볼 수도 있다.

광고는 소비자 주권을 어느 정도나 침해하는가? 이는 당혹스러운 문제이다. 일단 생존 자체가 문제가 되는 경제 상황에서 벗어나면 소비자들에게 더는 '타고난' 취향을 기대할 수가 없다. 과거 1910년대에 사람들에게 집집마다 자동차가 있어야 한다는 생각을 심어 준 것이 바로 광고였다. 또 얼마 전에는 우리 부모 세대에게 비행기 여행이 빠를 뿐 아니라 안락하고 안전하다고 믿도록 만들기까지 했다.

그렇다고 모든 광고가 성공한 것은 아니다. 1950년대에 포드는 에드젤이라는 새 모델이 모두가 원하던 바로 그 차라는 인식을 심어 주기 위해 2억 5000만 달러에 달하는 광고비를 지출했다. 하지만 이렇게 광고를 퍼부었는데도 사람들은 이 차를 외면했다. 이처럼 해마다 이런저런 제품에 대한 광고 공세가 실패로 끝나기도 한다.

또 모든 광고가 유용한 목적에 쓰이는 것도 아니다. 광고에 나온 가정주부들이 갖가지 브랜드의 비누나 변비약, 통조림을 아무리 격찬해도 사람들은 그저 이 주부들이 실제로 그 효과를 믿는 것도 아니면서 출연료를 받고 광고에 출연해서 저러는구나 생각할 뿐이다. 이와 같은 광고에서 얻게 되는 설득력 있는 메시지는 이 정도일 것이다. 이것이 바로 광고가 우리 문화, 그 중에서도 특히 우리 아이들에게 남기는 효과가 아닐까?

광고 문제에서 어려운 부분이 바로 이 지점이다. 광고가 필요 없을 정도로 철저하게 일반화된 제품을 사겠다는 소비자는 찾기 힘들다 그럴싸한 광고가 텔레비전 시청을 방해해서 약간 짜증난다고 하면서도 정작 소비자들 대부분이 광고를 유용한 것으로 받아들이는 것도 이 때문이다. 광고주 쪽에서 보면 비록 광고에 쓰는 비용이 크기는 하지만, '완전 경쟁 시장'(경제학자들에게는 '불완전 경쟁 시장')에서 살아남기 위해 자사 제품을 팔려면 피할 수 없는 것으로 받아들인다.

이런 딜레마의 답은 무엇인가? 경제학적 전문 지식으로는 여기까지가 한계이다. 지금부터 답을 찾기 위해서는 문화나 윤리 문제 전문가들의 조언을 참고하거나, 아니면 정치적 문제로 보고 시장 규제에 대해 투표로 찬반을 묻는 식으로 소비자 집단의 지혜에 맡기는 편이 적절할 것이다. 경제학자들은 문제를 제기할 수야 있지만 여기에 답까지 할 수 있다고 한다면, 이는 경제학자의 한계를 넘어서는 일이 될 것이다.

이제 소비자 주권의 두 번째 속성을 알아보자. 소비자들이 가능한 한 상품을 싸게 살 가능성인데, 이는 다른 말로 바꾸면 과점이 경제 체제에 끼치는 비효율성이 어느 정도나 되느냐는 문제이다.

이 문제 역시 사실에 근거한 증거가 이론보다도 더 이해하기 어렵다. 이런 경우 경쟁 기업이 효율적이라는 결론으로 비약하기가 쉽다. 하지만 이것이 과연 사실인가? 만일 경쟁 기업이 규모의 경제를 이루기 위해 필요한 대량 생산 설비를 조달할 수 없다면, 만일 연구 개발에 많이 투자할 여력이 없다면, 만일 직원들의 사기가 떨어져 있어서 가능한 생산량마저 달성하지 못한다면 어떻게 할 것인가?

이는 극단적인 가정이 아니다. 몇몇 대규모 독점 기업의 경우 경쟁 부재로 말미암아 대단히 비효율적인 행태를 보이기도 한다. 하지만 한 사람의 시간당 생산성이라는 관점에서 보면 중소기업보다는 대기업이 더 효율적인 것은 분명하다. 대기업은 단기적 독점 이윤을 장기적 기술 혁신을 통해 정당화할 수 있을 정도로 기술 혁신 측면에서는 중소 규모 경쟁 기업보다 훨씬 뛰어나다.

하지만 여기서 다른 측면도 고려할 필요가 있다. 전체적으로 과점 산업의 이윤은 경쟁 산업의 이윤보다 50에서 100퍼센트 정도 더 높다. 처방약과 같은 부문에서는 소비자들에게 전가하는 이윤폭이 더 크다는 증거도 있다. 유명 메이커의 아스피린은 이름 없는 메이커의 아스피린보다는 3배 가까이 비싸게 팔리지만, 소비자들은 정작 똑같은 제품을 더 비싸게 사고 있다는 사실조차 모르고 있을 정도이다. 또 항생제 같은 특정 약품의 경우 엄청난 이윤을 누리고 있는데, 이는 경쟁 환경 아래서 소비자가 부담해야 하는 이윤보다 훨씬 높은 이윤을 지불하도록 소비자에게 강요하는 것이다. 그런데 지금부터 문제는 더 복잡해진다. 특허와 그에 따른 독점 이윤들로 말미암아 제약 회사들이 새로운 약을 개발하는 데 더 적극적으로 나서게 된다. 결국 소비자는 미래에 공급될 더 많은 종류의 약을 위해 현재 약을 비싸게 구입하고 있는 셈이다.

여기에 또 다른 측면, 즉 과점 기업들이 중소 규모의 경쟁 기업보다는 더 쾌적한 근로 조건, 더 근사한 사무실, 더 안전한 장비 등을 제공한다는 사실까지 고려하면 문제는 더 복잡해진다. 결국 소비자 복리의 손실분 중 일부가 노동자 복리의 형태로 돌아오게 되는 것이다. 이런 복리 지원이 대규모 생산자의 선의가 아니라 심각한 경쟁 압력에 대응하기 위한 방어적 태도에서 나온 것이라는 말은 굳이 덧붙일 필요가 없을 것이다. 하지만 어쨌거나 작업 여건과 사기 진작이 현실화되었다는 사실만큼은 계산에 넣을 필요가 있다.

대기업의 등장과 경쟁의 약화

이쯤에서 중소기업에서 대기업으로 관심을 돌려 보자. 이 경우 경쟁 문제로 시작하는 것이 좋을 듯하다. 앞에서 설명한 바와 같이 자본주의적 효율성의 배후에는 경쟁이라는 추진력이 있다. '적자생존'은 이런 경쟁 과정을 묘사하기 위해 나온 용어로, 나중에 다윈이 진화론을 설명하는 데 인용한다. 기업은 경쟁을 통해 다른 기업을 시장에서 몰아내고 시장 점유율을 높임으로써 더 많은 이윤을 확보하려고 한다. 이런 과정을 거치면서 경쟁에서 이긴 기업이 성장한다.

기묘한 결론인지는 몰라도 성공한 자본주의 경제는 제도적으로 그 성공의 비결인 경쟁이라는 추진력을 약화시키려고 압박하게 되어 있다. 성공한 기업은 흔히 가격 인상으로 더 많은 이윤이 가능하도록 독과점의 힘을 얻게 되기 때문이다. 결국 대기업의 세계에서 승자는 소비자로부터 독점적 지대(rent)를 받아 내는 것이나 다름없다.

경쟁의 장점을 역설함에도 불구하고 정작 자본주의 체제에서 활동하는 기업 중 그 누구도 경쟁을 원하지 않는다. 이는 대기업이나 중소기업이나 마찬가지이다. 차이가 있다면 대기업은 아예 경쟁이 성립하지 않는 위치로 올라가기 위해 노력하고 실제로도 그 목표를 어느 정도 달성하는 데 비해, 중소기업은 그렇게 할 수 있는 여지가 별로 없다는 것이다. 대기업은 사실이든 아니든 "우리 같은 기업은 없다!"고 주장하기까지 한다. 하지만 동네 어귀의 약국은 그 누구도 이렇게 주장할 수 없다.

이런 상황에서 대기업 문제에 대한 정부의 조치는 반(反)트러스트

법, 각종 규제, 핵심 산업의 공기업화 등을 통해 경쟁을 복원하거나 아니면 최소한 대기업의 소비자 착취를 줄이는 것이다. 예를 들어 미국 의회는 19세기 후반 철도 독점을 억제하기 위해 규제를 부과했으며, 석유·구리·철강 산업에서 트러스트가 형성되는 것을 막기 위해 반트러스트 법을 제정했다. 공기업화는 일찍이 우편 서비스 부문에서 처음 도입된 이래 나중에는 공항 서비스 부문까지 확산되었으나, 유럽에서 보듯이 처음부터 정부가 나서서 철도를 건설하고 운영해 나가는 수준까지 진전되지는 않았다.

대기업의 힘을 제한하기 위한 정부의 이런 노력은 과연 어느 정도 성공했는가? 커다란 성공을 거둔 유럽 철도를 예외로 한다면 결과는 실망스러웠는데, 특히 반트러스트 법과 규제 법규가 그렇다.

이렇게 된 이유는 다양하다. 주간통상위원회(Interstate Commerce Commission) 같은 법규 시행 기관은 초기부터 조금씩 규제 대상 산업을 대표하는 이들에게 점령되었다. 또 철도 관리자들은 규제 기관과 규제 대상 업체를 옮겨 다니며 경력을 쌓는 것이 도움이 된다는 사실을 알았다. 유럽에서도 프랑스의 르노자동차 같은 독점적 공기업을 푸조자동차 같은 민간 소유의 독점 기업처럼 운영하면서 유사한 일이 벌어졌다. 뒤에서 자세히 살펴보겠지만 점차 세계화되고 있는 현실에서 반트러스트 법의 적용은, 마이크로소프트같이 성공한 기업에게는 해외 지사 설립을 부추기고, 외국 기업에게는 미국 내에 지사를 설립할 여지를 확대하는 원치 않는 결과에 이를 것이 확실하다. 그 결과 세계 총생산(world GDP)이 어떻게 되선 미국은 패자가 될 수 있다. 그 때문에 반트러스트 법의 적용이나 국가 간 반트러스트 행위에 대한 조율은, 비록 언론의 지지를 받을지는 몰라도 정치적인 지지를 얻기는 어렵다. 정부 스스로도 이런 조치가 더 이상 실효성이 없음을 인정하고 있다.

마지막으로 과점 문제는 자율적으로 해결 가능하다고 주장할 수 있다. 뒤에서 설명하겠지만 기술 진보는 종종 대기업 탄생의 바탕이 되기도 하지만, 역으로 대기업의 강력한 적이 될 수도 있기 때문이다. 1900년에 미국에서 12개 대기업으로 꼽히던 기업 중에서 현재까지 살아남은 것은 GE 하나뿐이다. 똑같은 이유에서 IBM에 대한 미국 정부의 오랜 세월에 걸친 반트러스트 소송이 취하되었는데, 이는 최근 컴퓨터 산업이 빠르게 발전하면서 한때 독과점적이던 산업이 대단히 경쟁적인 산업으로 변모한 것이 확실시되었던 시점이다. 여기에 최근 AT&T의 분할까지 감안하면 정부가 해야 할 일을 기술 발전이 대신하고 있다는 사실이 명백히 드러난다.

더 나아가 세계 최대 기업이 미국 기업이 아니라는 사실을 파악하는 것도 중요하다. 세계 10대 기업 중에서는 3개, 20대 기업 중에서는 7개만이 미국 기업이다. 미국 기업을 작게 분할하는 것은 외국 기업의 이익을 높여 주는 행위로 그다지 적절하지 않은 일이다. 미국 기업의 호주머니에 들어가던 독과점적 이윤을 외국 기업의 주머니로 옮겨 넣을 뿐인 것이다. 또 하나 미국에서는 큰 기업이라 하더라도 경제가 세계화되는 추세 속에서는 여전히 치열한 국제 경쟁을 치를 수밖에 없다는 사실을 명심할 필요가 있다. GM이 미국에서는 가장 큰 기업일지 몰라도 세계 자동차 시장에서의 점유율은 점차 줄어들고 있다. 사실 세계 전체를 놓고 보면 독점 기업의 운명이 공룡의 운명과 비슷할지도 모른다는 생각이 들 때가 있다.

미국 정부가 규제 강화나 국영화보다 규제 축소와 민영화 쪽으로 가고 있는 것도 이 모든 요인을 감안한 결과이다. 미국에서는 항공, 운송, 통신 산업에 대한 규제가 철폐되고 있고, 영국이나 프랑스 같은 여타의 국가에서는 항공, 공항, 통신 산업은 물론이고 일부 철도 산업에도 민영화가 진행되고 있다. 반트러스트 법이 여전히 남아 있다고는 하지만, 주요 조항이 거의 사문화되다시피 한 상황이다. 아니, 어이없게 느껴질지 몰라도 오늘날 반트러스트 법은 민간 기업들 사이에서 상대가 시장을 너무 많이 점유하고 있다고 판단될 때 소송을 제기하는 근거로나 활용되고 있을 정도이다. 간단히 말하면 반트러스트 법은 공공 목적으로 사용되기보다는 민간 기업의 갈취 수단으로 더 많이 이용되고 있다.

결국 현재 대기업에 대해 무엇을 어떻게 해야 할지는 거의 의견이 일치되지 않았다.

작은 것이 아름답다?

지난 20여 년 동안 미국 내 대부분의 일자리가 중소기업에 의해 창출되었고, 그런 만큼 중소기업을 경제 성장의 견인차로 보아야 한다는 주장이 종종 제기되었다. 결국 중소기업만이 필수적이고 또 중요하다는 것이다. 하지만 이런 주장은 정확하지도 않거니와, 실제로 경제 이론의 측면에서도 잘못되었다.

일자리를 창출한 것은 중소기업이 아니라 월마트, HP, 마이크로소프트와 같이 이제는 대기업화된 예전의 중소기업들이다. 단일 기업으로는 미국에서 가장 많은 사람을 고용하고 있는 맥도널드는 종종 수천 개의 소규모 개인 회사로 여겨지기도 하지만, 사실은 거대한 규모로 서로 연결되어 있는 기업이다.

그리고 당연히 이런 기업이 중소기업에 비해 임금도 더 높고 복지 혜택도 더 많은, 보다 나은 일자리를 제공하고 있다. 늘 그렇듯이 기업이 더 클수록 보다 바람직한 고용주가 될 가능성이 더 높다. 경우에 따라서는 민간 차원의 연구 개발의 산실이 바로 대기업이라는 점이 더 중요할 수도 있다. 대기업이 분할되면 기술과 연구 부문에서 지속적인 발전을 더 이상 기대하기 어렵게 된다는 점에서 말이다.

대기업에는 두 가지 장점이 더 있다. 첫째, 대기업은 중소기업들에게 시장을 제공한다. 대규모 소매 체인이 많은 현재 상황에서 수백만 소비자에게 직접 물건을 팔기 위해서는 중소기업이 감당할 수 없는 수준의 광고비 지출이 필요한데, 대기업이 종종 이들 중소 규모 공급자와 이들로서는 접근하기 어려운 대규모 시장을 연결해 주는 역할을 한다. 둘째, 중소 규모 첨단 기업이 대규모 첨단 기업에서 갈라져 나온 경우가 많다. 예를 들어 유능한 직원은 대기업이 관리하기에는 너무 작거나 적절치 않은 분야를 발견하면 근무하는 동안 개발한 아이디어를 활용해 중소기업을 창업하는 식이다. 따라서 대기업이 없었다면 많은 수의 중소기업이 탄생조차 못했을 것이다. 이렇듯 대기업과 중소기업은 복잡한 구도 속에서 공생하고 있다. 중소기업에게 대기업은 생명을 위협하는 적일 수 있지만 동시에 방파제가 되어 보살펴 주는 역할을 할 수도 있다.

경제에서 아름다운 것은 작은 것이 아니다. 그렇다고 큰 것이 아름다운 것도 아니다. 다양한 규모의 회사가 함께 공존하면서 각자 자신의 규모에 맞는 역할을 최대한 잘해 내고 있는 모습, 그것이 바로 경제에서 진정으로 아름다운 모습이다.

새로운 사회 계약?

최근 대기업에 대한 불만의 초점은 가격 인상을 통해 소비자의 실질 구매력을 빼앗아 가는 독점적 횡포가 아니라 근로자들에게 강요되는 무자비한 감원이나 임금 삭감, 복지 혜택 축소에 있다. 기업의 이익률이 높아졌다고는 하지만 이것이 가격 인상이 아니라 임금 삭감을 통해서 이루어지고 있는 것이다.

　오늘날 경영진은 근로자에게 새로운 합의를 요구하고 있는 것처럼 보인다. 제2차 세계 대전 이후 호경기 때 막대한 이익을 거둔 기업들은 생산직 근로자들에게는 매년 임금 인상과 더불어 후한 복지 혜택을 제공하고, 사무직 직원들에게는 여기에 더해 업무 성과가 만족스러울 경우 승진이나 평생 고용을 보장하며 그 이익을 근로자들과 나누었다. 더군다나 생산직 근로자의 경우 불경기로 해고되었더라도 경기가 나아지면 제일 먼저 재고용했다. 단체 계약서에는 기본 임금을 정하고 3년마다 다시 계약을 체결하도록 되어 있기는 하나 실제로는 평생 고용을 보장하고 임금도 매년 오르는 것이 문서상에는 적혀 있지 않은 '사회 계약', 즉 고용자와 피고용자 사이의 암묵적인 양해 사항이었다.

　그런데 지난 여러 해 동안에 상당히 다른 형태의 사회 계약이 나타났다. 이익을 내고 있는데도 여러 해에 걸쳐 50만 명이 넘는 (그 대부분이 사무직 근로자인) 직원들을 해고하는가 하면, 남아 있는 직원들에게도 임금을 삭감하고 복지 혜택을 줄였다. 이제는 더 이상 회사에 대한 충성도나 과거의 업무 기여도에 따라 임금이 올라가지 않았고, 외국인 엔지니어를 더 값싸게 고용할 수만 있다면 엔지니어의 임금 역시 그에 맞춰 하향 조정되었다. 회사 내의 임금 격차도 급격히 확대되어, 다음 장에서 살펴보겠지만 심지어 사장도 20년 전과 달리 일반 근로자에 훨씬 더 가까워졌으며, 해고된 사람들 역시 수요가 되살아난다고 해서 다시 고용되지는 않는다.

'당근'에 의한 경영은 이런 식으로 '채찍'에 의한 경영으로 대체되었다. 단기적으로는 채찍을 통한 공포나 위협이 효과적인 경영 수단일 수도 있지만 여러 자료를 통해 볼 때 공포나 위협은 장기적으로 효과적인 수단이 아니다. 인간 조직이 제대로 움직이기 위해서는 자발적 협조가 필수적인데, 협조 의사는 공포나 위협에서 나오는 것이 아니기 때문이다. 정리 해고 과정에서 경영진들은 해고 대상 근로자의 회사에 대한 충성심을 문제 삼는다. 하지만 바로 그 정리 해고로 말미암아 근로자들이 회사에 충성심을 갖지 않게 되는 것이다.

철저하게 경제적인 관점에서만 보면 이는 전혀 놀라운 일이 아니다. 이윤 극대화를 위해서는 비용(임금)을 최소화하기 위해 노력할 수밖에 없기 때문이다. 근본적으로 노동과 경영은 이해를 같이할 수 없다. 임금은 가능한 한 낮은 수준으로 유지하려는 것이 자본주의의 속성 중 하나인 탓이다.

노동자가 미숙련 상태이고 생산성 효과가 자본 집약적인 생산 과정에서 나올 경우에는 자본주의의 이런 속성은 더욱 두드러진다. 하지만 경제 이론상으로 이해할 수 없는 부분은 기업이 제2차 세계 대전 직후부터 바로 임금 삭감 및 복지 혜택 축소에 나서지 않고, 1990년대 들어서야 그렇게 하는 이유가 무엇이냐는 것이다. 여기에 대해 일부에서는 그 이유가 정치적인 데에 있다고 본다. 즉 소련이 붕괴하기 전에는 노동자들이 지금보다 훨씬 더 높이 평가받았던 사회주의 경제 제도에 동조하게 될까 봐 두려웠기 때문이라는 지적이다.

그 이유가 어디에 있든 이미 세계의 생산량 자체가 달라진 지금에 와서는 기업들의 행동 방식 자체가 달라져야 한다. 오늘날 경쟁력은 시설이나 장비의 보유 수준이 아니라 새로운 두뇌 집단을 구성하고 운용해 나갈 수 있는 전문적인 노동력의 보유 여부에 달려 있다. 그런데 노예 제도가 존재하지 않으니 전문적인 노동력을 개인이 소유할 수 있는 방법이 없다. 아무리 대단한 자본가라 하더라도 장기 경쟁력의 유일한 원천인 기술 노동력의 '소유'는 불가능하다. 따라서 자본가는 기업에 기술 노동력이 갖고 있는 능력과 지식을 결합시키지 않으면 안 된다. 신제품의 복잡한 개발 과정에서 핵심은 전체의 팀워크이다. 아무리 뛰어난 사람이라도 혼자서는 불가능하다. 오늘날 기업들이 부서 단위로 능력을 평가하고, 부서 간 협력의 중요성을 강조하는 것도 바로 이런 이유 때문이다.

이 부분에서 자본주의는 근본적으로 결함이 있다. 어떤 직원이 핵심적인 지식을 갖고 있는지, 이런 직원을 회사의 장기적인 전략 목표와 어떻게 묶을 수 있는지를 결정해야 할 순간이 되면 내부분의 기업이 너무나 어이없는 모습을 보인다. 구조 조정 과정에서 핵심 근로자들에게 회사나 조직 전체에 대한 충성심은 버리고 자기 앞날만 생각하도록 유도하는 것처럼 보일 지경이다.

비유하자면 이는 사과나무가 마당에 있는데 사과나무를 기를 사람을 해고하는 행태나 다를 바 없다. 다시 말해 나무를 기른 사람이 열매를 거둘 수 있도록 놓아두지 못하는 것이다. 결국 사과나무를 기르는 사람은 아무리 사과나무가 자신을 필요로 하더라도 누군가가 조금이라도 나은 조건을 제시할 경우 바로 그만두는 것이 낫다는 생각을 갖게 된다. 과거 그들의 희생을 회사가 전혀 기억하지 않고 있기 때문이다.

이런 내적 모순은 경영층 내부에서 가장 먼저 드러나는 경향이 있다. 1960년대 젊은 관리자들에게는 훌륭한 회사에 들어가 직원으로서 탁월한 능력을 발휘하는 것이 성공의 길이라고 충고하곤 했다. 만약 지금 와서 젊은 관리자들에게 똑같이 말한다면 비웃음만 살 것이다. 인원 감축 과정에서 이와는 전혀 다른 메시지가 이미 직원들에게 전해졌고, 그에 따라 전혀 다른 정서가 형성되었기 때문이다. 이제 성공을 위해 가장 빠른 길은 무자비할 정도로 이기적이 되어서 가능한 한 최단 기간에 최대한 많은 보수를 받아 내는 것이라고 믿고 있다. 최고 경영자들이 휘하의 젊은 간부 직원들에게 이상적인 팀의 모습을 열심히 설교해도 귀담아 듣지 않는다. 하기야 최고 경영자 자신도 실행하지 않는 상황이니 이는 당연한 일인지도 모른다.

위협과 공포, 냉소적인 사고방식이 장기적인 측면에서 성공적 경영 전략으로 제기될 수는 있을지 몰라도, 실제로 그렇게 될 것 같지는 않다. 공산주의 치하에서도 이런 방식은 성공하지 못했는데, 자본주의 사회에서는 더더욱 성공할 수 없을 것 같다. 이것이 오늘날 미국이 당면한 중요한 과제인데, 앞으로 여기에 대해 여러 장에 걸쳐서 더 설명할 예정이다.

4부

현대 경제학의 고민

세계화, 양극화 그리고 강박증

15

인플레이션에
대한
강박관념

이 책은 여러 가지 측면에서 1994년 판과 확연히 차이가 있는데, 이번 장에서는 그 첫 번째로 인플레이션 문제를 다룰 것이다. 1994년 판에서는 인플레이션이 결코 망령이라고 할 수 없을 정도로 현실적인 문제였지만, 이번 판에는 인플레이션이 현실적인 문제가 아니라 '망령(Specter)'이라고 부를 정도가 되었다. 실제로 지난 판에서는 인플레이션의 원인과 결과, 그리고 가능한 해결책이 현실적인 과제여서 책 전반에 걸쳐 언급된 바 있다.

오늘날에는 인플레이션이 여러 가지 다른 형태로 나타나고 있다. 매년 거의 모든 품목의 물가가 약간씩 오른다는 측면에서 볼 때 인플레이션은 여전하다고 할 수 있다. 그러나 1970년대에 인플레이션이 국가 경제에 커다란 위협이 되었던 이래 물가 상승폭은 극적일 정도로 야위었다. 1980년에는 소비자 물가가 13퍼센트 정도 상승해 5~6년만 지나면 생계비가 두 배로 뛸 판이었다. 1982년에 소비자 물가 상승률이 절반 가까이 줄어들었다고는 하지만, 그 증가율로 10년만 지나면 여전히 생계비가 두 배로 불어날 상황이었다. 그런데 10년이 지난 다음에 보니 실제 연평균 물가 상승률이 3퍼센트로 줄어들어 인플레이션을 그리 불안해하지 않아도 될 정도였다. 심지어 1997년에는 소비자 물가 지수 상승률이 2.2퍼센트에 불과해 1965년 이래 최저 수준을 기록했다. 이제 모든 상품의 품질 개선 등의 요인까지 고려하면 인플레이션은 사실상 그다지 중요하지 않은 문제인 듯하다.•

인플레이션이 이렇듯 경제 체제 내에서 효과적으로 봉쇄되었는데도 굳이 망령 이야기를, 그것도 우리를 당혹스럽게 만드는 문제 중에서 첫 번째로 끄집어 내는 이유는 무엇인가?

인플레이션의 원인

경제생활에서 가장 기본적임에도 종종 지나치기 쉬운 사실에서 출발

• 이 책을 쓰고 있는 동안 소비자 물가 지수의 신뢰성 문제를 둘러싸고 상당한 논란이 있었다. 문제의 핵심은 소비자 물가 지수가 상품 가격의 변동이 아니라 생계비의 변화, 즉 상품 품질의 변화를 얼마나 정확하게 반영하느냐는 것이다. 새 차의 가격이 이전에 나온 차의 가격보다 더 높은 것은 사실이다. 하지만 이렇게 가격이 높아졌다는 것이 우리 생활 수준에 영향을 미치는 유일한 요인일까? 새 차의 안전도가 향상됨으로써 차의 효용이 더 커진 것은 아닐까? 혹 고속도로의 부실한 관리가 자동차에 드는 비용을 더 높이는 것은 아닐까? 신뢰할 만한 생계비 지수는 사회보장비와 인플레이션 방어 수단인 재무부 발행 신규 국공채에 매길 이자율을 산정한다거나 예상되는 인플레이션의 위협에 대응하는 데 이용되기 때문에 중요하다. 일반적으로 소비자 물가 지수가 연간 약 2퍼센트 또는 그 이하로 상승할 것이라고 하는데, 이것이 얼마나 정확한지는 자신할 수 없다. 다만 당분간은 이런 수치가 계속 인용될 가능성이 높다는 것만은 분명하다.

하자. 그것은 자본주의 경제가 항상 불안할 정도로 긴장 상태에 놓여 있고, 실질적으로나 잠재적으로나 끊임없이 변동하며, 보이든 보이지 않든 불균형 상태에 있다는 점이다. 전쟁, 정치 체제나 자원의 변동, 새로운 기술, 소비자 기호의 변화와 같은 모든 조건이 기업의 활동 방침을 끊임없이 혼란스럽게 만든다. 기업인 누구에게든 한번 물어보라. 그가 잔잔한 연못에 살고 있는지, 아니면 거친 물결이 이는 호숫가에 살고 있는지를 말이다.

고질적으로 취약한 자본주의 체제의 특징을 강조하는 데서 출발하는 것이 그다지 중요하지 않을 수도 있다. 그러나 일단 자본주의 체제의 취약성을 무대 중앙에 올려놓으면 곧바로 논점이 선명해진다. 자본주의 체제의 취약성이 불황이라든가 그 밖에 다른 형태의 기능 마비로 나타나지 않고 인플레이션으로 드러나는 이유가 어디에 있느냐는 것이다. 돌이켜 보면 예전에 자본주의가 곤란을 겪은 것은 인플레이션이 아니라 다른 형태의 기능 장애 때문이었다. 1893년의 경기 침체 당시 약 6년에 걸쳐 실업률이 12~18퍼센트에 달했고, 1930년대의 대공황 당시에는 실업률이 거의 25퍼센트에 이르렀음을 생각해 보라. 19세기 말에 거대 트러스트 기업이 출현해 빙산이 유빙을 깨뜨리듯 당시 대부분의 소규모 기업을 몰락시킨 상흔을 되새겨 보라.

이런 관점에서 보면 인플레이션은 20세기 후반의 제도적 여건에 가해진 경제적 충격이나 혼란에 맞선 자본주의 체제의 대응 수단이라 할 수 있다. 1973년의 저 유명한 '석유 파동'으로 말미암아 빚어진 인플레이션을 예로 들어 보자. 당시 석유수출국기구(OPEC)는 석유 가격을 갑자기 배럴당 3달러에서 11달러로 올리더니, 1980년 이란 혁명 이후에는 배럴당 13달러에서 28달러로 인상했다. 그러나 이제 석탄 관련 회사들이 석탄 카르텔 같은 기구를 만들어서 갑자기 석탄 가격을 네 배로 올린다고 가정해 보자. 과연 석탄 카르텔이 인플레이션을 일으킬 수 있을까? 바보 같은 질문이 아닐 수 없다. 석탄 가격 인상은 대규모 불황을 야기할 뿐이다. 광산은 폐쇄되고, 제철소는 문을 닫고, 화물 운송량은 줄어드는 식으로 말이다. 상상이기는 하지만 도저히 부정할 수 없는 이런 시나리오를 통해 비로소 문제가 무엇인지를 정확하게 파악할 수 있다. 바로 1873년과 1973년 사이에 어떤 변화가 있었기에 에너지 가격의 갑작스러운 인상이라는 동일한 충격이 어느 경우에는 불황을 야기하고, 어느 경우에는 인플레이션을 초래하느냐는 것이다.

여기에 대한 답이 그리 어렵지는 않다. 전 세계적으로 자본주의의 사회 경제 구조에 심대한 변화가 일어났다는 것이다. 그 중에서 가장 중요한 것은 거대하고도 강력한 공공 부문의 등장이었다. 이제 모든 서구 자본주의 사회에서는 공공 부문이 전체 지출의 30~50퍼센트, 경우에 따라서는 그 이상을 차지하게 되었다. 이와 같은 공공 지출 덕분에 전에는 존재조차 없었던 경제 활동의 장이 마련되었다. 이런 거대 공공 부문의 등장만으로도 불황의 위협이 상존하는 세계가 인플레이션의 우려가 상존하는 세계로 변모하기에 충분했다.

물론 과거 경험을 통해 볼 때 공공 지출의 장이 마련되었다 하더라도 불황이 오는 것을 미연에 모두 방지할 수 있는 것은 아니다. 다만 공공 지출을 통해 경기 침체가 더 심각한 불황으로 쉽게 번지는 일만은 없도록 시장 체제가 작동하게 되었다는 정도의 차이가 있을 뿐이다. 이 모두가 사회보장, 실업보험, 예금 보장 같은 정부 지원을 통해 생산과 고용의 하락세를 제어할 수 있게 된 덕분이다. 비록 경기 침체에서 벗어나야 한다는 숙제는 여전히 남아 있지만 자칫 악순환에 빠져 바닥을 알 수 없던 불황을 조절할 수는 있게 되었다.

지난 세기 동안 자본주의에 닥친 거대한 변화의 두 번째 양상은 민간 부문의 세력 증대였다. 흡사 거대한 빙산과도 같은 대규모 조직이 나타나서 민간 기업과 노동계를 장악했다.

대규모 민간 조직의 출현은 오늘날과 같은 인플레이션 성향(inflation propensity)을 가속화한 중요 요인 중 하나였다. 예전에는 인플레이션이 최고점에 이르면 대개는 장기간의 디플레이션이 뒤따르곤 했다. 예를 들어 19세기 후반 내내 물가는 불규칙적으로 하락 추세를 보였다. 왜 그랬을까? 당시만 해도 농업 부문에 대한 경제의 의존도가 지금보다 훨씬 높았다는 것이 이유 중 하나였다. 농산물 가격은 언제나 공산품 가격보다 변동폭, 특히 하락폭이 크게 마련이다. 이 때문에 공업 부문이 지배하는 산업 사회는 가격 하락 경향이 농업 사회보다 훨씬 덜할 수밖에 없다. 두 번째로는 공업 부문의 특성도 달라졌다는 점을 들 수 있다. 20세기 초반까지만 해도 경기가 좋지 않을 때에는 대기업들조차 임금을 일률적으로 삭감하는 일이 드물지 않았다. 게다가 기술의 발전과 경쟁 기업 간에 끊임없이 벌어지는 치열한 가격 경쟁으로 말미암아 가격도 떨어지는 추세였다.

하지만 이런 흐름은 이제 경제사의 어느 한 구석에서나 찾아볼 수 있을 뿐이다. 오늘날 국내총생산(GDP)에서 농업이 차지하는 비중은 미미하다. 또 기술 발전의 결과 제조 원가가 지속적으로 낮아졌고, 경우에 따라서는 (지난 10년 동안 컴퓨터 분야에서 나타난 바와 같이) 극적일 정도로 대폭 인하되었다. 그러나 이와 같은 비용 인하가 제2차 세계 대전 이후 나타난 임금과 가격의 하방 경직적 성격, 즉 임금과 가격이 (기술 혁명이나 시장 붕괴 같은 아주 예외적인 경우를 제외하고는) 오르기만 할 뿐 절대로 떨어지지 않는 톱니 효과(ratchet effect)가 나타나면서 상쇄되어 버렸다. 정상적인 경우라면 대개의 기업에서 임금의 톱니 효과가 작용한다. 기업과 노동 세력의 집중화로 말미암아 상호 파멸적인 투쟁에 대한 우려가 높아지면서 임금과 가격은 한 방향으로, 즉 오르는 방향으로만 움직이게 되었기 때문이다. 그에 따라 대기업들은 이제 경영 여건이 아주 좋지 않거나 죽기 살기 식의 처절한 경쟁이 벌어지지 않는 이상 임금이나 가격을 인하하지 않게 되었다.

여러 가지 경제적 문제로 걱정하면서도 정작 인플레이션은 근심하지 않던 우리 부모나 조부모들의 세계가 지금에 와서는 인플레이션이 발생할지도 모른다는 불안을 떨쳐 버리지 못하는 세계로 바뀌게 된 것은 바로 이런 과정을 통해서였다.

하지만 벌어질 가능성이 있는 것과 실제로 벌어지는 것은 전혀 다른 문제이다. 이제 그 간극을 메우기 위해서 과거 불황기에 주가 폭락이나 예상치 못한 기업 도산이 어떤 식으로 경제 체제를 흔들었는지를 알아볼 필요가 있다.

미국에서 최초로 인플레이션을 자극한 것은 아마도 베트남 전쟁으로 말미암은 정부 지출의 증대일 것이다. 당시 미국 정부는 통상 인기가 없게 마련인 조세 부과 대신 정부 차입이라는 근시안적인 방법으로 재정 부족분을 충당했다. 두 번째로 다른 나라에서 인플레이션이 일어나도록 강한 자극을 준 요인은 미국이 당시의 막강한 힘을 이용해 다른 나라들에게 대외 채권 채무 결제 시 금 대신 달러를 사용하도록 강요했기 때문이다. 이로 말미암아 다른 나라들이 달러 보유액을 확대하게 되었고, 이렇게 보유한 달러를 미국의 수출품을 사들이는 데 사용하면서 결국 미국 국내의 가격 수준에까지 영향을 끼치게 되었다. 그 밖에 석유 파동이 미국 국내 물가 수준에 어느 정도 엄청난 영향을 미쳤는지는 이미 살펴보았고, 가상이기는 하지만 1870년대의 '석탄 파동'에 따른 불황 유발 효과와 석유 파동의 인플레이션 유발 효과도 비교해 보았다.

이제 석유 파동이 이처럼 광범위하게 파급되도록 한 주요 요인이 무엇인지에 주의를 돌릴 필요가 있다. 이는 정부가 사회보장 대상자를 보호하기 위해서 전년도 생계비가 올라가면 그에 비례해 연금도 늘려 지급하는 식으로 연금을 생계비와 '연동(indexing)'함으로써 빚어진 결과였다. 이와 유사한 제도가 바로 민간 대기업의 임금이나 급여에도 확산되면서 물가가 오르면 자동적으로 근로자들의 소득도 늘어나게 된 것이다. 그에 따라 국익 차원에서 구매력을 약화시켜야 할 때 오히려 구매력을 더 높이면서, 슬프게도 인플레이션에 대항하기 위해 선의에서 비롯된 정부의 노력은 결과적으로 인플레이션의 생명력을 강화하는 역할을 하게 되었다. 이때 인플레이션으로 불어난 소득에 부과하는 세금을 늘림으로써 더 효과적으로 국가적 복표를 달성할 수도 있었다. 하지만 문제는 세금 인상이 유권자들이 좋아하지 않는 정책이라는 것이다.

이런 구조적 문제에 휩싸인 인플레이션의 소용돌이 속에서 어떻게 벗어날 수 있었는가? 그 방법 중 하나는 순전히 운이 좋았다는 것이다. 1970년대에 인플레이션을 유발했던 주요 동인은 경제 외부에 있었다. 경제학적 용어로 표현하면 외부 충격의 결과인 것이다. 인플레이션을 일으킨 원동력의 대부분은 유가 상승에서 비롯되었는데, 유가 상승의 원인 자체가 중동에 있었지 미국 경제에 있지 않았다. 또 농산품 가격이 계속 상승 추세였다는 점도 중요하다. 이는 이상 기온의 영향도 있었지만 개발도상국에 심각한 식량 부족 사태가 빚어진 결과이기도 했다. 세 번째 요인은 전 세계적인 호경기로 말미암아 원자재 가격이 전반적으로 상승 추세였다는 점이다. 이런 외부 충격들이 지속적으로 인플레이션을 자극한 데다 여기에 물가 상승률에 소득이 연동되는 제도가 더해지면서 인플레이션이 경제 체제 전반으로 번지게 되었다.

이와 같은 상황에서 행운이 따랐다. 1980년대 들어 이런 외부 충격들이 사라진 것이다. 유가의 경우 석유수출국기구에서 너무 높게 정하여 생산이 급증한 데 비해 소비는 극적인 절감이 이루어졌고, 그에 따라 유가가 배럴당 40달러에서 10달러를 간신히 웃도는 수준까지 낮아졌다. 농산물의 경우도 개발도상국의 인구 증가율은 완만해지고 농산물 생산은 늘어났다. 게다가 기상 조건까지 좋아 서서히 만성적인 식량 부족 상황에서 벗어나 식량 수출까지 가능하게 되면서 가격이 하락했다. 원자재의 경우 역시 1980년대 초반부터 선진국들의 경기가 위축되면서 수요가 줄어들어 가격이 떨어졌는데, 심지어 구리는 대공황 당시의 가격 이하로 폭락한 사례가 나올 정도였다.

1980년대에 벌어진 이런 상황을 모두 고려할 때 인플레이션 압력은 최소한 반으로 줄었다고 할 수 있다. 하지만 이 중에서 미국이나 유럽의 정책 담당자가 이룬 것은 단 하나도 없었다. 인플레이션이 완화된 첫 번째 이유로 행운을 꼽은 것도 그 때문이다.

인플레이션이 완화된 두 번째 요인은 긴축 정책 덕분이었다. 인플레이션 문제를 해결할 수 있는 확실한 치유책이 있다는 것은 누구나 알고 있다. 그것은 바로 의도적으로 경기 침체를 조장하는 것이다. 그러나 그런 정책의 정치적 후유증이 두려웠기 때문에 1980년대까지는 그 누구도 긴축 정책을 시행하려 들지 않았다.

1980년대 초에 상황이 변했다. 카터 행정부 때 긴축 정책이 처음 시작되더니 레이건 행정부 때에는 더욱 강력히 시행되었다. 그에 따라 강력한 통화 긴축 정책이 펼쳐지고 이자율이 20퍼센트를 웃돌게 되면서, 드디어 원하던 장기간에 걸친 급속한 경기 침체가 나타났다. 이자율이 20퍼센트나 되면서 소규모 기업들은 운영 자금이 부족해도 대출할 엄두를 낼 수 없었다. 소비자들 역시 주택 구입 자금이나 가재 도구 할부 판매 등을 이용하기 어려웠다. 심지어 대기업조차 이자 비용 상승과 소비 수요 축소라는 이중고로 인해 심각한 자금 압박에 시달려야 했다.

이런 식으로 기대하고 희망하던 경기 침체가 시작되었다. 1982년에는 미국의 실업률이 11퍼센트까지 올라갔고, 유럽은 그 이상으로 상승했다. 이렇듯 실업률이 높아짐에 따라 경영 사정이 극도로 어려운 기업들 사이에는 과거 호경기 시절에는 듣도 보도 못하던 임금 삭감까지 실시되었다. 또 임금 인상 압력이 줄어들고 호경기 시절 확대를 거듭하던 시장이 불경기로 정체 또는 축소 경향을 보이면서, 급기야 경제사 책에서나 찾아볼 수 있으리라 생각했던 일마저 벌어졌다. 기업들이 가격 인하에 나선 것이다.

인플레이션 완화에 마지막 일격을 가한 것은 외국의 경쟁 압력이었다. 이는 강력한 통화 긴축 정책으로 말미암아 미국의 이자율이 치솟은 것에서 비롯되었는데, 그 진행 양상은 대략 다음과 같았다. 먼저 미국의 이자율 상승으로 미국 채권의 수익성이 높아지자 외국 투자자들이 미국 채권 투자에 나서게 되었다. 그러자 미국 국채를 비롯한 각종 채권을 매입하기 위한 외국 투자자들의 달러 수요가 늘면서 미국의 달러화 가치 역시 상승하게 되었는데, 이 같은 달러 가치의 상승은 결국 미국 제품의 가격은 높이고 외국 제품의 가격은 떨어지도록 만들었다. 그 결과 미국인들은 외국 잡화를 싼 값에 살 수 있는 쇼핑 관광에 나설 수 있게 되었는지는 몰라도, 외국인들은 미국 제품의 가격이 너무 올라 살 엄두를 내기 어려운 지경에 처했다. 외국과의 경쟁 압력은 이런 식으로 인플레이션 억제의 또 다른 원천으로 작용했다.

심리적으로 볼 때 인플레이션은 1980년대 후반에서 1990년대 초반 사이에 자산 가치가 폭락함으로써 종말을 고했다. 당시 일본과 대만의 주식 시장이 무너졌는데, 특히 일본 주식 시장의 하락폭은 실질적으로 1929년에서 1932년 사이 미국 주식 시장의 하락폭보다도 훨씬 더 컸다. 전 세계적으로 주택과 부동산 가격도 엄청나게 떨어졌다. 제2차 세계 대전 이후 계속되던 부동산 가격의 오름세가 끝난 셈이다.

행운과 통화 긴축 정책 덕분에 인플레이션 기대 심리가 근저에서부터 무너졌다. 두 자릿수에 달하던 인플레이션이 모습을 감추더니, 심지어 인플레이션이 없는 세상이 오면서 한 자릿수 인플레이션마저 사라졌다. 한때 매우 현실적인 문제이자 대단히 위험스러운 문제로 여겨졌던 인플레이션의 위협이 결국 이 장의 첫머리에 쓴 것처럼 서서히 자취를 감추게 된다.

인플레이션이라는 망령의 재출현

이렇게 해서 물가 공포는 종말을 고했다. 그렇다면 물가 공포 성향도 종말을 고한 것인가? 이와 관련해서는 역사적 맥락에서 살펴볼 필요가 있다. 대공황에서 벗어날 수 있었던 것은 제2차 세계 대전 발발로 인한 지출 확대 덕분이었다. 그러나 또 다른 공황을 방지하기 위한 사회보장이나 고용 보험, 복지 지원 확대 같은 제도는 1950년대에 이르러서야 만들어졌는데, 1980년과 1981년의 연이은 경기 침체에도 불구하고 과거처럼 경제가 악순환에 빠져 붕괴 위기에 몰리는 일이 없었던 사실로 볼 때 이들 제도는 효과를 발휘했다고 볼 수 있다.

따라서 경제 여건에 관한 한 지금이 가장 좋은 시절일지도 모른다. 물가 공포는 저 뒤편 어딘가에 있고, 불황에 효과적으로 대응할 수단도 마련되었고, 1980년대의 인플레이션 유발 요인들도 눈앞에서 사라졌기 때문이다. 그런데 이런 변화들 속에는 어딘가 우려스러운 부분이 있다. 이번 개정판을 내게 된 주요한 이유가 바로 여기에 있다. 우선 인플레이션 문제에서 이야기를 풀어 나가도록 하자. 걱정스러운 것은 물가 공포가 미치는 추가적인 영향인데, 여기에 대해서는 아직 설명한 바가 없다. 대부분의 경제 정책 담당자들은 인플레이션을 억제해야 한다는 것이 거의 강박관념이나 다름없다. 이는 다른 무엇보다도 전 세계 중앙은행 대변인들의 발표에서 잘 드러나는데, 그에 따르면 중앙은행들은 실업률이 적정 수준이라 여기는 범위를 벗어나기만 하면 이를 인플레이션 경향이 다시 촉발될 수 있다는 위협의 첫 신호로 받아들이고 서둘러 통화 긴축에 나서곤 한다. 베트남전과 석유 파동 이후 오랫동안 인플레이션을 겪으면서 얻은 가장 중요한 유산이라는 게 결국 '너무 높은' 고용 수준이 행여 '너무 급속한' 경제 성장의 결과는 아닌지 미심쩍어하는 버릇인 셈이다. 이렇듯 우리가 마주친 새로운 문제는 인플레이션이 아니라 인플레이션이라는 망령이다. 인플레이션 없는 경제 성장이 현실적으로도 가능한 데다 급변하는 경제 여건에서 그 필요성이 커지고 있는데도, 이를 억제함으로써 과거 인플레이션에 성공적으로 대처해 나갔던 성과를 퇴색시키고 있기 때문이다.

경제학자들이 전통적인 중앙은행의 견해에 이의를 제기하는 이유가 무엇인가? 첫째, 실업률이 공식 통계보다 상당히 높다는 점을 들 수 있다. 공식 통계에서는 전일(全日) 근무 직장을 구하려다 실패한 사람만을 '실업자'로 간주한다. 산업 인구의 5~5.5퍼센트에 해당하는 750만에서 800만의 노동자만이 실업자로 분류되는 것도 그런 이유이다. 그러나 여기에는 구직이 현실적으로 불가능하다고 여기고 포기한 500만에서 600만 명의 실업자는 물론, 전일 근무 직장을 구하지 못하고 파트타임으로 일하는 400만 명에 달하는 노동자도 포함되어 있지 않다.

이 모두를 합하면 약 5.5퍼센트라던 공식 실업률이 순식간에 10퍼센트를 웃도는 수준으로 상승한다. 여기에 일이 있을 경우에만 나오거나 한시적으로만 일하거나, 청부계약에 따라 일하는 자영업자 같은 불완전 고용 상태의 노동자가 1800만 명에 달한다. 마지막으로 인구조사에서는 나타나지만 노동 인구에는 포함되지 않는 노동 연령층의 실종 남성(missing males)이 거의 600만 명에 달한다. 이들 중 대다수가 제대로 된 안정적인 일자리만 나타나면 통계상의 사각지대에서 빠져나올 것이다.

한마디로 잠재적 노동력은 연방 정부가 산정한 것보다 훨씬 더 크다. 연방 정부가 나름대로 완전 고용에 가장 근접했으면서도 인플레이션 발생 우려가 없는 마지막 보루로 간주하는 숫자보다 약 15퍼센트 정도는 많은 것으로 보아야 한다. 1985년 이후 미국에서 창출된 일자리의 수는, 합법적 이민이나 아이들이 취업 연령이 되면서 자연적으로 늘어나는 노동력을 흡수하는 데 필요한 수치에서 볼 때 약 2000만 명에 달한다. 이 수치는 그동안 대단히 고무적인 것으로 받아들여졌으나, 사실 지금까지 간과되거나 아예 언급조차 되지 않았던 노동 인구가 배제된 수치라는 게 문제이다.

우리에게 닥친 새로운 문제 중 첫 번째는 이렇듯 발생할 것 같지도 않은 인플레이션의 위협이라는 망령에 사로잡혀 꼭 필요한 잠재적 성장 가능성을 거부하고 있다는 점이다.

이것이 한때 끝없이 계속될 것만 같던 저 두려운 공황과 마찬가지로, 인플레이션이라는 재앙 역시 결국은 종식되었다는 의미인가. 유감스럽지만 군대 재무장에 따른 호황이나 석유 파동의 재연처럼 인플레이션을 야기할 가능성이 있는 불안한 사태가 일어나지 않을 것이라고는 그 누구도 단언하기 어렵다. 다만 이런 사태는 하나의 가능성일 뿐 그다지 설득력이 없으며, 경험을 통해 억제 방법도 어느 정도는 이미 알고 있는 상황이다.

인플레이션이 과연 명백하게 현존하는 위협인가 하는 의문을 제기하는 데에는 파악조차 되지 않은 실업 인구나 불완전 고용 인구가 많다는 것 말고도 또 다른 이유가 있다. 세계화 문제를 설명할 때 살펴보겠지만, 현재 전 부문에 걸쳐 국제적인 경쟁이 확대되고 있다. 그속에서 미국 기업들의 가격 결정권은 갈수록 약해지고 있으며, 노동비용을 비롯한 각종 비용은 새로운 기술의 개발 덕분에 급격히 떨어지고 있다. 실질 노동 임금이 계속 낮아지는 이유가 바로 여기에 있는 것이다. 이런 상황에서 인플레이션을 우려한 경제 정책을 짠다는 것은 무리가 아닐 수 없다.

게다가 이 인플레이션이라는 망령은 노령자를 위한 연금이나 의료 지원 혜택 같은 사업에 투입되는 정부 지출을 제한하려 할 때에도 주기적으로 호출되곤 한다. 예상되는 인플레이션 후유증을 근거로 정부 지출의 증대 자체를 마땅찮게 만들어 결국에는 교육이나 사회기반시설, 연구 개발 같은 앞으로의 번영을 창출할 가능성이 높은 공공 부문의 사업 규모를 축소하는 것이다. 이는 민간 부문에도 영향을 미치는데, 기업들은 낮은 경제 성장으로 말미암아 공장이나 설비 투자는 물론이고 심지어 직원들에 대한 기술 훈련까지도 줄이게 된다. 또 불완전 고용 상태의 노동자들도 마찬가지로 자신의 교육에 투자할 비용마저 없을 정도로 낮은 급여에 시달리게 된다. 결국 인플레이션과의 전쟁은 미래의 번영을 이루는 데 필수적인 공공 투자나 민간 투자를 못하게 만드는 결과에 이를 뿐이다.

모든 사항을 고려해 볼 때 인플레이션의 시대는 지나갔다. 현재 필요한 것은 미래의 도전에 효율적으로 대처할 수 있는 방안을 추진하는 데 우리의 기존 관념이 방해가 되지 않도록 하는 것이다. 우리가 당면한 첫 번째 문제가 인플레이션이 아니라 인플레이션이라는 망령이라고 한 것도 이 때문이다. 우리가 이 망령에 얼마나 효과적으로 대처할 수 있을지는 앞으로 두고 볼 일이다.

16

소득 불균형의
확대와
재생산

　어떤 사람의 소득이 다른 어떤 사람의 소득보다 왜 많은지 사람들에게 물어보라. 아마 막대한 유산의 상속자이거나 이런저런 차별과 같은 환경의 희생자가 아니라면, 그만큼 벌었기 때문이라고 답할 것이다. 이는 사회에 기여한 만큼 사회로부터 되돌려 받는다고 대개의 사람들이 믿는다는 뜻이다.

　경제학자들은 똑같은 주장을 좀 더 현학적인 용어로 풀어 나간다. 경제학자들에 따르면 소득은 대체로 경제 흐름에서 서로 다른 각자의 한계 생산성(marginal productivity)을 반영한다고 하는데, 이는 각자가 자기 자신이나 남을 위해 수행한 가치(value)에 상응하는 소득을 얻게 되는 경향이 있다는 것을 빙빙 돌려 이야기한 것에 지나지 않으며, 그 가치가 얼마나 되는지는 개인이 투여한 재능, 기술, 의욕, 위험 부담 및 시장의 요구에 맞추기 위해 희생한 여가 시간 등 복합적인 요인에 따라 결정된다.

과연 이런 정도의 설명만으로 사회에서 실제로 접하게 되는 소득 분배 문제에 납득이 갈까? 앞에서도 종종 그랬듯이 이 질문의 답은 긍정적일 수도 있고 부정적일 수도 있다. 숙련공의 소득이 미숙련공의 소득보다 높다는 사실에서 확인할 수 있는 것처럼 대부분의 경우 소득이 개인의 생산성과 관계가 깊은 것은 사실이다. 하지만 생산성 차이만으로는 도저히 설명할 수 없을 정도로 소득의 격차가 큰 경우가 적지 않은 것 또한 사실이다. 심지어 운이 따르느냐 따르지 않느냐에 따라서도 커다란 차이가 생길 수 있다.

최상위층과 최하위층의 소득 격차

소득 기준으로 최상위 계층과 최하위 계층에서 이야기를 시작하도록 하자. 먼저 최하위 계층을 살펴보기 위해서는 3장으로 돌아가서 빈곤의 수준과 특성을 잠시 둘러볼 필요가 있다. 거기서 가장 두드러진 현상은 흑인 가정과 여성이 가장인 가계에서 빈곤층의 비율이 높다는 것이다. 경제학자들은 이 점을 어떻게 설명할까? 그들은 설명하지 못한다. 노예 제도와 차별의 역사가 현재에 어떤 영향을 미치고 있는지, 가장이 여성인 가정의 비율이 급증하는 이유가 어디에 있는지를 먼저 설명할 수 있어야 하는데, 이것은 역사학자나 사회학자의 영역이기 때문이다.

일단 가난한 상태에서는 빈곤의 악순환이 시작된다. 사람들이 가난한 것은 생산적인 기술이 없기 때문이다. 하지만 반대로 가난한 탓에 생산적인 기술을 익히는 데 필요한 비용을 부담하지 못하는 것이기도 하다. 빈곤층 젊은이들은 일을 해야 한다는 의욕이 별로 없다. 열심히 일하는 어른의 모습을 많이 보지 못했기 때문이다. 그 결과 열심히 일하는 어른이라는 역할 모델의 부재가 다음 세대까지 그대로 이어진다. 이런 식으로 원인과 결과가 뒤범벅이 되어 그 어떤 희망도 갖지 못하게 만든다.

가난한 이들 중 많은 수가 일터에서 밀려 나거나 스스로 그만두고 수입의 대부분을 정부의 이전 지급에 의존하고 있다. 결국 이들의 소득은 자신의 생산력이 아니라 다른 사람이 자선을 베푸는 정도에 따라 좌우되는 셈이다.

그렇다면 소득 수준이 최상위 계층인 백만장자들의 경우에는 어떤가? 생산성이 이들의 높은 소득을 설명할 수 있을까? 최상위 계층에서는 재산이나 자본 소득이 대부분이기 때문에 근로 소득이 중요하지 않다.

게다가 최상위 소득자의 반 정도는 물려받은 재산이어서 이들의 경우에는 개인의 생산성이나 기여도를 가지고 설명할 도리가 없다. 그러면 자신이 직접 재산을 벌어들인 나머지 반에 해당하는 백만장자들은 어떤가? 이들의 경우에는 막대한 재산에 대해 사회에 기여한 정도라고 설명할 수 있을까? 가능하다. 하지만 이는 전통적인 노동과 자본의 한계 생산성이 아니라 다른 방식으로 설명이 가능하다.

미시 경제 이론에 따르면 개인들은 소비가 아니라 저축을 통해, 그리고 저축에 붙는 이자를 통해 재산을 불릴 수 있다. 그런데 저축에 붙는 이자는 자본의 한계 생산성을 반영한다. 따라서 소비를 자제하면 어느 정도의 재산을 모을 수는 있어도, 엄청난 재산을 모으는 것은 불가능하다. 여기에는 의심의 여지가 없다. 예를 들어 당신이 10만 달러를 저축했다고 하자. 이것이 100만 달러가 되려면 얼마나 시간이 필요할까? 1996년 기준으로 물가 상승률을 차감한 실질 이자율은 2퍼센트 정도이고, 그 이자에는 소득세도 내야 한다. 결국 실질 이자율을 기준으로 할 때 저축한 10만 달러에 이자가 붙어 100만 달러가 되기 위해서는 적어도 100년 이상의 세월이 걸린다. 이에 반해 최상위 소득자의 대부분은 단기간에 엄청난 재산을 축적한다. 빌 게이츠(Bill Gates)는 채 20년도 지나지 않아 290억 달러의 재산을 모아 미국에서 가장 부자가 되었다. 도대체 어떻게 하룻밤 사이에 부자가 되는 것이 가능할까?

예를 들어 어느 기업가가 새로 특허를 얻은 상품을 제조하기 위해 공장을 짓고 기자재를 도입하는 데 100만 달러가 들었다고 하자. 그리고 은행에서 대출을 받아 공장을 짓고 상품을 제조해서 판매에 나섰는데, 그 이윤이 연간 30만 달리에 달했다고 하자. 이 경우 짧은 기간 안에 부가 축적된다. 자본 시장에서 실제로 어느 정도의 돈이 설비에 투입되었는지는 중요하지 않다. 단지 리스크가 비슷한 상태에서 어느 정도의 투자 수익률을 실현하느냐가 중요할 뿐이다. 만일 이런 식의 신규 제조업 투자 수익률이 10퍼센트라면 이 기업가의 설비는 순식간에 300만 달러의 가치를 지니게 된다. 10퍼센트의 투자 수익률을 기내하는 상황에서 30만 달러의 수익을 올렸기 때문이나. 이세 이 기업가는 은행에서 빌린 돈을 제외하고도 200만 달러에 달하는 재산을 갖게 되었다. 그가 거둔 수익이 금융 시장에서 자본 이득의 형태로 평가되면서 순식간에 백만장자의 위치에 올라서게 된 것이다.

표 | **남자 근로자의 교육과 평균 소득**(1996년 기준, 단위: 달러)

고등학교	
중퇴자	17,664
졸업자	25,056
대학	
중퇴자	29,136
졸업자	42,240
대학원	50,304

자료 출처: 미국 인구조사통계국

만약 시장 수요가 현재의 시설로 생산할 수 있는 것보다 더 많다면 이 기업가가 소유한 회사의 가치는 더욱더 높아진다. 주가는 현재의 투자 가치뿐 아니라 앞으로의 투자 기회의 가치까지 포함하기 때문이다. 이처럼 기업가의 재산은 노동력이나 자본의 한계 생산성이 아니라 해당 기업이 진출한 분야나 영역의 가치에 따라, 또 해당 제품이 진출할 수 있는 범위나 수준에 따라 달라진다.

소득 기준으로 최상위 계층과 최하위 계층을 제외하면 대부분의 미국인은 자신들이 생활을 꾸려 나가는 데 필요한 소득을 주로 일터에서 얻는다. 이 소득에는 개인의 생산성이 반영되어 있으며, 다음 표에서 보듯이 교육 수준과도 밀접한 관계가 있다.

가장 높은 소득을 올리는 변호사나 항공기 조종사, 예술가, 텔레비전 뉴스 진행자의 소득과 이들의 기여도를 보면 생산성이 소득을 설명하는 데 중요하다는 것을 알 수 있다. 우리는 (간호사 같은 직업외 급여가 그리 높지 않은 데 비해) 유명 운동선수나 가수가 엄청난 소득을 올리는 것을 '옳지 않다'고 생각하지만, 그렇다고 이것이 유명 운동선수나 가수의 사회 기여도가 시장 가격 기준으로 볼 때 높다는 사실을 부정하는 것은 아니다. 어느 누구도 이들의 경기를 보라거나 비디오를 사라고 강요하지 않지만, 모두 자발적으로 이들의 경기를 보고 비디오를 사려고 돈을 지불하고 있기 때문이다.

이와 달리 기술의 숙련도와 소득 간의 연관성은 생각만큼 밀접하지 않다. 예를 들어 '남자 근로자의 교육과 평균 소득' 표에 나타난 교육 수준에 따른 평균 소득은 그 편차가 상당히 심하다. (소득이 가장 높은 시절인) 45세에서 55세까지의 경우를 보면 고등학교를 졸업한 백인의 26퍼센트가 대학을 졸업한 백인의 평균 소득보다 높으며, 대학 졸업자의 21퍼센트는 고등학교 졸업자의 평균 소득보다 적은 것으로 나타났다. 평균 소득이 반드시 모든 사람에게 적용되는 것은 아닌 셈이다.

소득 분배 체계가 왜 이렇게 복잡한지를 이해하기 위해서는 최근 들어 소득 분배 형식을 극적으로 달라지게 만든 요인을 살펴볼 필요가 있다. 1973년에서 1995년 사이에 1인당 실질 국내총생산(GDP)은 (급속한 성장이라고는 할 수 없지만 불만족스러운 수치는 아닌) 39퍼센트가 늘어났다. 그런데 문제는 이런 성장이 계층별로 균등하게 분배되지 못했다는 것이다. 늘어난 소득의 대부분은 상위 20퍼센트의 노동력에게 돌아갔다. 이들을 제외한 일반 직장인인 80퍼센트에 달하는 노동력의 소득은 오히려 14퍼센트 줄어들었으며, 특히 남성의 소득이 여성의 소득보다 더 하락했다. 케네디(John F. Kennedy) 대통령은 일찍이 "파도가 높아지면 배 전체가 떠오르게 된다"라고 언급한 바 있다. 하지만 최근의 불균등한 소득 분배 체계를 볼 때 이 문구에 담긴 역사적 진실은 이제 더 이상 통하지 않는 것 같다.

소득 불균형의 요인들

이와 같은 소득 분배 체계의 변화가 전적으로 개인의 생산성 향상이 급격히 둔화된 데에서 비롯된 것이 아니라는 점은 분명하다. 생산성 외의 다른 요인들이 강력하게 작용하고 있기 때문이다. 세계화 현상을 가능하게 만든 교통 및 통신 기술의 발전도 그 중 하나인데, 이것은 다음 장에서 살펴볼 것이다. 사업 부문들을 해외로 내보내는 미국 기업들이 갈수록 늘면서 미국에서는 임금이 높은 일자리가 사라지는데, 지구 반대편에서는 미국보다 훨씬 낮은 임금의 일자리가 생겨나는 것도 문제이다. 숙련도가 비슷한 근로자의 임금이 저소득 국가에서는 올라가고 고소득 국가에서는 떨어지는 이런 경향을 경제학에서는 '요소 가격 균등화(factor price equalization)'라고 하는데, 이는 미국에서 철강 노동자라든가 제품 조립 라인의 숙련 내지는 반숙련 근로자의 소득에 대단히 불리하게 작용했다. 미국과 인도의 소득 수준에는 아직도 엄청난 차이가 있지만, 그렇다고 모든 계층의 소득이 다 함께 올라간 것은 아니다. 어느 계층은 올라가고 어느 계층은 내려갔다.

신기술 역시 저임금 근로자의 비율을 높이는 데 일정한 역할을 했다. 우선 컴퓨터와 생산 자동화로 말미암아 옛날식 공장 관리자 없이도 회사를 꾸려 나갈 수 있게 되었다. 또 효율적 업무 진행의 책임이 팀 단위로 넘어가면서 팀원들이 새롭게 주어진 의사 결정 책임을 제대로 수행해 나갈 수 있도록 교육과 훈련을 더 강화해야만 했다. 게다가 작업 현장의 재고를 최소화하는 관리 시스템인 간판 방식(JIT)이 도입되면서 여분의 부품을 관리하는 등의 (비용이 많이 드는) 전통적인 지원 업무가 쓸모없어졌을 뿐 아니라, 근로자들에게는 (새로운 통계적 품질 관리 기술 같은) 더 높은 수준의 수학적 지식을 요구하게 되었다. 이런 식으로 숙련 근로자의 수요는 늘어난 데 비해 비숙련 근로자의 수요는 줄어들면서 두 계층 간의 임금 격차는 더욱더 벌어지게 되었다. 고등학교 교육을 마친 백인 남성이 가장 큰 타격을 받은 것도 바로 이런 이유에서였다.

지금까지 검토하지 않은 사항 중에 별다른 영향을 미치지 못하는 것처럼 보이는 요인이 있다. 그것은 노동조합, 더 자세히 말해 산업별 노동조합의 힘이 급격히 약화되었다는 점이다. 노동조합이 절정기였던 1954년에는 민간 기업 노동자의 40퍼센트가 노조에 가입해 있었다. 하지만 임금 수준이 낮아지던 1973년에는 가입률이 30퍼센트 미만으로 떨어졌으며, 지금은 10퍼센트를 웃돌 뿐이다. (오랫동안 노동조합의 아성이었던) 자동차와 철강, 건설 부문조차 이제는 임금 교섭에서 핵심 역할을 해 내지 못하고 단지 얻을 수 있는 것만 챙기는 정도이다.

노동조합의 힘이 왜 이렇게 급격히 약화되었을까? 그 중요한 이유 중 하나는 1970년대 이래 제조업의 역할이 뚜렷이 약화되면서 강력한 조직력을 자랑하던 제조업 노동조합의 기반도 함께 약해진 데에 있다. 예를 들어 US 스틸의 경우 규모는 더 작으면서도 효율성은 더 뛰어난 새로운 제강 방식의 등장으로 심각한 타격을 입으면서 사업 영역을 다각화하지 않을 수 없었고, 그에 따라 1991년에는 회사 이름까지 USX로 바꾸면서 더 이상 철강이 주력 제품이 아님을 보여 주었다. (2001년에 다시 US 스틸로 이름을 바꾸고 철강에 주력하게 되었지만) 이 과정에서 수천 명의 철강 노동자가 일자리를 잃었고, 그에 따라 철강 노조 역시 힘이 약해졌다.

마지막으로 노동조합의 영향력을 얼마나 약화시켰는지 '수치'로 나타낼 수는 없을지 몰라도, 정치적으로나 심리적으로 커다란 영향을 끼친 한 가지 사건을 언급하지 않으면 안 될 것 같다. 1981년 미국 전역의 항공 관계자들 다수가 가입해 있는 항공 관제사 노동조합이 벌인 파업에 당시 미국 대통령 레이건(Reagan)의 조치가 그것이다. 레이건 대통령은 이때 모든 항공 관제 노조원들을 해고하고 비노조원으로 대체했는데, 이는 뉴딜 정책 시행 이래 강력한 노동조합 지지자로 여겨지던 미국 정부가 더 이상 그렇지 않음을 보여 주었다는 점에서 충격이었다.

이런 여러 가지 맥락에서 볼 때 노동조합의 세력 약화는 노동자 계층의 상대적 소득, 특히 산업 노동자 계층의 상대적 소득이 하락한 이유를 설명해 주는 주요 요인임에 틀림없다. 오늘날 노동조합 운동은 다시 전열을 가다듬기 위해 노력하는 중이지만 가까운 시일 안에 예전 같은 교섭력을 갖게 될 것 같지는 않다. 따라서 노동자의 임금 수준이 소득 분배 구조에서 예전 위치를 되찾기를 기대하기는 어렵다. 결국 소득 불균형이 사라지기를 기대하기는 아직 이른 셈이다.

그렇지만 상층부에서는…

그러나 이와 같은 원인 중에서 그 어느 것도 지난 10여 년 동안 소득 불균형이 심화된 이유, 즉 기업 내 최고 경영진의 소득이 급상승한 이유를 설명하지는 못한다. 1970년대에는 기업에서 사장의 연봉과 일반 근로자의 연봉 비율이 40 대 1을 약간 웃도는 수준이었다. 당시 일반 근로자의 평균 연봉이 2만 5000달러라고 하면, 사장의 평균 연봉은 100만 달러 수준이었던 것이다. 그런데 1990년에는 이 비율이 225 대 1로 급격히 높아졌다. 일반 근로자의 평균 연봉을 3만 5000달러로 추산했을 때 사장의 평균 연봉이 무려 800만 달러에 육박하게 된 것이다.

기업 경영진의 급여가 이처럼 급상승한 이유는 무엇일까? 여기서 다시 상대적으로 명료한 경제학적 설명 대신에 사회학이나 정치학적 통찰이라는, 확실성은 떨어져도 더 깊이 있는 설명을 들어 보자. 1950년대에서 1960년대에 이르는 기간 동안 기업 경영진에서 당시 해외 사회주의자들이 뿌려 대는 장밋빛 이미지에 근로자들이 현혹될지도 모른다는 우려를 가졌을 수 있음은 15장에서 언급한 바 있다. 경영진에서는 이런 사태를 방지하기 위해 시장에서 결정된 임금보다 더 높은 임금을 지불했는데, 이는 근로자의 애사심도 북돋우면서 효율성도 높일 수 있다는 측면에서 경제학자들 사이에서 '효율성 임금(efficiency wage)'이라고 불린다. 또 구체적인 증거가 있는 것은 아니지만 방어 전략의 또 다른 일환으로 근로자의 호의를 얻기 위해 경영진 스스로가 시장 가치보다 더 적은 보수를 감수했을 가능성도 있다.

이러한 설명이 사실이라면 소련의 몰락과 더불어 사회주의의 유혹이 사라졌을 때 이런 방어 전략 역시 존재할 필요가 없게 된다. 이제 경영진은 가능한 한 최대의 보수를 챙기면서도 어떤 거리낌이나 우려를 가질 이유가 없어졌고, 근로자에게 주는 효율성 임금도 불필요해졌다. 어쩌면 경제학자인 프랭크(Robert Frank)가 말한 "승자 독식

(winner takes all)" 시장의 형성도 이와 관련이 있을지 모른다. 승자 독식 시장에서는 최고 인기 가수나 최정상의 성악가 같은 극소수 사람들에게만 공연에 대해 엄청난 반대급부를 제공한다. 이런 상황에서 기업체 최고 경영자들이 자신의 가치를 마이클 조던이나 플라시도 도밍고와 견주어 본다고 해서 뭐 그리 놀랄 일이겠는가?

소득 불균형 문제를 악화시키는 또 다른 요인은 이와 같은 전례 없는 소득 격차를 사회적으로 용인할 수 있다고, 심지어 정당하다고 받아들인다는 점이다. 미국 건국 당시만 해도 소득 격차가 백 배나 난다고 하면 윤리적 규범이 총체적으로 무너진 것으로 여겼다. 그러나 19세기 중반에 이르러 경제생활의 영역에 차이가 나고 개인의 특성이 부각되면서, 합법적인 방법으로 이루어지기만 했다면 경제적 성공에 높은 보상이 따르는 것을 갈수록 당연하게 받아들이는 것은 물론이고, 심지어 부러움의 대상으로 떠오르게 되었다. 격동의 20세기에는 이런 경향이 더욱 확산되어 제약 자체가 없어졌을 뿐 아니라 이의마저 제기하지 않는 지경에 이르렀다. 이런 생각이 이제 우리 시대에 다시 되살아나는 것 같다. AT&T 사장이 4만 명에 달하는 근로자를 해고함으로써 회사의 수익성을 개선했다는 이유로 주주들이 1500만 달러에 달하는 보너스로 감사를 표하는 걸 보면 말이다.

이렇듯 빈부 격차가 갈수록 벌어지는 이유는 여러 가지가 있다. 하지만 소득 편차가 급격한 변화를 보이고 있다는 점에는 의문의 여지가 없다. 1976년만 해도 1퍼센트의 상위 계층이 22퍼센트의 부를 소유하고 있었다. 하지만 1992년에는 이들 1퍼센트의 상위 계층이 42퍼센트의 부를 소유하고 있다. 수치상으로 볼 때 미국 사회의 부의 편중은 1920년대로 되돌아간 것이다.

민족성 또는 국민성과의 연관성

이런 상황을 바꿀 수 있을까? 한 가지는 확실하다. 상황이 이렇게 된데는 많은 요인이 복합적으로 작용한 결과인 만큼 이를 개선하려면 조세 구조나 금융을 비롯한 여러 가지 사업 관행뿐 아니라 사회 규범까지도 바꿔야 한다는 점이다.

그러기 위해서는 두 가지 문제가 있다. 우선 우리가 과연 보다 공정한 소득 분배를 이루고자 하는지를 확인할 필요가 있다. 일부 경제학자들은 현 소득 분배 제도를 지지한다. 투자는 저축에 의해 촉진되는데, 현 소득 분배 제도는 소득 상위 계층의 저축을 장려하는 만큼 궁극적으로 우리 모두를 풍요롭게 만들 것이라는 근거에서이다. 하지만 솔직히 말해 이런 식의 불공정한 경제 체제로는 사회 전체의 복리가 증대될 것 같지는 않다. 소수 상위 소득자들의 투자 의향이나 투자 수준보다는 대다수 대중이 행사하는 구매력이 더 효과적이라고 보기 때문이다.

그다음은 더 당혹스러운 문제이다. 만약 우리가 더 공정한 경제 여건을 조성하는 것이 바람직하다 하더라도 이를 실현할 방법이 있느냐는 것이다. 물론 지금까지 소득 격차 신화를 사회적, 정치적, 경제적 측면에서 다각도로 검토한 것은 사실이다. 하지만 여기에는 한 가지 중요한 요인이 빠졌다. 그것은 소득 불균형을 두고 나라마다 받아들이는 태도가 다르다는 사실이다. 전반적으로 보면 미국의 소득 격차가 다른 선진국들의 소득 격차보다 훨씬 크다.

　1991년을 기준으로 선진국들의 빈부 격차 수준을 살펴보면, 평등주의적 성향이 가장 강한 핀란드의 경우 상위 10퍼센트가 하위 10퍼센트보다 2.7배 많은 소득을 올리는 것으로 나타나고, 이어서 노르웨이는 그보다 조금 높은 2.8 대 1이고, 네덜란드는 2.9 대 1, 캐나다는 3.8 대 1 정도이다. 그런데 미국은 5.7 대 1에 달한다. 상위 1퍼센트와 하위 1퍼센트를 비교한 것이 아니라 상위 10퍼센트와 하위 10퍼센트를 비교했는데도 미국의 빈부 격차가 가장 심하다.

　이런 상황을 어떻게 설명할 수 있을까? 유럽의 경영자들은 미국의 경영자들보다 '합리적'이지 못하거나 '자신의 이익을 극대화'할 줄 몰라서 그런 것일까? 아니면 유럽의 부자들은 자신들이 속해 있는 곳이 단순히 개인들이 모인 집단이 아니라 (민족 또는 국가라고 하는) 거대한 공동체 사회라고 받아들여서 그런 것일까?

　사실 지금은 사회 규범에 관한 한 나라마다 관점이 서로 다른 이유를 설명할 도리가 없다. 확실한 것이 있다면 프랑스의 자본주의가 이탈리아의 자본주의와 다르고, 이탈리아는 스웨덴과, 스웨덴은 일본과 다르다는 것, 그리고 이런 차이는 각 나라의 역사에 깊이 뿌리박혀 있어서 분배 구조에서 받아들일 수 있는 것과 받아들일 수 없는 것을 결정하는 데 강력하게 작용한다는 것 정도이다.

　이런 설명을 국가의 특성은 변하지 않는다는 의미로 받아들여서는 안 된다. 자본주의 체제를 운영하면서도 1930년대 이래 공정한 소득 분배 모델을 일구어 낸 스웨덴만 해도 19세기 말까지는 사회적 양심이라는 것을 찾아보기 어려운 나라였다. 또 미국만 해도 루스벨트

(Roosevelt) 대통령 시절에는 사회 정의의 기준을 마련하는 데 지금보다 더 많은 관심을 기울였다. 결국 정치적 기류가 변하면 그에 따라 경제적 행태도 바뀌게 되는 것이다.

문제는 정치적 공감대를 우리 마음대로 바꿀 수 있는 방법을 모른다는 것인데, 이는 어쩌면 다행스러운 일일지 모른다. 이를 달리 표현하면 국가라고 하는 거대한 배를 우리가 바라는 대로 조종할 수 있는 경제적 능력이 정치적 신념 덕분에 제한받는다는 의미도 되기 때문이다. 과연 미국의 소득 불균형이 장기간 지속될 것인가? 이 점은 확신할 수가 없다. 하지만 소득 격차 문제를 해결할 수 있는 새로운 체제를 마련하려면 먼저 대공황 당시와 같이 모두의 인식을 바꿀 수 있는 중요한 계기가 있어야 할 것 같다.

17

세계화로 인한
문제의
복잡화

불과 몇 년 전까지만 해도 경제
현상을 설명하는 것이 지금처럼 어렵지는 않았다. 그런데 이른바 세
계화라고 하는 극적이면서도 당혹스러운 변화가 생긴 후에는 상황이
완전히 달라졌다. 물론 세계화라는 용어 자체는 새로운 것일지 몰라
도 그에 따른 문제는 전혀 생소한 것이 아니다. 18세기 초부터 경제학
자들은 다른 국가에 진출하려 함으로써 빚어질 수 있는 문제에 대해
우려해 왔는데, 이는 본질적으로 세계화에 따른 문제라 할 수 있다.
그럼에도 우리 세대에 와서야 비로소 본격적으로 문제가 제기된 것은
두 가지 새로운 양상이 나타났기 때문이다. 그 첫 번째는 세계화가 지
금까지 꿈도 꾸지 못하던 수준으로 진전되었다는 것이다. 두 번째는
얼마 전까지만 해도 전 세계적 차원의 경제 문제에는 거의 관여할 생
각조차 하지 않던 나라도 이제는 적극적으로 개입하게 되었다는 것인
데, 이는 불과 10여 년 전에는 상상도 할 수 없을 정도로 '세계화'가

진전된 미국을 가리키는 것이다.

세계화에 따른 문제의 핵심은 단순해 보인다. 결국은 두 나라 (혹은 그 이상의 나라) 사이에 무역이 이루어지거나 다른 나라 영토 안에서 재화 및 서비스를 생산하게 되었을 경우 실질적으로 두 나라 모두에게 혜택이 돌아가는지, 아니면 어떤 한 나라가 다른 나라에 이용당하는 것인지의 문제이기 때문이다. 미국의 (수출액과 수입액을 합한) 대외 무역 총액이 국내총생산(GDP)의 5퍼센트에 불과할 당시에는 미국인들도 이 문제를 조용한 목소리로 토의할 수 있었다. 그렇지만 대외 무역 총액이 GDP의 25퍼센트를 웃돌고, 도요타나 혼다라는 브랜드가 GM이나 포드만큼 친숙해졌고, 하루 금융 거래액이 1조 3000억 달러에 달하는 지금에 와서는 그렇게 하기가 쉽지 않다.

세계화가 미국에 유리할까, 불리할까? 세계화는 이제 돌이킬 수 없는 것일까? 통제는 가능할까? 여기에 대한 답을 구하기 위해서는 앞에서 나온 내용을 참고하는 것도 유용하다. 하지만 세계화가 무엇인지 이해하지 못한 상태에서는 제대로 답을 찾기 어려우므로 이번 장과 세계화된 경제에서 통화의 흐름을 다룬 다음 장에서 세계화 문제를 자세히 살펴보고자 한다.

세계 시장의 출현

왜 갑자기 우리에게 세계화 문제가 닥치게 되었을까? 우선 가장 중요한 이유로 통신 기술의 발달을 들 수 있다. 이제 세계 어느 곳에서든 전화나 컴퓨터 화면을 통해 다른 직원과 대화를 나누는 것은 물론 공장 시찰도 가능하고, 대출 신청도 할 수 있고, 일상용품과 주식까지 사고팔 수 있게 되었다. 운송 기술의 발전도 상당한 역할을 했다. 과거 18세기에서 20세기 초반에 이르기까지 증기 기관차나 자동차의 발명으로 세계가 좁아진 것과 마찬가지로 비행기 여행 덕분에 세계가 더욱 가까워졌기 때문이다. 제트 비행기의 출현으로 1920년대에 샌프란시스코에서 뉴욕까지 여행하는 것보다 오늘날 북경에서 뉴욕까지 여행하는 것이 오히려 시간이 덜 걸릴 정도로 말이다.

그 결과 진정한 의미에서 세계 시장이 출현하게 되었다. 지금이라도 집 주변의 가게에 가서 상표를 확인해 보라. 거기에는 멕시코산 토마토와 중국산 셔츠, 인도나 대만산 소프트웨어, 칠레나 호주산 포도주가 즐비할 것이다. 심지어 '미국산'이라는 자동차조차 외국산 부품으로 조립한다. 이런 현상은 미국 시장에서만 볼 수 있는 것이 아니다. 파리나 스톡홀름, 요하네스버그에서도 사정은 똑같거나 경우에 따라 더할지도 모른다. 이렇듯 경제적인 면에서 보면 우리는 이미 거의 하나에 가까운 세계에서 살고 있다. 하지만 문제는 정치적인 면에서는 그렇지 않다는 것이다.

집을 떠나지 않고도 도쿄나 부에노스아이레스의 상점에서 파는 물건을 살 수 있는 세상에서 살게 되었는데 무엇이 문제인가? 소비자 처지에서는 대단히 좋은 일이다. 그러나 생산자 쪽에서 보면 두 가지 문제가 있다. 하나는 미국산 제품이 주당 40시간 노동이나 노동 착취 금지, 아동 노동 금지 같은 미국의 기준이 적용되지 않는 외국산 제품과 경쟁해야 한다는 점이다. 미국에서 미국의 기준을 지키면서 제품을 생산하는 기업에게 이것이 과연 '공정한 경쟁'이라 할 수 있을까?

그다음 문제는 미국 제품이 저렴한 외국 제품에 밀려나면서 일터를 잃게 된 미국 노동자들에게 어떤 일이 벌어지느냐는 것이다. 이미 설명했듯이 세계화 과정에서는 고임금 국가의 임금은 떨어지고, 저임금 국가의 임금은 점진적으로 상승 추세를 보이게 된다. 이는 투자 자본 수익률(returns on invested capital, ROC)의 경우에도 마찬가지이다. 세계화는 한마디로 균등화를 의미한다. 하지만 이와 같은 균등화는 어느 나라 안에서도 물의를 일으킬 소지가 다분하므로 여러 나라 사이에서의 균등화는 더더욱 문제가 될 수밖에 없다.

　예를 들어 미국이 몇 년 전 멕시코와 북미자유무역협정(NAFTA)을 체결했을 때 이미 알고 있었던 사실은, 미국보다 훨씬 낮은 임금을 무기로 한 멕시코산 의류의 공세로 인해 미국의 의류 산업이 심각한 타격을 입으리라는 것이었다. 협정으로 말미암아 일자리를 잃게 된 미국 노동자들이 다른 직종에 취업할 수 있도록 재배치하거나 재교육할 수 있다는 규정이 협정 안에 있었다면 그래도 상황이 조금은 나았을 것이다. 하지만 그런 조항은 없었다. 협정이 시행된 결과 예상대로 멕시코로부터 수입이 증가했고, 예상 밖에도 미국의 실업도 증가하게 되었다. 물론 미국의 실업 증가는 부분적으로 1995년에 대규모 무역 흑자가 적자로 전환되면서 빚어진 멕시코의 금융 위기 때문이었다. 그러나 엄밀히 말해서 이와 같은 뜻밖의 사태는 서로 간에 상대방의 시장 진입이 가능할 때 벌어질 수 있는 일 중 하나로, 현재의 세계화된 경제가 예전의 다국적 기업하의 경제보다 훨씬 위험한 요인이기도 하다.

　이렇듯 우리가 사는 세상은 세계화로 말미암아 경제적으로는 경쟁이 더 격화되고, 정치적으로는 더욱더 방어적인 태도를 갖도록 바뀌었다. 이 문제를 해결할 방법이 있을까? 있다고도 할 수 있고 없다고도 할 수 있다. 그렇기 때문에 문제가 더 복잡하다. 이 문제를 나중에 적당한 시점에 다시 논의하고자 하는 것도 그래서이다.

다국적 기업의 출현

세계화 과정에서 나타난 양상을 하나 더 살펴볼 필요가 있다. 세계화 과정의 주역인, 때로는 초국적(supernational)이라고도 하는 다국적(multinational) 기업의 출현이다. 이들은 전 세계 곳곳에서 사업을 벌이고 있다. 예를 들어 펩시콜라를 보자. 펩시콜라는 그 유명한 콜라를 미국에 있는 공장에서 다른 나라로 운반하지 않는다. 100개 이상 되는 나라의 500개 이상 되는 공장에서 직접 콜라를 생산한다. 따라서 멕시코나 필리핀, 이스라엘, 덴마크에서 펩시콜라를 산다는 것은 그 나라에서 제조된 미국 콜라를 사는 셈이다.

펩시콜라는 전 세계 곳곳에 퍼져 있지만 미국에서 매출액 기준으로 상위 20개에 들어갈 정도로 거대 기업은 아니다. 펩시콜라를 자동차 업체 포드와 비교해 보라. 포드는 60개의 자회사 중에서 40개가 해외에 근거지를 둔 다국적 기업으로, 최근 몇 년간 그 이윤의 3분의 1을 해외에서 거두어들였다. GM이나 IBM 혹은 거대 석유 회사 역시 마찬가지이다. 그 기업 구조를 살펴보면 자산의 상당 부분을 미국 외의 생산 시설에 투자한 다국적 기업이라는 사실을 알 수 있다. 좀 더 범위를 넓혀 미국의 100대 기업을 살펴보라. 그러면 최소한 3분의 2가

전 세계에 걸쳐 생산 시설을 갖추고 있다는 사실을 확인할 수 있다. 게다가 이와 같은 대기업들의 해외 생산량은 금액으로 환산하면 미국에서 생산해 수출하는 양의 두 배 이상이다.

국제적 생산이 급격히 성장하고 있음을 확인하는 또 다른 방법은 미국의 대외 직접 투자(foreign direct investment, FDI) 총액의 흐름, 즉 (미국이 보유하고 있는 외국 발행 채권이나 주식이 아닌) 외국에 있는 미국 소유의 공장과 장비의 가치를 따져 보는 것이다. 1950년도에 미국의 대외 직접 투자액은 110억 달러에 불과했다. 그런데 35년 후에는 1조 5000억 달러를 넘어섰고, 오늘날에는 거의 3조 달러에 이르고 있다. 게다가 이 수치는 단지 해외에 투자된 미국의 달러 액수만 나타낼 뿐, 이를 통해 통제 가능한 외국 자본의 가치는 포함되어 있지 않으므로 상향 조정할 필요가 있다. 예를 들어 가치 총액이 2000만 달러인 외국 기업에 미국 기업이 1000만 달러를 투자했다고 하면, 이 경우 미국의 대외 직접 투자액에 공식적으로 잡히는 것은 실제로 통제할 수 있는 2000만 달러가 아니라 미국 기업이 투자한 1000만 달러뿐이기 때문이다. 일반적으로 미국 대기업은 실질 자산의 4분의 1에서 2분의 1까지가 이런 식으로 해외에 투자되어 있다. 미국의 대기업은 사실상 세계적 대기업인 것이다.

이 같은 생산의 국제화 경향이 미국에서만 벌어지는 현상은 아니다. 다국적 기업의 경우 미국 기업이 (세계 상위 500개 대기업 중 153개에 달할 정도로) 가장 많은 숫자를 차지하고 있지만 (그 중 141개는 일본 기업일 정도로) 다른 나라 다국적 기업들로부터 심각한 도전을 받고 있다. 예를 들어 필립스는 네덜란드의 거대 다국적 기업으로 150개국에서 영업 활동을 벌이는데, 27만 명의 근로자 대부분이 네덜란드 외의 국가에서 일하고 있다. 또 쉘(Royal Dutch/Shell)은 네덜란드와 영국이 공유하고 있는 또 다른 거대 다국적 기업으로, 그 본거지가 네덜란드와 영국 두 나라에 나뉘어 있다. 네슬레 역시 스위스 소속인데도 그 매출의 대부분이 스위스 외의 지역에서 발생한다. 더군다나 스웨덴 자본의 투자 규모만으로 따지면 브라질의 상파울루야말로 스웨덴에서 두 번째로 큰 산업 도시라 할 수 있다. 심지어 피아트의 자동차 부문은 매출의 25퍼센트를 (이탈리아를 제외한) 유럽 지역에서, 40퍼센트를 (유럽을 제외한) 세계 각국에서 거두고 있다. 또 같은 피아트 계열의 뉴홀란드(New Holland) 농기계 부문이 이탈리아에서 거두는 매출은 7퍼센트에 불과하고, 피아트 소속 공장의 76퍼센트가 이탈리아 바깥 지역에서 가동되고 있을 정도이다.

몇 년 전 국제연합(UN)이 다국적 기업의 규모를 조사한 적이 있다. 그 결과에 따르면 "350개 다국적 기업의 1985년 거래 규모가 총 2조 7000억 달러에 이르렀다. 이 수치는 전 세계 GNP의 30퍼센트에 해당되며, 중국을 포함한 모든 개발도상국의 GNP보다도 수천만 달러나 많은 수치"라고 한다.[•] 이후 추가로 발표된 자료는 없지만, 다국적 기업의 규모가 더 커지고 점유율이 더 높아졌으리라는 사실은 충분히 미루어 짐작할 수 있다.

• Gerard Piel, *Only One World* (New York: W.H. Freeman & Co., 1992), p. 246 참조.

초국가 기업으로서의 다국적 기업

다국적 기업을 단순히 다른 나라 시장으로 진입하려는 외국 기업으로만 이해해서는 안 된다. 다국적 기업 중에는 자기 나라 시장을 확보하고자 해외에 자회사를 둔 기업도 적지 않기 때문이다. 예를 들어 멕시코에서 미국으로 수입되는 자동차를 비롯해 많은 제품이 멕시코의 저렴한 비용을 이용하기 위해 그곳에 진출한 미국 기업의 자회사가 생산한 것이다. 따라서 다국적 기업으로 말미암아 벌어지는 진정한 문제는 전 세계에 걸쳐 기술을 이동시키는 능력이라 할 수 있다. 자국 기업이 외국으로 기술을 넘겨 주고 있는 상황에서 기술적 우위를 지킬 수 있는 나라는 없다. "누가 '우리'에 속하느냐" 하는 새로운 정치 경제학적 문제가 빚어지는 것도 그 때문이다.

기업들이 해외 판매가 아니라 해외 생산에 뛰어들게 만드는 원인은 무엇일까? 간단히 이렇게 대답할 수 있다. 어떤 기업이 자국 안에서 성공했다고 하자. 그 과정에서 확보한 기술 및 관리 능력은 해외에서 경쟁하는 데에도 유리하게 작용한다. 그래서 수출을 시작하고, 그러다 보면 수출 비중이 늘어난다. 그런데 어느 시점에 이르면 해외에서 직접 생산하는 것이 더 유리하다는 사실을 깨닫는다. 해외에서 직접 생산하면 그 나라 시장을 더 잘 알 수 있는 만큼 고객 서비스도 강화할 수 있고, 운송비도 줄일 수 있고, 경우에 따라서는 관세까지 내지 않아도 된다. 하지만 해외에서 직접 생산하는 가장 중요한 이유는 임금이 상대적으로 낮다는 점이다. 이런 식으로 점차 제품을 배에 실어서 해외로 내보내는 대신에 자본, 생산 기술, 경영 기법을 수출하면서 다국적 기업이 된다.

세계적 대기업들은 갈수록 자신들의 시장이 국내가 아니라 전 세계라고 인식하게 되었다. 이제 자동차, 컴퓨터, 통신, 철강 부문에서의 경쟁은 세계 시장을 확보하기 위한 것이다. IBM이나 GM 같은 기업들이 전 세계를 원자재 '공급처'이자 생산 기지, 제품 판매처로 간주하는 것도 그 때문이다. 현대의 고도로 조직화된 생산 및 분배 체계 덕분에 판매는 가장 구매력이 높은 시장을 가진 나라에 집중하면서도 생산은 가장 저렴하게 생산할 수 있는 나라로 이동하는 것이 쉬워졌다. 미국인들이 홍콩이나 한국, 싱가포르에서 만든 부품으로 멕시코에서 조립한 다음 일본 제조업체 브랜드로 미국에서 팔리는 전자 제품을 사게 되는 것도 이런 과정을 통해서이다.

이 때문에 당혹스러운 결과가 빚어지기도 한다. 예를 들어 어느 나라가 경기 과열을 완화할 목적으로 통화 정책을 통해 이자율을 높여서 공장과 설비 투자를 줄이려 한다고 가정해 보자. 이런 상황에서 다국적 기업이 해외에서 자금을 조달해 투자에 나서게 되면 이 나라의 통화 긴축 정책은 허사로 돌아간다. 또 역으로 국내 경기를 진작시키기 위한 통화 정책이 정작 해외 투자 같은 형태로 다른 나라의 생산을 증대하는 결과를 빚을 수도 있다. 그렇다고 국가 간에 통화 정책의 조율을 주장하기도 쉽지 않은데, 이는 나라마다 경제적 필요가 다르기 때문이다. 어떤 시점에 한 나라에서는 타당한 정책이 다른 나라에서는 그렇지 않을 수 있는 것이다.

예를 들어 정부가 경기를 부양하고자 재정 정책을 펼칠 때 재화와 서비스 수요가 증가할 수도 있지만, 그 수요가 국내에서 생산되는 제품보다 수입 제품에 집중될 수도 있기 때문이다. 한마디로 정부 경제 정책의 효율성이 약화되는 것이다.

이렇게 해서 자국 내에서 일어나는 생산 활동을 통제하고자 하는 정부 견해와 나라에 관계없이 시장을 확보하고자 하는 강력한 초국가 기업의 상반된 견해가 대립한다. 이 같은 새로운 취약점은 두 가지 기묘한 형태로 나타난다. 어떤 나라가 새로운 기술과 경영 기법을 가진 특정 다국적 기업을 유치하고자 할 경우 해당 기업은 그들의 진출을 원하는 나라의 정부로부터 유리한 협상 결과를 얻어 낼 수 있다. 하지만 해당 다국적 기업이 일단 그 나라에 들어오고 나면 바로 그 순간부터 해당 국가의 인질이 되고 만다. 어떤 나라에 진입한 기업은 이제 그 나라의 법률을 준수해야 하고, 자신들의 '본국'과는 다른 정책을 따라야 하기 때문이다. 하지만 다국적 기업을 인질로 삼은 나라 자체도 전 세계적인 경쟁에 휘말리게 되는 뜻밖의 결과에 맞닥뜨린다.

일본의 경우를 살펴보자. 일본은 최근까지도 대기업에 채용되어 무사히 수습 기간을 마치고 나면 평생 고용이 불문율이었다. 그렇지만 일본에 진출한 외국 기업의 경우에는 일본 정부가 자국민들의 평생 고용에 따른 추가 비용을 지원하지 않는 이상 이런 관행을 따르기가 쉽지 않다.

게다가 일본식의 관대한 고용 관행이 없는 상태에서 새로 빠르게 성장하는 나라들과의 경쟁이 갈수록 치열해지는 새로운 양상이 전개되고 있다. 그에 따라 1990년대 후반 심각한 불황을 겪은 이후 일본 기업들은 기존의 관대한 고용 정책을 포기하고, 장기 고용 의무가 없는 시간제 노동과 같은 보다 저렴한 노동력을 활용하게 되었다.

수요 감소로 생산량을 감축해야 하는 다국적 기업의 경우에는 또 어떤가? 철저하게 경제적인 관점에 따라 의사 결정을 내린다면 이윤이 가장 적은 공장을 폐쇄하게 될 것이다. 그러나 어떤 공장이 폐쇄되면 해당 공장이 소재하고 있는 나라에 심각한 경제적 악영향을 미칠 수 있다. 그 나라 정부가 직접 나서서 특정 조치를 취하겠다고 위협할 정도로 말이다. 이런 경우 다국적 기업은 사업적 판단과 정치적 고려 중에서 어떤 것을 우선해야 하는가?

이와 관련해 새로운 사태가 극적으로 그 모습을 드러냈다. 1994~1995년 겨울 국제 금융 운용자들은 물론이거니와 심지어 멕시코 사람들마저 자국에서 대량으로 자금을 빼내 가기 시작했다. 이 같은 자금의 해외 유출을 막기 위해 멕시코 정부는 국제통화기금(IMF) 과 미국으로부터 거액의 자금을 조달할 수밖에 없었다. 하지만 그러기 위해서는 국제통화기금과 미국이 요구하는 엄격한 금융 및 재정 정책을 멕시코 정부가 받아들여야만 했다. 결국 멕시코는 국제통화기금과 미국의 요구를 받아들였고, 그에 따라 얼마 동안 독자적으로 경제 정책을 펼칠 권리를 상실하게 되었다. 1992년 여름에는 프랑스나 이탈리아, 영국같이 경제 규모도 더 크고, 경제적으로 더 부유한 나라들조차 이와 동일한 상황에 처한 적이 있었다. 이들 나라 역시 국제적으로 신뢰를 회복하기 위해 엄격한 금융·재정 정책을 시행하지 않을 수 없었다.

이 같은 주권 문제는 유럽공동체(European Community, EC)나 북미 자유무역협정 같은 지역 무역 공동체에서 민감한 형태로 제기된다. 50년에 걸친 유럽공동체 역사에서 볼 수 있듯이 이런 공동체가 성공하기 위해서는 나라들 사이에 서로 다른 법규를 조정해야만 한다. 기업이 동등한 조건 아래서 경쟁할 수 있도록 나라마다 동일한 법규를 마련할 필요가 있다. 그러지 않으면 기업은 규정이나 규제가 가장 없는 국가로 활동 거점을 옮기게 되기 때문이다. 그런데 이렇게 할 경우 법규를 변경할 수 있는 각국 정부의 권한이 제한받게 된다는 것이 문제이다. 예를 들어 유럽의 경우 1999년부터 유로라는 유럽 공통의 통화 제도가 시행되었다. 유럽 공통 통화가 시행되면 더 이상 중앙은행이나 정부가 이자율을 조정할 수 없다. 심지어 이탈리아의 리라화 같은 약세를 보이는 통화에 대해서조차 말이다.

문제의 본질은 국가 주권

과거에는 정부 정책을 통해 국내 경제가 국제화되는 현상을 막을 수 있었다. 하지만 제2차 세계 대전 이후로는 이것도 불가능해졌다. 경제 통합이 세계 대전의 발발 가능성을 낮추는 방편으로 인식된 데다가, 공산주의권을 봉쇄하기 위해서는 자본주의 경제를 세계화하는 것이 필수적이라고 여겼기 때문이다. 따라서 좋든 싫든 이제 세계화 현상은 돌이킬 수 없게 되었다.

오늘날 교통과 통신의 급속한 발전으로 말미암아 세계가 좁아진 것은 물론, 세계 경제 지체도 각국 정부의 의도와는 전혀 상관없이 창출되는 것이 가능하다. 한때는 각국 정부가 국경을 넘나드는 자본의 이동을 통제할 수 있었다. 그러나 컴퓨터를 이용해 자금을 이체하고, 바하마 제도에 가지 않고도 자본 거래를 할 수 있는 지금 상황에서 도대체 어떻게 자본 거래를 통제할 수 있겠는가?

다국적 기업이나 국제 금융 시장 같은 막강한 기관은 이제 경제가 세계화됨으로써 엄청난 기득권을 누릴 수 있게 되었다. 수출 산업에서 일하는 사람들은 국제 무역 규모가 줄어들 경우 직장을 잃는 경우가 생기므로 각국 경제가 독립적으로 운영되는 체제로 회귀하는 것을 반대한다.

오늘날 미국인들은 미국 경제 체제 속에서 일하는 것이 아니다. 이들은 비록 미국을 떠나 본 적은 없을지 몰라도 다른 나라 사람들과 더불어 물건을 사고, 팔고, 경쟁하는 세계 경제 체제 속에서 일하고 있다. 그렇다면 현재 엄청난 힘을 발휘하며 갈수록 확산되고 있는 경제의 세계화를 그저 지켜보기만 할 수밖에 없다는 말인가? 이미 알고 있겠지만 여기에 대한 답은 긍정적일 수도 부정적일 수도 있다. 세계화로 말미암아 새로운 문제가 드러나고 있는데도 그에 대해 효과적인 대책을 쉽사리 마련하지 못하고 있다는 사실은 이미 확인한 바 있다. 그렇다고 이 말이 아무런 조치도 취할 수 없다는 의미는 아니다.

요소 가격 균등화로 인해 임금 수준을 낮추라는 압력이 거세지고 있는 것은 사실이다. 하지만 여기에 대해서는 해당 노동자들에게 새로운 기술을 가르친다거나 재교육에 나서는 등 미시 경제적인 프로그램으로 대응할 수 있다. 정부가 연구 개발이나 사회기반시설 같은 공공재에 투자함으로써 경제를 보다 번영할 수 있도록 만드는 것도 가능하다. 여기에 덧붙여 최소한 세계화로 말미암아 어느 수준 이상으로 피해를 본 계층에게는 세계화로 혜택을 입은 계층이 도움을 주는 식으로 보상할 필요가 있다. 예를 들어 유럽공동체의 경우 노동 기준을 악화시키기보다는 개선하는 방향으로 나아가려 애쓰면서도, 다른 한편으로 회원국 사이에 더 많은 무역이 이루어지도록 노력하고 있다. 물론 선진국들이 아동 노동이나 노동 착취로 만든 제품에 수입을 금지하는 것은 타당하다. 선진국이든 후진국이든 모두 지켜야 할 인간적 기준이라는 것이 있기 때문이다.

이 모든 조치는 정치적 역량을 필요로 하는데, 여기서는 경제적 측면만 고려하고 정치적 측면은 언급하지 않기로 하자. 지금까지 살펴본 바와 같이 당면한 과제는 거대한 힘으로 진행되어 도저히 멈추게 할 수 없는 세계화 과정에 따른 긍정적 요인과 부정적 요인을 밝혀 내는 것이기 때문이다. 경제가 아무런 법적·사회적 제약도 없는 상태에서 제멋대로 흘러가게 놔두는 것보다는 미시적·거시적 과정을 통해 사회적으로 더 나은 결과를 낳을 수 있도록 제어하거나 유도하는 편이 낫다. 마찬가지로 세계화 역시 사려 깊은 개입을 통해 더 나은 방향으로 유도할 수 있는 과정으로 받아들여야 한다. 다국적 기업이 활동 중인 현재의 상황에서 실효성 있으면서도 누구나 받아들일 만한 개입 방안을 찾기 어려운 것은 사실이다. 그렇다고 해서 개입 방안을 찾지 않는다면 얻을 수 있는 것은 거의 아무것도 없다. 이미 세계화 과정에서 벗어나서 살기는 어렵게 되었다. 그러므로 발휘할 수 있는 모든 경제적·정치적 분별력과 감각을 토대로 이 과정을 원하는 방향으로 잘 이끌고 가는 것이 최선의 방책이다.

다국적 기업의 등장과 경제의 세계화로 인해 빚어진 새로운 문제의 본질은 단순히 국가 경제 간의 갈등이 아니다. 그 저변에 깔린 문제는 국가의 주권 자체를 다시 정의하는 데 따른 갈등이다. 다국적 기업과 경제의 세계화가 야기한 실질적인 고민은 경제 지도가 정치 지도와 딱 들어맞지 않는다는 데에 있다. 국가의 주권이 금융이나 생산이 국제적으로 확대되고 심화된 지점까지 미쳐야 하는지 아닌지 질문이 제기되는 것도 그래서이다. 이는 세계 시장을 어떻게 분할할 것인지와 같은 단순한 문제가 절대로 아니다. 21세기에는 국가 주권 자체가 어떻게 표현될 것인지의 문제이기 때문이다.

18

세계화
시대의
경제 정책

　　앞 장에서 세계화와 관련해 나타난 주목할 만한 현상, 즉 1조 달러나 되는 미국의 통화 규모가 별것 아니게 여겨질 정도로 거대한 시장이 새로 등장한 사실을 지적만 했을 뿐 구체적으로 다루지는 않았다.

　이 새로운 현상을 이해하기 위해서는 먼저 외환(foreign exchange) 문제에 익숙해질 필요가 있다. 세계화 과정에서 통화는 미국의 달러나 프랑스의 프랑과 같은 특정 국가의 통화만을 의미하는 것이 아니라 모든 국가의 통화 전체를 의미하기 때문이다. 다른 방식으로 설명하면 외환 규모란 어느 시점에서 다른 나라 통화로 교환할 수 있는 모든 나라의 통화 가치 총계를 나타내는데, 최근에는 그 규모가 어림잡아 300조 달러가 넘는 것으로 추산된다. 이것은 미국인들이 다른 나라 통화로 바꾸기 위해서 수표를 이 정도 규모로 발행했다는 의미가 아니다. 그보다는 전 세계 외환 시장에서 사고파는 모든 통화의 총 가치를 달러로 환산한 규모를 나타낼 뿐이다.

달러 가치의 산정

제2차 세계 대전 이후 30년 동안 대부분의 미국인들은 외환에 대해 생각해 본 적이 없다. 즉 달러가 외국 통화에 비해 어느 정도 가치가 있는지, 달러 '가치'는 어떻게 결정되는지를 거의 모르다시피 했다. 이는 미국 의회에서 1달러의 가치를 금 35분의 1온스(약 0.81그램)에 해당한다고 정한 상태에서 외국 정부가 자국의 통화 가치를 달러에 비례해 고정시켰기 때문이기도 하다. 이후 외국 정부는 자국의 통화 가치를 달러에 비례해 올리거나 내리는 식으로 수시로 조정하기는 했으나, 달러 그 자체는 외국 통화의 가치를 결정하는 기준으로 남아 있었다.

이 같은 상황은 1970년에 달러 역시 다른 외국 통화와 마찬가지로 달러에 대한 수요와 공급에 따라 그 가치를 결정하게 됨으로써 끝이 났다. 달러가 금과 같은 가치를 가지고 있다고 생각하던 수많은 미국인들은 이제 더 이상 그렇지 않다는 것을 알게 되었으며, 달러 가치가 급등했거나 급락했다는 사실이 신문 머리면의 주요 기사로 등장하기 시작했다. 도대체 무슨 일이 벌어진 것일까?

달러 가치가 치솟는다는 기사가 실렸던 1985년 이전으로 돌아가 보자. 종종 일본의 엔화나 독일의 마르크화, 영국의 파운드화 가치가 최저 기록을 갱신했다는 기사가 눈에 띈다. 이 기사들은 모두 똑같은 사실을 보여 주고 있는데, 그것이 과연 무엇일까?

국제 통화 시장에서 달러 가치가 높다고 해서 이것이 같은 액수의 달러로 미국산 재화나 서비스를 더 많이 구입할 수 있다는 의미는 아니다. 이는 매우 중요한 사항이므로 기억해 둘 필요가 있다. 같은 액수의 달러로 더 많은 재화나 서비스를 구입할 수 있는 것을 미국 내에서의 구매력 기준으로 달러 가치가 올랐다고 하는데, 이는 미국의 물가가 떨어지는 경우에만 해당된다. 반대로 같은 액수의 달러임에도 재화나 서비스를 전보다 적게 구입할 수밖에 없을 때에는 미국 내에서의 구매력 기준으로 달러 가치가 내렸다(혹은 낮아졌다)고 하는데, 이는 미국 물가가 올랐을 경우에만 적용된다.

하지만 국제 무역에서 달러 가치가 '높다'고 할 때에는 그 의미가 좀 다르다. 이때는 같은 액수의 달러가 더 많은 액수의 프랑스 프랑화, 일본 엔화, 폴란드 즐로티화로 교환된다는 뜻이므로 외국의 재화나 용역을 구입하는 비용이 줄어듦을 말하기 때문이다. 반대로 달러의 가치가 국제 사회에서 '낮다'고 하면, 이는 같은 액수의 달러가 과거보다 더 적은 액수의 외화로 교환됨을 의미하고, 따라서 외국의 재화나 용역을 구입하는 데 더 많은 비용을 치러야 함을 나타낸다.

예를 들어 설명하는 편이 좋겠다. 한 병에 20프랑 하는 프랑스 포도주는 미국에서 얼마나 할까? 이것에 대한 답은 달러화와 프랑화의 교환 비율, 즉 환율(exchange rate)에 달려 있다. 1980년대 중반만 해도 1달러는 10프랑 정도였으니 20프랑 하는 포도주를 사기 위해서는 (운송, 보험 및 기타 비용을 제외한다면) 약 2달러가 필요했다. 하지만 1990년에 들어 달러 가치가 '폭락'하면서 1달러는 5프랑 정도의 가치밖에 없게 되었다. 결국 20프랑 하는 포도주는 4달러가 되었다.

이렇듯 달러 가치가 하락하면 외국산 재화나 용역의 가격이 오르는 효과가 있고, 반대로 달러 가치가 오르면 외국산 재화나 용역의 가격이 내리는 효과가 있다. 외국 여행을 떠나기 전에 환율을 확인하는 것도, 그리고 환율이 자신에게 '유리' 하기를 희망하는 것도 모두 이런 이유 때문이다. 하지만 경제학을 공부하는 사람들이라면 항상 외환의 두 가지 측면을 모두 살펴볼 필요가 있다는 점을 잊지 말아야 한다. 바로 독일로 여행하고자 하는 미국인에게는 '유리한' 환율이 미국으로 여행하고자 하는 독일인에게는 '불리한' 환율이 된다는 점을 말이다.

그렇다면 이쯤에서 1990년대 중반에 불과 몇 달 사이에 1달러가 112엔에서 78엔으로 급락했다는 사실이 신문의 머리기사를 장식하던 시절의 뼈아픈 경험을 되새겨 보자. 당시 신문에서 자주 언급된 바와 같이 달러 '폭락'의 원인이 무엇이냐는 질문이 떠오를 것이다. 이 질문에 답하기 위해서는 다른 모든 가격 변화의 경우와 마찬가지로 먼저 수요와 공급 상황을 살펴볼 필요가 있다.

경상 거래 시장

여기서는 모든 국제 통화 거래를 두 가지 기본 시장으로 나누어 검토하는 것이 가장 좋을 것 같다. 이 두 시장을 잘 알게 되면 달러가 왜 폭락했는지 쉽게 이해할 수 있기 때문이다.

통화가 거래되는 첫 번째 시장은 기업, 개인, 혹은 정부 간의 경상 거래(current transactions) 시장이다. 여기서 달러 수요는 미국의 재화나 용역을 수입하고자 하는 외국인 및 외국 기업, 미국의 재화나 용역을 구입하기 위해 달러를 구하는 외국인 및 외국 기업, 미국 여행을 하고자 하는 외국인, 미국 내의 자국 대사관을 유지하거나 미국 군사 장비를 구입하고자 하는 외국 정부, 그리고 미국에 달러로 이윤이나 배당금을 송금하고자 하는 외국 기업이나 해외 소재 미국 기업으로부터 발생한다. 이런 모든 종류의 경상 거래가 성사되기 위해서는 마르크나 프랑, 엔화 보유자가 국제 통화 시장인 외환 시장에서 달러를 사들여야 하는데, 이는 대체로 은행을 통해 이루어진다.

물론 이것과는 정반대되는 이유로 외환 시장에 달러를 공급하는 미국인 집단이 있는데, 여기에는 일본 카메라를 수입하기 위해서 엔화를 구입하고자 달러를 내놓는 미국 수입업자, 미국에서 얻은 이윤이나 배당금을 해외 지사나 본사로 보내고자 하는 미국 기업이나 외국 기업, 이탈리아의 리라나 그리스의 드라크마, 스웨덴의 크로나를 사기 위해 달러를 팔고자 하는 미국인이나 해외 거주자들, 해외 소재 대사관 유지비로 사용하기 위해서 외화를 구입하고자 하는 미국 정부 등이 포함된다.

경상 수지(balance on current account)는 바로 달러에 대한 이 모든 수요와 공급의 합계로 구성되는데, 1971년까지만 해도 미국은 통상적으로 경상 수지에서 약간의 흑자를 기록했다. 결국 미국이 외국에서 구입한 것보다 외국에 판매한 재화와 용역이 더 많다는 뜻이다. 하지만 이후 1970년대 초반부터 외국에 판매한 것보다 외국에서 구입한 것이 더 많아지면서 경상 수지가 불규칙적으로 적자를 기록하기 시작하더니, 마침내 1980년대 초반부터는 규칙적이고도 대규모의 적자로 변했다.

경상 수지가 왜 흑자에서 적자로 돌아섰을까? 그 주요 원인 중 하나는 석유수출국기구(OPEC)에 의한 석유 파동에 있다. 석유 파동으로 인한 유가 급상승으로 말미암아 석유 구입에 필요한 달러 액수 역시 급속히 불어나서 1972년에 50억 달러이던 석유 수입 대금이 1974년에는 270억 달러로, 1980년에는 830억 달러로 급증했다. 그러니 연비가 좋은 외국산 자동차의 수입이 늘어난 것도 당연하다. 이 석유 수입 대금은 1990년대 후반에 가면 무려 1260억 달러에 이르게 된다.

그러나 미국의 경상 수지에, 더 정확하게 말하면 경상 수지의 구성 요소 중 하나인 상품 수지(merchandise balance)에 문제가 생긴 이유를 석유 파동에만 돌릴 수는 없다. 미국은 이미 오래전부터 다른 서구 선진국에 비해 경쟁력이 점점 떨어지는 모습을 보였기 때문이다. 이렇게 된 데에는 상당 부분 미국의 지지부진한 생산성에 그 책임이 있다. 그 결과 미국에서 기계류나 가전제품의 해외 수입은 갈수록 늘어났다. 다른 나라들이 미국과의 생산성 격차나 품질 차이를 좁히게 되면서 미국인들의 수입품 소비는 증가했지만 외국인들의 미국산 제품 소비는 줄어들었기 때문이다.

공급량이 수요량을 초과하면 가격은 하락하게 되어 있다. 마찬가지로 미국인들의 수입에 필요한 달러 공급이 외국인들의 미국 제품 수입에 필요한 달러 수요를 초과하면 달러 가치 역시 하락할 수밖에 없다. 이를테면 이는 물리학에서 중력의 법칙 같은 것으로 경제학에서는 도저히 부정할 수 없고, 부정해서도 안 되는 사실이다.

1980년대 중반에 (이유는 잠시 뒤에 설명하겠지만) 달러 가치가 높은 탓에 미국의 경상 수지 적자폭이 1980년 23억 달러에서 1986년 1160억 달러로 급상승했다. 이렇듯 외국인들이 미국의 재화와 서비스를 사려는 규모보다 미국인들이 외국의 재화와 용역을 사려는 규모가 더 커지자, 1986년부터 달러 가치가 떨어지기 시작하더니 1989년까지 무려 35퍼센트나 낮아졌다. 그 덕분에 미국에 수입된 외국 제품의 가격은 오른 반면에 외국에 수출된 미국 제품의 가격은 낮아졌고, 그에 따라 고통스럽기는 했으나 (무역외 수지 및 이전 수지와 함께 경상 수지의 구성 요소인) 무역 수지(trade balance)가 서서히 개선되기 시작해, 1990년 무렵에는 무역 수지 적자폭이 310억 달러로 줄어들더니 1991년에는 경상 수지까지 균형에 이르렀다. 그러나 1991년의 경상 수지 균형은 순전히 요행에 불과했다. 그해에 미국이 여러 나라에서 걸프전 분담금을 거두어들인 데다 불황으로 해외로부터 수입까지 줄어들었기 때문이다. 걸프전 관련 분담금이 없어지고, 1990~1991년의 불황에서 미국이 다른 나라보다 빠른 속도로 회복하면서 미국의 경상 수지 적자는 그 규모가 다시 급상승해 1995년에는 1510억 달러에 이르렀다. 그런데 놀랍게도 이와 같은 막대한 경상 수지 적자에도 불구하고 1996년 봄 달러 가치가 '붕괴'하는 일은 벌어지지 않았다.

자본 거래 시장

달러 가치는 하락하다가 다시 올라갈 수 있다. 게다가 미국인들이 달러를 사고파는 이유가 경상 거래를 위해서만은 아니다. 자본 거래를 위해서 달러를 비롯한 여러 통화를 취급하는 자본 거래 시장이라고 하는 전혀 다른 독립된 시장이 있다. 여기서는 해외에서 공장을 짓거나 설비를 구입하거나, 혹은 다른 나라에서 발행한 채권이나 주식을 사는 것 같은 거래가 이루어진다.

이와 같은 자본의 흐름 중에서 첫 번째 부분은 직접 투자인데, 이는 (주로 다국적 기업인) 미국 기업이 해외의 공장이나 설비를 확장하거나, 외국 기업이 미국 내에서 공장이나 설비를 확장하고자 할 때 일어난다. 자본 시장에서 두 번째 부분인 투자는 다른 나라 주식이나 채권에 대해 포트폴리오 투자를 하고자 하는 경우에 이루어진다. 예를 들어 스웨덴 기업의 주식이나 독일 정부의 채권을 구입하고자 하는 미국인, GM의 주식이나 미국 국채(US treasury bonds)를 구입하고자 하는 외국인들이 이런 투자자에 해당한다. 하지만 가장 중요한 것은 외국 정부 또한 미국 국채를 사고팔 수 있다는 점이다. 만일 외국 정부가 미국 국채를 사고자 하면 사실상 달러는 수요가 늘고, 해당 국가의 통화는 공급이 증대한다. 그에 따라 달러 가치는 올라가는 데 비해 해당 국가의 통화 가치는 떨어진다. 그리고 반대로 외국 정부가 미국 국채를 팔게 되면 정확히 그 반대의 현상이 나타난다.

바로 이 직접 투자와 포트폴리오 투자를 경상 수지에 더하면 전반적인 외환 흐름이 역전할 수 있다. 1970년대에는 미국 기업이 해외 생산 시설을 대폭 확대했다. 이로써 자본 수지 부문에서 미국의 외환 수요가 급증하였으나 경상 수지 부문에서 미국 달러에 대한 수요 증가가 있어서 어느 정도 상쇄될 수 있었다. 그런데 1980년대 초반에 이러한 자본 흐름이 급변했다. 이는 부분적으로 미국 기업의 해외 진출은 점차 줄어들었는데 유럽이나 일본 기업의 미국 진출은 증가한 탓도 있지만, 그보다는 외국의 포트폴리오 투자 자금이 전례 없이 미국 내로 유입되었기 때문이다. 1980년대 초반 미국 연방준비위원회는 인플레이션을 잡기 위해 강력한 통화 긴축 정책의 시행에 들어갔다. 그 결과 3개월 만기 미국 국채의 이자율이 14퍼센트를 웃돌 정도가 되면서 경기가 둔화되고 인플레이션도 하락하자 미국 국채를 비롯해 여타의 미국 채권에 투자하고자 하는 자금이 해외에서 미국으로 막대하게 유입되기 시작했다. 이자율은 높으면서도 인플레이션은 떨어졌고, 거기에 정치적으로 안정되어 있는 호기를 놓치지 않기 위해서였다.

이렇듯 해외에서 유입된 엄청난 자본으로 말미암아 외환 시장이 자율적으로 바로잡히지 않게 되었다. 만약 외국으로부터 수입은 여전한 상태에서 미국의 수출이 부진하다면 그 가치를 낮추도록 달러에 계속 압력이 가해질 것이고, 이에 따라 마르크나 엔과 같은 외화에 대한 달러 가치가 떨어지면서 미국의 수출품 가격은 낮아지고 외국의 수입품 가격은 올라가게 되었을 것이다. 그리고 그 결과 어느 정도 시간이 지나면 경상 수지 적자폭이 균형을 이루게 되거나, 아니면 적어도 상당한 정도의 개선은 이루어질 수 있었을 것이다.

그런데 국제적인 자금의 대량 유입으로 말미암아 이것이 불가능해졌다. 아니, 달러 가치가 떨어지는 대신 오히려 올라가면서 세계 경제에서 미국의 지위를 더 이상 지탱할 수 없을 정도로 경상 수지 악화가 심화되었다. 미국이 생산성 때문이 아니라 고공비행을 거듭하는 달러 가치 때문에 가격 경쟁에서 형편없이 밀려나 국제 시장에서 나오되는 것이 아니냐는 우려까지 나올 정도였다. 달러 위기가 이렇듯 심화되자 1985년에는 서구 주요 국가의 재무장관과 중앙은행장들 사이에 회담이 열렸고, 여기서 자국 수출업자의 이해와는 배치되더라도 달러 가치를 낮추기 위해 유럽 및 일본의 중앙은행이 일제히 국제 통화 시장에서 달러를 팔기로 합의했다. 이는 달러로 표시되는 석유 같은 제품의 가치가 계속 상승해서 자칫 자국에 인플레이션이 유발될 가능성을 방지하는 동시에, 미래에 달러가 붕괴되는 사태가 닥치는 것을 막기 위해서였다.

달러 가치의 적정 수준

미국인으로서가 아니라 경제학자로서 외환 문제를 검토해 보자. 달러라든가 혹은 다른 통화에 과연 '적정한' 가격이 있을까?

다른 많은 경제 문제와 마찬가지로 여기에도 정치적 해답이 있을 뿐이다. 통화의 교환 가치는 서로 다른 개인이나 집단, 지역에 대해 여러 가지 방식으로 영향을 미치기 때문이다. 달러 가치가 떨어졌다고 해 보자. 확실히 자국 돈으로 미국의 재화나 용역을 사려는 외국인의 경우에는 좋은 일이다. 미국 여행 비용이 저렴해질뿐더러 미국산 제품도 싸게 구입할 수 있다. 심지어 미국의 주식이나 공장에 투자하는 것도 더 유리해진다. 그리고 미국의 수출업자나 호텔 관리자, 주식 보유자를 비롯해 외국인에게 무언가를 팔고자 하는 모든 미국인에게도 여기에 따른 혜택이 돌아간다.

그러나 달러 가치 하락이 어떤 집단에게는 피해를 주기도 한다. 외국을 여행하는 미국인은, 물가가 무시무시하게 오른 사실을 깨닫게 되고, 미국의 수입업자들과 그 고객들은 외국산 카메라나 자동차, 스웨터 등이 비싸졌다고 느낀다. 또 해외 투자를 생각하는 미국 기업들은 더 많은 달러를 지불해야 하므로 주저하게 된다. 미국인 여행객이나 미국의 소비자와 투자자에게는 달러 가치 하락이 부정적인 영향을 미치게 되는 것이다.

달러 가치 상승으로 혜택을 보는 집단보다 달러 가치 하락으로 혜택을 보는 집단을 더 중시할 이유가 있을까? 국가 전체의 복리적 차원에서 볼 때 어떤 특정 집단을 다른 집단보다 중시할 근거는 없다. 100만 명의 소비자가 카메라를 싸게 사는 것이 더 나을까, 아니면 10만 명의 철강 근로자가 더 높은 임금을 받는 것이 나을까? 단지 상충된 의견이 있을 뿐 딱 떨어지는 답은 없다.

달러 가치의 방어

범세계적인 차원의 외환 투기 문제로 돌아가기 전에 마지막으로 점검해야 할 사항이 있다. 그것은 환율 제도의 안정성에 문제가 생길 경우 달러 가치의 방어가 가능한지, 즉 스스로에게 가장 유리해 보이는 방향으로 달러 가치를 높이거나 낮추는 식의 정책을 시행할 수 있는지의 여부이다. 먼저 달러 가치가 하락하는 경우부터 살펴보자. 달러의 가치 하락은 언제나 달러의 가치 상승보다 좋지 않은 것으로 간주되니까 말이다. 과연 달러 '약세'의 상황에서 무엇을 할 수 있을까?

아주 쉽게는 수입이 늘어나지 않도록 하는 방안이 있다. 그래서 상품 수지가 유리해지면 틀림없이 달러의 수요와 공급 상황이 변하고, 그렇게 되면 달러 가치는 올라가게 된다.

이것이 과연 바람직한 정책인가? 여기에 대해서 경제적 판단이 아니라 정치적 판단에 따라 답할 수밖에 없다고 해서 그리 놀랄 필요는 없다. 단지 달러 가치를 방어하기 위해서만이 아니라 국력을 강화하기 위해서도 수입을 축소하고 싶은 품목이 있다는 것만큼은 확실하다. 예를 들어 석유를 수입하는 대신 (태양열 에너지나 석탄 같은) 국내 에너지원으로 대체할 수만 있다면, 혹은 에너지 절약 조치 등을 통해 석유 수입을 줄일 수만 있다면, 달러 가치에 도움이 되는 것은 물론이거니와 (석유로 인해 짊어져야 하는) 전략적 부담에서도 벗어날 수 있게 되는데, 이는 미국이 대단히 필요로 하는 것들이다.

그러나 해외에서 미국으로 값싼 신발이나 직물, 강철 같은 품목이 들어오는 것을 막음으로써 수입을 줄인다면, 이는 비효율적인 미국 국내 산업을 보호하는 데에는 도움이 될지 몰라도 미국인 가계나 기업은 더 값싸게 신발이나 직물, 강철을 구입할 기회를 박탈당함으로써 부담만 늘어나는 꼴이다. 극단적으로 관세의 벽이 하늘 높이까지 솟아 있다고 상상해 보면 된다. 이 경우 어떤 재화도 미국으로 들어오지 못하는데, 이것이 과연 미국에 도움이 될까?

다른 측면에서 보면 수입 증가는 실업 증대로 이어진다. 수입으로 인해 일자리가 줄어들게 되는 산업 분야의 근로자들에게 보상을 하거나, 다른 업무를 맡도록 자리를 옮겨 주거나, 다른 일자리를 찾기 위한 재교육을 실시하거나 해도 결국 일부는 새로운 일자리를 찾지 못한 채 실업 상태로 남게 되기 때문이다. 해외 또는 국내의 경쟁 격화로 빚어지는 이 같은 인적 비용을 간과해서는 안 된다. 해외에서 값싼 철강, 자동차, 컴퓨터 등이 유입되면서 미국의 철강, 자동차, 컴퓨터 분야 근로자가 이미 50만 명이나 실직한 상태이다. 그렇다면 멕시코

와의 북미자유무역협정은 어떻게 평가해야 할까? 소비자에게 혜택이 돌아가리라는 점은 의문의 여지가 없다는 이유로 타당하다고 받아들여야 할까? 아니면 미국 내의 실업을 초래할 가능성이 분명하다는 이유로 거부해야 할까?

이는 정말 쉽게 답하기 어려운 문제이다. 산업의 조정이나 전환이 필요할 때 정부의 효과적 지원과 더불어 근로자 재교육이 제대로 이루어지기만 한다면 북미자유무역협정은 지금보다 훨씬 더 나은 모습을 보일 것이다(이는 군수 산업의 감축 속도에도 똑같이 적용된다). 그런데 거의 모든 산업 국가에서 이 같은 지원이 이루어지고 있지만 정작 미국에서는 부족한 실정이다. 다시 한 번 강조하지만 민간 경제의 성패는 생각보다 훨씬 더 정부의 지원 시스템에 의존하고 있다.

많은 경제학자가 설명하는 바에 따르면, 더 저렴한 외국산 재화를 구매함으로써 비용이 절약되는 데 따른 이익에다가 자원과 노동을 더 효율적으로 이용함으로써 생기는 이익을 더하면 결국 실업에 따른 비용을 충당하고도 남는다고 한다. 그렇다면 외국에서 연봉이 낮은 경제학자를 수입한 다음 국내 경제학자들에게는 다른 직업을 찾도록 해보면 어떨까? 그래도 과연 동일한 결론을 내릴까? 흥미로운 질문이 아닐 수 없다. 이렇듯 일반적 통념에 입각해 살펴보기만 해도 달러 가치를 방어하기 위해 수입을 억제하는 것에는 이해관계가 충돌할 수밖에 없다. 결국 요지는 이 문제가 정치적 사안이라는 것이다. 이로 인해 과연 누가 이익을 보고, 누가 손해를 보는 것일까? 이 질문에 답을 얻기 전에는 경제학적인 측면을 따진다는 것이 불가능하다.

수출을 지원하는 것은 어떨까? 많은 나라가 외국에 자기 나라 제품을 더 싸게 팔 수 있도록 생산자들에게 갖가지 보조금을 제공하는 방식으로 수출을 촉진하고자 노력하고 있다. 미국 정부 역시 미국 상선(商船)에 보증을 하고, 미국 무기의 해외 판매에 따로 거래를 주선하는가 하면, 해외 원조 정책을 시행하면서 막대한 양의 미국 농산물이 팔릴 수 있도록 하고, 어떤 종류의 수출에 대해서는 지원을 하고 있다.

하지만 수입의 경우와 마찬가지로 수출 지원을 통해 달러 가치를 방어하는 방안에는 이렇다 저렇다 명확하게 답하기가 어렵다. 10억 달러의 무기를 외국에 유리한 조건으로 판다거나, 10억 달러의 식량을 저개발 국가에 수출하는 것이 모두 국익에 도움이 될 수는 있다. 하지만 이것이 정책적으로 시행되어야 할지 어떨지는 정책 자체의 타당성을 기반으로 판단해야 할 문제이다. 수출 지원 정책이 달러 가치를 방어하는 데 도움이 된다는 사실은 주된 고려 사항이 아니거니와 주된 고려 사항이어서도 안 된다.

수출을 지원하거나 수입을 억제하는 정책은 경상 수지에 영향을 미친다. 그런데 문제는 자본 거래를 위한 외환 시장도 있다는 점이다. 과연 미국이 여기에 개입해 달러 가치를 지원하거나 방어하는 것이 가능할까?

앞에서 설명했듯이 자본 거래를 위한 외환 시장에서는 기본적으로 두 가지 형태의 거래가 이루어진다. 첫째는 외국의 공장이나 설비를 비롯해 다른 실물 자산을 구입하는 직접 투자이고, 둘째는 외국에서 발행된 주식 혹은 채권을 구입하거나 아니면 외국 은행 계좌에 돈을 묻어 두는 포트폴리오 투자이다. 따라서 달러 가치를 방어하기 위한 간단한 방안 중 하나는 미국 기업의 해외 자산 구입을 가로막는 법안을 통과시키는 것이다. 정반대로 외국 기업이 미국 내에서 공장을 사거나 짓도록 장려함으로써 달러 가치를 끌어올릴 수도 있는데, 이는 앞의 방안과는 동전의 다른 면이라 할 수 있다.

"외국인을 축출하자!"는 구호에는 즉각적으로 엄청난 반응이 따를 것이다. 특히 일본 제조업체가 미국 땅에 있는 것을 원치 않는 미국인들과 미국 컴퓨터 회사가 일본 땅에 있는 것을 원치 않는 일본인들 사이에서 말이다. 하지만 경제학자들은 이 두 가지 경우 모두 주의를 촉구한다. 독일 기업이 미국에 투자한다고 하자. 이 경우 독일 기업의 투자가 미국에서 고용을 창출할지 여부야말로 그 가부를 판단하는 데 대단히 중요한 고려 사항이다. 이번에는 반대로 미국 기업이 해외에 투자한다고 하자. 이때는 그곳에서 발생한 이윤이 미국으로 송금되는지의 여부가 그 타당성 판정에서 반드시 고려해야 할 사항이다. 이런 이유 때문에 공정하고 자유로운 국제 투자의 흐름이 비록 단기적으로는 별다른 성과를 거두지 못할지라도, 장기적으로는 생산성을 높이고 경제 성장을 촉진하는 데 가장 좋은 방안이라는 점에는 일반적으로 경제학자들의 의견이 일치한다.

여기서 '공정하고 자유롭다'는 부분에 유의할 필요가 있다. 국가 간의 경제 협상에서는 이윤이나 고용만이 아니라 국력이나 전략 역시 고려해야만 한다. 투자를 검토할 때에는 정치적 요인이 경제적 요인보다 더 중시되기도 한다. 투자를 통해 선진국에서 저개발국으로 자본이 이동할 경우가 특히 그렇다. 이 경우에는 명확하게 일반화하기가 어려운 정치적, 경제적 문제가 혼재되어 있기 때문이다. 따라서 선체적으로는 국제 무역에서 그랬던 것처럼 시장의 움직임에 따르도록 하되, 사회적·정치적으로 중대한 문제가 발생했을 경우에는 그 해결이나 최소한 충격 완화를 위해 적극적으로 시장에 개입할 필요가 있다. 이런 견해가 엄밀한 법칙과는 완전히 동떨어진 것이기는 하지만, 이 불완전한 세계에서 공공 정책의 일반적 지침으로 제안할 수 있는 것 중에는 가장 좋은 것이기도 하다.

하나가 아닌 세 가지 문제

이렇듯 복잡한 문제를 어떻게 요약할 수 있을까? 경제학자인 블레커(Robert Blecker)가《쌍둥이 적자로부터 탈출(Beyond the Twin Deficits)》에서 여기에 대해 좋은 방안을 제시한 바 있다. 그에 따르면 국제 무역과 생산 부문에서 미국은 세 가지 문제에 직면해 있으며, 각각의 문제는 서로 다른 해결 방안이 필요하다고 한다.

첫 번째 문제는 당연히 미국의 경쟁력이 주요 경쟁국인 독일이나 일본에 비해 어떤 위치에 있느냐는 것이다. 여기서 중요한 것은 미국의 생산성 둔화인데, 이는 이미 널리 알려진 바와 같이 일본이 자국 시장의 개방에 소극적인 태도로 일관하면서 더 악화되고 있다. 하지만 일본 문제는 상대적으로 해결하기 쉽다. 일본이 미국에 수출하는 것과 동일한 조건으로 미국이 수출하는 것을 받아들이지 않을 경우 일본에서 미국으로 수출하는 물량에 그에 상응하는 추징금을 매기면 그만이기 때문이다.

그러나 생산성 문제는 쉽게 해결할 수 없다. 독일과 일본은 우수한 기술과 전략 말고도 국가의 전반적인 효율성을 증대하는 사회 정책을 강점으로 꼽을 수 있다. 일본과 독일은 (설비나 장비에 대한 투자는 물론이고 젊은이들 교육 및 대학 교육 미이수자의 훈련에 이르기까지) 생산성 향상에 필요한 물적·인적 투자와 더불어 정부와 산업 간의 적극적인 협력 관계의 일반화라는 측면에서 미국을 훨씬 앞지르고 있다. 게다가 앞 장에서 이미 설명한 적이 있지만 일본과 독일은 최근까지도 미국에서는 찾아볼 수 없는 노조와 경영자 간의 협조가 이루어져 왔으며, 일본과 독일 기업들은 거대한 국내 시장에 집중하는 미국 기업들과 달리 더 수출 지향적이다.

이런 사실로 미루어 볼 때 미국은 장기적으로 산업 경쟁력을 향상시킴으로써 경쟁 대상국들과의 무역 수지를 생산물이나 연도별로 균형을 이루어 내도록 해야 한다. 물론 이것이 하루아침에 이룰 수 있는 일은 아니다. 그렇다고 해서 완전히 불가능한 상황도 아니다. 미국은 1990년대에 자동차 및 반도체 부문에서 세계 최대 생산국의 위치를 되찾았는데, 이는 1980년대에는 거의 불가능한 것으로 여겨졌던 일이다. 또 미국은 현재 독일을 제외한 다른 유럽공동체 국가들과의 무역에서 흑자를 기록하고 있다. 반면에 독일은 저개발 상태의 '동독'과 선진 '서독'의 통합 과정에서 빚어진 심각한 문제와 포괄적인 사회보장 시스템을 유지하기 위한 막대한 경제적 부담으로 인해 경제적 우위가 크게 손상된 상태이다. 아시아 경제의 경우에는 1929년에 미국이 겪었던 것과 같은 금융 위기가 강타하면서 이들 국가의 사회적·경제적 혼란을 방지하기 위해 세계은행이나 국제통화기금은 물론 주요 서구 선진국들까지 자금 지원에 나서야 했다. 일본도 상황이 아주 심각한 것은 아니지만 구조 조정에 따른 고통을 겪는 중이다. 미국으로서는 경쟁 대상국들을 따라잡을 여지가 생긴 셈이다.

두 번째 문제는 미국과 신흥 개발도상국(Newly Industrializing Countries, NICs) 사이에서 빚어지고 있다. 이제 미국의 최대 무역 적자국은 일본이 아니라 중국이다. 여기서 문제는 신흥 개발도상국들의 임금 수준이 미국의 임금 수준과 상당한 차이가 있다는 점이다. 이들 국가의 근로자 임금은 미국 근로자 임금의 4분의 1 이하인데, 이런 낮은 임금이 낮은 생산성을 반영한 결과라면 별 문제가 되지 않는다. 이 경우 우선 미국의 높은 임금이 높은 생산성을 통해 상쇄되는 데다, 신흥 개발도상국은 자본 설비 같은 자본재의 수입을 필요로 하는 만큼 선진국 제품 판매에 좋은 시장이 될 수밖에 없고, 또 실제로 그렇게 되곤 하기 때문이다.

하지만 신흥 개발도상국의 이런 낮은 임금은 부분적으로 생산성 차이에서 비롯될지 몰라도, 그 상당 부분은 기업들의 (反노동조합적) 임금 억제 정책과 자국 통화 가치를 인위적으로 낮추고자 하는 정부의 외환 정책에 기인하고 있다. 그런데 이런 저임금 노동자들이 거의 미국 수준에 근접한 첨단 산업 장비 및 기술과 결합되어 있으니 이는 미국으로서는 도저히 당해 낼 수 없는 조합이다.

그래서 블레커는 미국에 다른 전략을 제시한다. 즉 신흥 개발도상국들이 임금 수준을 생산성에 맞는 적정한 수준으로 높이도록 하고, 통화 가치를 인위적으로 낮추는 외환 정책을 완화하도록 촉진하자는 것이다. 이렇게 해도 신흥 개발도상국들은 여전히 많은 수출 품목에서 가격 경쟁력을 유지하겠지만, 대단히 효율적인 미국 기업들마저 경쟁을 포기할 정도의 커다란 격차는 사라질 것이라는 이유에서이다.

마지막으로 세 번째 문제는 몇몇 저개발 국가의 엄청난 대외 채무 부담과 관련 있는데, 어느 정도는 두 번째 문제와도 겹치는 부분이다. 이와 관련해서 전 세계의 관심은 1980년대에는 남미 국가에 집중되었는데, 1990년대에는 아프리카가 그 대상이 되고 있다. 이들 중 많은 나라가 어렵게 수출해서 벌어들인 외화의 대부분을 미국 생산업자들의 수출품을 사기보다는 대외 채무에 대한 이자 지불에 투입해야만 하는 형편인 탓이다. 물론 남미 국가들은 채권자들에게 이자 및 원리금을 모두 청산하고 1980년대에 다시 자본 순수출국이 되기는 했다.

하지만 많은 경제학자가 동의하는 바와 같이 현재 필요한 것은 채무국과 채권국 모두를 곤란하게 만들고 있는 채무 부담 완화이다. 남미 국가들은 민영화와 더 효율적인 조세 징수 정책의 시행과 더불어 선진국들의 이와 같은 채무 부담 완화 덕분에 1990년대의 위기에서 헤쳐 나올 수 있었다. 똑같은 조치가 최소한 몇몇 아프리카 국가들에게도 적용된다면 2000년대의 아프리카 상황은 훨씬 나아질 것이다.

이와 같은 제안이 실행에 옮겨지기는 어렵다. 하지만 앞에서 설명한 바와 같이 어렵다는 것이 불가능하다는 것을 뜻하지는 않는다. 저개발 국가에 채무 부담 완화를 통해 미국의 국제적 지위 회복이 쉽지 않다고는 하지만 그렇다고 전혀 불가능한 것도 아님을 알 수 있다. 또 그 과정에서 현재의 많은 문제가, 즉 생산성 증가를 촉진하는 프로젝트를 도외시하고, 공공 기관의 필요성을 무시하고, 회수 가능성에 대한 실질적인 고려 없이 부주의하게 외국에 대출해 주는 등 과거 시행된 미국의 근시안적 정책에서 비롯됐다는 사실을 직시하게 될 것이다. 미국이 현재와 같은 무역 불균형 문제에 직면한 것은 상당 부분 그 책임이 미국에 있다. 이렇게 인식한다고 해서 당면한 문제가 쉽게 풀리는 것은 아니지만, 최소한 미국이 현재 겪는 어려움의 책임이 상당 부분 미국 스스로에게 있다는 사실을 일깨워 줄 것이다. 미국의 문제는 국제 경쟁에서 부당하게 행동하는 외국 때문에 빚어진 것이 아니라는 점을 인식해야 한다. 이것이야말로 미국이 세계의 미래 건설에 진지하게 참여하고자 할 때 도움이 되는 태도이다.

19

자본주의라는
미완의 혁명

어느덧 이 책도 마지막 장에 이르렀다. 하지만 책을 쓰게 된 목적에는 아직 이르지 못한 상태이다. 이 책은 독자들을 경제학자로 만들기 위해 쓴 것이 아니다. 이 책의 목적은 그보다는 훨씬 더 실질적이다. 즉 일반 독자들이 경제 문제를 더 쉽게 이해할 수 있도록 하자는 것이다. 그러기 위해서 이 책에서는 '경제'라는 신비스러운 분야가 요동치고 있다는 소식을 접할 때마다 우리 입에서 탄식처럼 흘러나오는 "도대체 뭐가 어떻게 돌아가고 있다는 거야?"라는 질문에 답하고자 노력했다. 그것도 일반 독자를 혼란스럽게 만들 수 있는 학술 용어나 전문 용어를 가능한 한 배제하면서 말이다.

그 답을 찾기 위해 이 책에서는 두 가지 방식으로 접근했다. 그 중 하나는 경제를 하나하나 분해함으로써 거기에 덧씌워진 신비를 벗겨내는 방식인데, 예를 들어 경제에는 얼마나 생산할 것인지를 결정하는 거시 경제 시스템과 생산량을 누구에게 어느 정도로 분배할 것인지를 결정하는 미시 경제 시스템이 있다는 설명이 여기에 해당될 것이다. 또 흔히 잘못 이해하고 있는 국가 채무나 재정 적자 문제까지 포함해 경제 부문에서 정부가 하는 역할을 이해하게 함으로써 경제가 어떻게 돌아가는지를 설명한 것, 통화가 어떻게 작용하는지를 설명한 것 역시 모두 같은 맥락에서 이루어진 일이다. 심지어 경제와 관련된 여러 가지 사실을 사람의 키에 비유해 가며 지금까지 제기된 문제 및 그 해결책과 연동해 설명하기도 했는데, 이는 모두 조금이라도 더 생생하게 경제 문제를 인식할 수 있도록 하기 위해서였다.

하지만 생각해 보면 또 다른 질문이 있는데, 여기에 대해서는 경제를 탈(脫)신비화하기 위해 이렇듯 노력했는데도 별다른 성과를 거두지 못했다. 이 질문은 결국 긴 안목으로 볼 때 우리 경제에 어떤 가능성이 있으며, 그 전망은 무엇이냐에 하는 것이다. 앞으로 몇 년 뒤가 아니라 적어도 몇 십 년 뒤라는 먼 미래의 문제를 질문한 것이다. 이와 같은 대담한 문제 제기를 통해 현실적인 접근 방식으로는 확보하기 어려운 관점, 즉 현재의 상황을 만들어 내고, 미래를 결정할 특별한 사회적 동인이 무엇인지를 파악하고자 하는 역사적 관점에 입각해 사회를 바라볼 수 있게 된다.

자본주의라는 혁명

그 시작은 자본주의가 혁명적인 제도라는 인식에서 비롯한다. 자본주의가 프랑스 혁명이나 러시아 혁명처럼 정치 체제의 전복(顚覆)을 꾀

한다는 의미가 아니다. 자본주의는 오히려 기존의 모든 사회적, 정치적 질서가 그랬듯이 보수적인 색채를 띠어 왔다. 그러나 이것이 자본주의가 모든 변화에 반대한다는 뜻도 아니다. 민주적인 정부 형태와 밀접한 관계가 있는 자본주의는 그보다 오래된 사회 체제나 공식적으로 선언된 유일한 신조에서 조금이라도 벗어나는 것을 허용치 않는 사회주의보다도 훨씬 더 정치적, 사회적, 제도적 변화에 너그러웠기 때문이다. 실제로 여전히 존속하고 있는 자본주의와는 달리 소련이 붕괴한 주된 원인은 변화하는 현실에 적응하지 않으려 한 데에 있다.

그렇다면 도대체 자본주의의 어떤 면이 혁명적이라는 걸까? 이는 자본주의 체제의 본질이 변화의 창출이라는 데에 있다. 자본주의는 결국 끊임없이 창출되는 변화를 통해 정치, 경제, 사회의 모든 면에서 변혁을 불러일으키는 것이다. 이런 사회 제도는 이제까지 없었다. 이집트 왕조는 믿기지 않을 정도로 거대한 건축물을 쌓아 올렸고, 그리스는 비길 데 없이 탁월한 예술과 문학을 낳았고, 로마는 우리가 익히 알고 있듯이 근 6세기에 걸쳐 전 세계를 실질적으로 지배했다. 하지만 이 중에서 불과 250년 전에 태동한 자본주의만큼 끊임없이 일상생활에, 사회적·정치적 의식에, 역사의 발전을 견인해 나가는 인간의 능력에 혁명적 변화를 일으킨 체제는 없었다.

자본주의 혁명은 통치하고 사색하는 가운데 생겨난 것이 아니라 생산하고 활동하는 가운데 생겨난 것인 만큼 비정치적이라 할 수 있다. 그런데도 자본주의로 인해 빚어진 변화로 말미암아 정치 부문에서도 지대한 변화가 일어났다. 이는 라디오나 텔레비전이 선거권자와 그 대표자면서 정치 지도자인 사람들 사이의 관계에 미친 영향, 한 나라의 농민들이 공장 노동자나 상점 직원으로 전환되면서 벌어진 놀랄 만한 사회적 변화, 혹은 1830년대에는 마차로 1870년대에는 기차로 1920년대에는 자동차로 1960년대에는 비행기로 돌아다니면서 활동 범위가 확대된 사람들의 인식을 통해 확인할 수 있다. 이와 같은 변화는 자본주의 체제에서 예외적인 것이 아니라 일반적인 것이다. 그에 따라 우리의 생활 구조는 급변하게 되었는데, 이는 저 옛날의 이집트 인이나 그리스 인, 로마 인들로서는 상상조차 할 수 없는 것이었고, 현재의 그리스 인이나 이탈리아 인들이라 하더라도 18세기 무렵 자본주의 경제 체제가 자리 잡기 이전까지는 겪어 보지 못한 것이었다.

자본주의는 이렇듯 세상에 혁명적 변화를 가져왔다. 하지만 이는 의도한 바가 아니었다. 자본주의가 가져온 이 모든 변화는 단지 사회적으로 가장 중요한 계층, 즉 '자본'을 소유하고 통제하는 사람들이 자본을 이윤 창출에 활용하고자 한 데에서 비롯된 것에 불과하기 때문이다. 따라서 이윤 창출, 아니 더 정확하게 말해 이윤 추구야말로 자본주의 혁명의 엔진이었다. 또 자본주의가 그 작동 과정에서 세상을 바꾸게 된 것은 자본주의에 내재한 강력한 역동성의 결과이지, 절대로 그 목적이 아니었다. 결론적으로 자본주의는 혁명적일 뿐 아니라 우리 시대에도 여전히 최고의 맹위를 떨치고 있는 혁명 중 하나이다. 이것이 경제가 어떻게 돌아가는지 제대로 파악하기 위해서 반드시 지녀야 할 관점이다.

자본주의의 역동성

과거를 돌이켜 봄으로써 현재 진행 중인 혁명의 결과를 예측할 수 있을까? 여기에 대한 대답은 부정적이다. 하지만 과거에 있었던 격변과 유사점은 파악할 수 있다. 그 유사점을 통해 앞으로 닥쳐올 난관을 미리 경계하고, 난관으로 인해 빚어질 악영향을 최소화하는 데 집중할 수는 있을 것이다. 또 예전의 격변과 마찬가지로 현재의 혁명도 '꺼지지' 않을 것임을 명확히 알게 될 것이다. 혁명은 좋은 결과를 낳을 수도 있고 나쁜 결과로 끝날 수도 있다. 혼란으로 이끌 수도 있고 발전으로 이어질 수도 있다. 하지만 어쨌거나 멈추지는 않을 것이다.

앞으로 정치적, 사회적 반향을 불러일으킬 정도로 새로운 경제적 기회를 창출할 제품이나 공정의 발명 내지는 개발 같은 거대한 변혁이 언제 어디서 시작되었는지를 알아 낼 수만 있다면 자본주의의 역동성을 파악하는 데 도움이 될 것이다. 그런데 이 같은 혁명적 변화의 단초 중에서 여섯 가지 정도는 쉽게 기억해 낼 수 있다.

우선 새로 개발된 분업(分業)은 애덤 스미스가 통찰했듯이 산출량 증대와 그에 따른 이윤 향상에서 전례 없이 강력한 수단이었다. 그러나 작업자에게 냉혹할 정도로 같은 작업만 반복시킴으로써 창의성이 둔해지게 만들었다는 우려가 뒤따르는 것도 사실이다. 이어서 증기 엔진의 발명으로 비용을 적게 들이고도 광산에서 물을 뽑아 낼 수 있게 되었다. 그 결과 석탄이 표면에 드러나 채광이 쉬워지면서 석탄 공급이 증대되었고, 이것이 곧 산업 혁명으로 이어졌다. 이후 도래한 전기 혁명은 생산적인 측면을 제외하고도 세계를 밝혀 주는 역할을 해 냈고,

그에 따라 이른바 '밤 생활'이라 불리는 새로운 사회적 시간대가 창출되었다. 뒤이어 내연 기관의 발명에 힘입어 자동차가 개발되면서 모든 것이 바뀌었고, 그로부터 얼마 지나지 않아서는 천사나 모험가의 전유물로만 여겨졌던 비행이라는 엄청난 모험이 가능해지면서 제2차 세계 대전 이후 등장한 새로운 산업 중에서 가장 거대한 산업이라는 관광업의 기초가 마련되었다.

그렇다면 우리 시대는 어떨까? 혁명은 턱없이 덩치가 큰 컴퓨터에서 잉태되었으나 정작 그 완성은 자그마한 실리콘 칩의 개발을 통해 이루어졌다. 실리콘 칩 덕분에 통신 능력이 문자 그대로 폭발적으로 증대되면서 세계 어디엔가 있는 자기 자리에서 세계 어디엔가 있는 생산 기지를 감독하고 경영하는 것이 가능해졌다. 흔히 미국 대륙은 철도가 없었으면 그토록 빨리 통일되기 어려웠을 것이라고 한다. 또 증기나 전력이 없었다면 현대식 도시가 형성되기 어려웠을 것이라고 한다. 마찬가지로 실리콘 칩이 없었다면 세계화도 이루어지기 어려웠을 것이다.

이렇듯 기술에 바탕을 둔 혁명은 처음부터 기업의 구조나 자본을 모으는 방식에 영향을 미쳤다. 자본(capital)은 '부(wealth)'가 아니다. 부라는 것은 고색창연한 거대한 성과 같이 힘과 위엄을 나타내는 물리적 실체인 데 비해, 자본은 부를 증대하기 위해 현재의 '부'를 활용하는 것을 의미하기 때문이다. 마치 성채를 부동산으로 활용하는 것처럼 말이다. 따라서 새 공장이나 새 건물은 본래 의미에서 볼 때 부가 아니다. 단지 부가 상품 형태로 거래되는 흐름 속에서, 다시 말해 비용보다 높은 가격으로 판매되어 이윤을 남기기를 기대하고, 그렇게 벌어들인 돈으로 다시 같은 종류 내지는 다른 종류의 상품에 재투자한 다음 또다시 이윤을 남기고 팔기를 기대하는 과정이 끝없이 반복되는 속에서 연결 역할을 할 뿐이다.

자본주의 세계에서는 이렇듯 모든 것을 끝없이 확장하는 데 활용한다. 석탄의 경우든 비단의 경우든 사정은 다르지 않다. 요컨대 발명은 자본 축적 과정에서 반드시 필요한 것이 아니다. 발명은 다만 새로운 제품이나 공정을 통해 자본 축적 과정을 촉진하는 특별한 추진력이될 뿐이다. 과거 새로운 상품이 기존 상품을 몰아 낸 것처럼 말이다.

생산에서 투기로

경기 부양 효과가 특정 국가나 특정 집단에 속한 국가에만 머물지 않고 전 세계로 퍼져 나가는 혁명적 변화가 한창이다. 그리고 이를 선도하는 것은 이미 다 알고 있겠지만, 컴퓨터의 제도적 산물이라 할 수 있는 다국적 기업이다.

거기서 파급된 최초의 효과는 1980년대에만 네 배나 늘어난 선진국들 사이의 투자 증대이다. 도요타가 그 대표적 사례라 할 수 있다. 도요타는 일본 기업으로 남아 있지만, 도요타가 만들어 낸 자동차는 그 취향이나 용도 면에서 볼 때 미국산으로 간주해야 한다. 또 미국이나 유럽의 주요 기업 중에서 자사 제품을 다른 나라에서 만들어 오지 않거나, 자국 시장에서 판매하는 제품의 일부를 다른 나라에서 조달해 오지 않는 곳은 실질적으로 없다.

하지만 더 의미심장한 것은 선진국과 후진국 사이의 관계이다. 과거에는 기술 변화에 따른 결과가 상당 기간 동안 주로 기술 변화를 이루어 낸 국가에게만 돌아갔다. 예를 들어 산업 혁명을 비롯한 전기 혁명, 자동차 혁명, 항공 혁명 등이 개발도상국에까지 영향을 미치는 데에는 수십 년이 걸렸다. 그러나 현재의 컴퓨터 혁명으로 말미암아 자본은 고도의 경영 기술과 저임금 노동이 쉽게 결합할 수 있는 곳이라면 어디든 이동할 수 있게 되었고, 그에 따라 과거 같으면 거의 눈길조차 주지 않았던 후진국까지도 이제는 아웃소싱과 직접 투자의 대상이 되고 있다. 중국과 더불어 베트남, 태국, 스리랑카, 필리핀, 인도네시아 같은 경우 현재 진행되는 자본주의 혁명의 대열에 참여하고 있다. 또 대만, 한국, 인도 및 남미 국가 일부는 완전히 합류한 상태이다. 이런 변화는 확실히 다국적 기업의 이익이나 이들 나라 경제에는 도움이 되겠지만 미국이나 유럽 노동자들에게는 그렇지 않다. 미국이나 유럽은 고용주가 자국의 신기술을 최대한 활용하기 위해 고용 인원을 줄이거나 자동화하면서 임금 수준이 정체되거나 떨어지는가 하면, 심지어 고용 자체마저 위협받고 있기 때문이다.

이제 지금까지 논의한 적은 없으나 실질적으로 자본주의 역사 전체에 걸쳐 드러나는 양상을 살펴보자. 자본주의 혁명의 물결은 먼저 새로운 산업에 밀어닥치고, 이어서 서로 연결되어 있는 경제적 관계에 따라 다른 산업을 거쳐 집 부근의 구멍가게에까지 퍼진다. 하지만 이와 같은 과정의 첫 단계는 몇 년 안에 지배적인 이해 관계자의 영역이라는 또 다른 차원으로 이어지게 되는데, 이것이 바로 화폐 자본의 주식 시장으로의 이동 또는 유입이다. 결국 자본주의 혁명은 예외 없이 공장에서 시작해서 주식 거래로 옮아간다고 할 수 있다.

그런데 이 과정에서 새로운 문제가 대두되었다. 생산 부문의 호황에 뒤따른 금융 부문 호황은 서서히 확대가 이루어지는 생산 부문과는 달리 대단히 기복이 심한 듯 보인다는 점이다. 금융 시장은 정말 놀라울 정도로 갑작스럽게 급등했다가는 급락하곤 하는데, 이는 금융 시장 자체가 실제 시장의 확보 여부보다는 주로 미래 가치의 예측에 좌우되기 때문이다. 그러므로 금융 부문에서는 판매가 점진적으로 증대되어 안정기를 맞이했다가 서서히 떨어지는 식으로 진행되지 않는다. 1920년대의 금융 호황이 1929년 금융 공황으로 끝난 데에서 알 수 있듯이 어느 날 갑자기 극적으로 하늘 높이까지 치솟았다가 땅바닥까지 추락하곤 하는 것이다.

따라서 현재의 금융 호황의 결과가 어떨지는 그 누구도 알 수 없지만, 몇 가지 경계해야 할 사항은 있다. 아시아는 금융 위기에서 벗어났다고는 하나 아직 완전히 회복된 상태는 아니다. 최근 역사를 돌이켜 볼 때 미국 역시 1987년에 주식 시장의 주가가 하룻밤 사이에 다우존스 (산업 평균) 지수 기준으로 2700에서 1500으로 떨어진 바 있다. 또 당시 유럽 시장도 미국 증시와 동반해 급격히 하락한 적이 있다. 그 이래 다우존스 지수는 계속 상승해 1997년에 최고 7000에 이르렀는데, 이는 주식 시장에서 교환되는 기업의 자산 가치가 10년 전에 비해 네 배 이상 높아졌다는 말이나 다를 바 없었다. 그러다가 1997년 10월 27일 다우존스 지수가 554포인트나 떨어졌는데, 이는 역사상 최대의 지수 하락이었을 뿐 아니라 실질적으로 전 세계 모든 자본주의 국가의 주가를 서의 비슷하거나 너 심한 징도로 가파르게 떨어지게 만들면서, 단 하루 사이의 금융 손실로는 세계 최대로 꼽히게 되었다.

혹 이와 같은 금융 위기가 1929년 주식 시장의 붕괴로 말미암아 빚어진 대공황과 유사한 심각한 불황의 전조는 아닐까? 그럴 가능성은 거의 없을 것 같다. 전 세계 모든 나라 정부가 이전과 같은 가공할 만한 잘못을 저질러서는 안 된다는 것을 배운 바 있기 때문이다. 은행이 도산되는 일까지 벌어지던 대공황 당시의 사진을 보면 많은 사람이 자신의 계좌에서 돈을 인출하기 위해 은행 앞에서 길게 줄 서 있는 모습을 볼 수 있다. 하지만 이들의 모든 노력은 허사로 돌아갔다. 당시까지만 해도 정부가 은행의 유동성을 보장해 줄 경우 '인플레이션'이 초래될 것이라고 믿어 의심치 않은 탓이었다.

그렇다면 금융 위기는 경고일까? 맞다, 경고이다. 도대체 무엇에 대한 경고일까? 자본주의의 특징이 실질 성장과 투기 붐의 순환에 있으므로 지속적으로 대처하지 않으면 안 된다는 경고이자, 역사적으로 볼 때 자본주의는 비틀거리며 앞으로 나아가다가도 무언가에 걸려 뒤로 자빠지곤 하면서 진행된다는 사실에 대한 경고이다. 금융 위기가 경고하는 바는 이것 말고도 하나 더 있는데, 이제 그곳으로 눈을 돌려보자.

외환 시장과 외환 투기

기술 혁명과 그에 뒤따른 금융 투기가 두 세기에 걸쳐 진행되면서 새롭지만 극도로 불안정한 사태가 빚어졌다. 이미 짐작했을 수도 있지만 이는 오늘날의 세계화를 가져온 기술에 의해 조성된 거대 외환 시장과 관련되어 있다. 외환 시장을 이해하기 위해서는 먼저 고정 환율제와 변동 환율제의 차이를 알아야 한다. 고정 환율제라고 해서 강대국들이 세계 각국의 통화가 교환되는 가치를 정해 놓았다는 뜻은 아니다. 이런 초국가적인 법적 권한은 그 어떤 나라도 가질 수 없다. 고정 환율제는 그보다는 특정 통화를 전 세계 통화의 중심축, 즉 기축(機軸)으로 받아들이는 것이라 할 수 있다. 이 경우 대개는 정치적 패권을 가진 나라의 통화가 그 역할을 맡게 되는데, 19세기 후반 영국의 파운드나 제2차 세계 대전 이후 미국의 달러가 그 예라 할 것이다. 당시의 고정 환율 체제에서는 이들 통화가 기축 통화(key currency)였기 때문이다.

하지만 파운드가 기축 통화라 해서 이미 사라진 저 옛날의 금 본위제처럼 1파운드에 얼마만큼의 금이 함유되어야 한다고 공포하는 식으로, 1파운드가 달러로 얼마에 해당된다고 영국 정부가 법으로 규정했다는 의미는 아니다. 고정 환율제의 경우 단지 정치적 패권을 가진 국가와 그 무역 상대국들 사이에서 기축 통화가 다른 통화와 교환되는 가치를 '방어'하기 위해 이용 가능한 모든 법적인 권한을 행사하겠다는 합의가 이루어졌음을 나타낼 뿐이다. 예를 들어 1파운드가 5달러라고 했는데, 누군가가 파운드나 달러 중 어느 한쪽의 통화를 집중적으로 사들이거나 파는 상황이 벌어졌다고 하자. 이 경우 일정 범위 안에서는 그냥 지켜보지만, 범위를 벗어날 정도가 되면 관련된 국가의 정부가 직접 나서서 통화 가치를 방어하겠다는 것이다.

이 같은 선언은 그 자체만으로도 통화 안정을 가져온다. 세계의 패권 국가와 그 협력국들이 환율을 '정상적'으로 만들기 위해 각국이 보유한 막대한 통화를 활용할 것임을 이미 알고 있는 상태에서 투기꾼을 비롯한 외환 시장 참가자들이 그리 쉽게 정상 범위를 벗어난 가격에 외환을 사고팔 수는 없기 때문이다. 미국의 달러가 제2차 세계 대전 이후 거의 25년 동안 기축 통화로서의 역할을 성공적으로 수행할 수 있었던 것도 모두 그 덕분이지만, 지금은 세계 경제의 변화로 말미암아 기축 통화로서 달러의 역할은 없어진 상태이다.

이와 달리 변동 환율제에서는 고정 환율제처럼 정치적 패권을 가진 국가도 없고, 일정 범위 안에서 통화 가치를 유지하고자 하는, 아니 최소한 유지하기 위해 노력하고자 하는 관련국들 사이의 합의도 없다. 따라서 변동 환율제에서는 달러나 파운드, 프랑, 엔의 가치가 상호 연결된 거대한 외환 시장에서 결정된다. 외환 수요자 및 공급자들은 외환 시장에서 각국 통화를 별다른 제약 없이 원하는 가격에 사고팔 수 있는데, 개중에는 실물 거래를 목적으로 외환을 필요로 하는 경우도 있고, 투기를 목적으로 외환을 필요로 하는 경우도 있다.

외환 시장의 경우 1980년대에 미국이 통화 패권을 포기하자 바로 투기가 벌어졌다. 통화 가치의 급등락이 나타난 것이다. 미국 달러는 1980년부터 1985년까지 64퍼센트 상승했다가 다시 예전 수준으로 돌아갔다. 또 일본 엔은 엄청난 폭으로 오르내렸고, 이탈리아 리라는 (적어도 한 차례 이상) 붕괴되다시피 했고, '안정적이던' 독일의 마르크마저 종종 공격의 대상이 되곤 했는데, 이는 많은 경제학자와 중앙은행 관계자들을 놀라게 했다.

당초 경제학자들과 중앙은행 관계자들은 변동 환율제로 말미암아 외환 문제에 지식이 풍부한 외환 거래자들이 대거 참여하면 외환 시장이 그다지 큰 기복을 보이지 않고 원활하게 흘러갈 것이라고 생각했다. 적어도 경제 여건이 달라졌다는 경고에도 불구하고 환율 조정을 머뭇거리는 관료주의적 정부보다는 더 나으리라 기대한 것이다. 하지만 결과적으로 외환 시장은 통화 가치의 급등락에 따른 단기 차익을 최대화하기 위해 몰려든 외환 투기꾼들이 지배하게 되었다. 중앙은행들로서는 외환 시장을 안정시키고 질서를 바로잡을 방법이 없었다. 자본주의가 그동안 숱하게 겪었던 투기 드라마가 재연되면서 외환 시장의 거래액이 엄청난 규모로 커진 탓이었다. 경제 저널리스트인 그라이더(William Greider)는 이와 같은 중앙은행 권력의 붕괴를 《세계는 하나가 될 수 있는가(One World, Ready or Not)》를 통해 생생하게 묘사한 바 있다. 그에 따르면 1983년에 미국, 독일, 일본, 영국, 스위스의 중앙은행 외환 보유고는 1390억 달러에 달했다. 당시 외환 시장의 일일 평균 거래액이 390억 달러라는 점을 감안하면 중앙은행들이 외환 투기꾼보다 3 대 1 이상의 비율로 우세한 위치에 있었던 것이다. 하지만 1992년에는 상황이 역전되었다. 주요 중앙은행의 외환 보유고가 2780억 달러로 외환 시장의 일일 평균 거래액 6230억 달러에 미치지 못하게 되면서 이제 외환 시장의 거래자들이 2 대 1의 비율로 우세하게 된 것이다. 이런 상황은 이후로도 계속되어 외환 시장의 거래액은 급기야 이미 언급한 대로 하루 1조 3000억 달러까지 상승하게 되었다.

슬프지만 이는 투기 마인드에 사로잡힌 부유층에게도 별로 유리한 전개가 아니었다. 예를 들어 1994년의 경우 P&G는 1억 3700만 달러, 독일의 메탈게젤샤프트는 10억 달러, 영국의 글락소는 1억 6000만 달러, 캘리포니아 주의 지자체 오렌지카운티는 17억 달러, 말레이

시아의 중앙은행인 메가라 은행은 40억 달러의 손실을 입었다. 심지어 수십억 달러의 재산을 모아 국제 투기꾼 중에서 가장 성공한 인물로 꼽히는 소로스(George Soros)마저 1994년 초 하룻밤 사이에 6억 달러의 손해를 보았다. 그렇다면 1997년의 금융 위기로는 누가 얼마를 손해 보았을까? 이런 상황에서는 아무도 알 수 없을 것이다.

이 때문에 고정 환율제로 돌아가야 한다는 목소리가 높아지고 있다. 조지 소로스 역시 현재와 같은 상황이 계속되면 세계가 분열될 것이라고 경고할 정도이다.

가능성

고정 환율제가 변동 환율제로 대치되면서 한때 상당히 안정적으로 운용되던 외환 시장이 새로운 태풍의 진원지가 되었다는 사실은 거의 의심할 여지가 없다. 그렇다면 여기에 어떤 조치를 취해야 할까? 이것이 바로 첫 번째로 제기되는 질문이다.

여기에 대한 대답이 긍정적일 수도 있고 부정적일 수도 있다는 데에는 이제 아무도 놀라지 않을 것이다. 예를 들어 노벨 경제학상 수상자인 토빈(James Tobin) 교수는 외환을 투기 목적으로 구입할 경우 세금을 매기자는 제안을 했다. 그렇게 하면 분명 투기 목적의 거래 횟수를 줄일 수 있고, 그에 따라 투기 진폭이 꺾이거나 투기 행위가 외면받게 된다. 하지만 문제는 반드시 그렇게 되지 않을 수도 있다는 것이다. 한 예로 투기 억제를 위해 부과되는 세금은 한 나라에서만 시행될 경우에는 단순히 세금 부담이 없는 곳으로 옮기기만 하면 그만이므로 실효성이 없다. 설령 전 세계 주요 국가들이 세금 부과에 동의한다고 해도 세금을 피하고자 하는 사람들이 이용 가능한 뒷골목 시장이 생길 것은 거의 틀림없다. 투기 목적의 외환 거래에 세금 부과를 반대하기 위해서 이렇게 반론을 제기하는 것이 아니다. 단지 모든 나라의 의견이 일치하기가 어려운 상황에서 이를 실천에 옮기는 것이 쉽지 않다는 사실을 일깨우기 위해서일 뿐이다.

게다가 외환 투기에 세금 부과를 하기 어려운 또 다른 이유도 있다. 예를 들어 미국 달러의 가치가 지금은 떨어지고 있지만 조만간 하락세가 멈추고 반등하게 될 것이라고 예상한 투기꾼이 미국 달러를 사들이기로 결정했다고 하자. 이 경우 미국 달러를 구입하도록 놔두면 달러 반등 예상이 실현되는 데 도움이 된다. 하지만 여기에 세금이 부과되면 투기꾼 입장에서는 달러 반등 예상이 실현된다 해도 남는 게 없다. 결국 외환 투기를 방지하는 세금이 통화 가치를 안정시키는 게 아니라 오히려 악화시킨 셈이다.

그렇다면 이런 상황에서 무엇을 어떻게 해야 할까? 아무것도 하지 못한 채 있다가는 조만간 외환 위기에 봉착하게 될 가능성이 높다. 그렇게 되면 전 세계의 많은 기업은 수십 억 달러에 달하는 손해를 보게 된다. 또 자신의 투자 자금 중 일부가 외환 시장에 투자되고 있는지조차 모르는 상태에서 뮤추얼펀드에 가입한 소액 투자자들도 고통스러운 손실에 괴로워하게 된다.

자본주의 변혁의 재조명

1990년대에 미국은 눈부신 경제 성장을 이룩했다. 그럼에도 이 책을 경고로 마무리하고자 하는 이유가 어디에 있을까? 위기가 당면하고 있다고 알리기 위해서가 아니다. 단지 이번 장의 주제로 돌아가기 위해서 그러는 것일 뿐이다.

그렇다고 현재의 체제가 그 어떤 형태의 파국으로 치닫고 있다는 것이 이번 장의 주제는 아니다. 통제되지 않는 외환 시장을 보면 확실히 자본주의가 자멸적 행태를 보이고 있기는 하다. 하지만 '자멸'이 자본주의의 혁명성이라는 말에 내포된 의미의 전부는 아니다. 자본주의의 혁명성에는 두 가지 뜻이 있다. 첫째, 자본주의 체제에는 확장하고자 하는 에너지가 있다. 사회가 지속적으로 원만하게 작동하는 과정에서 예상치 않았고 바란 적도 없는데 이따금 위협적이기까지 한 결과가 초래되는 것은 바로 이 에너지 때문이다. 둘째, 자본주의 체제에는 이런 위협적인 변화에 대처할 능력이 있다. 제도를 변경하거나 보완함으로써 위협적 변화에 따른 부정적 파장을 완전히 제거하거나 상당 부분 줄여 낼 수 있는 것이다. 이렇듯 자본주의에는 그 밖의 다른 사회 체제, 특히 소련 같은 사회주의 체제와는 달리 스스로 문제를 바로잡아 나갈 수 있는 잠재력이 있다. 자본주의 자체의 특성상 문제가 지속될 수밖에 없다는 점을 감안하면 자본주의에 내재된 이 같은 자율 교정이라는 잠재력은 정말이지 필요한 능력이 아닐 수 없다.

역사는 확실히 확장하고자 하는 자본주의 체제의 에너지가 빚어 낸 사건들로 가득하다. 완강하게 저항하는 무산 계급을 창출해 낸 산업 혁명, 기업 간의 트러스트를 심화시킨 대량 생산, 1930년대까지 영향을 미친 대공황, 오늘날 세계 곳곳에서 무수히 골칫거리를 양산하고 있는 현재의 세계화 등이 모두 자본주의 자체의 역동성에서 기인한다. 앞으로도 이런 '혁명적인' 도전은 계속될 것이다. 생태계 전반에 걸쳐 영향을 미칠 수밖에 없는 지구 온난화 현상도 그 중 하나이다.

우리는 여기에 어떻게 대처했던가? 산업 혁명으로 말미암아 기본적인 노동 조건에 대한 정부 규제가 생겨났다. 또 기업 간 트러스트에는 반(反)트러스트 법으로 대처했고, 대공황에는 뉴딜 정책으로 대응했다. 이제 세계화와 생태계 파괴에는 어떻게 대처하게 될까? 상냥한 외계인으로부터 그 답을 구할 수 있을 것 같지는 않다. 결국 21세기의 지배적인 사회 경제학적 구조 속에서, 즉 자본주의 안에서 답을 찾지 않으면 안 된다.

마지막 한 마디

지금까지 나눈 이야기에는 우화적인 내용도 없지 않은 만큼 이제 적절하게 마무리를 해야 할 것 같다. 서구 국가 대부분에서는, 특히 미국에서는 정부를 향해 많은 비난이 가해지고 있다. 이런 비난은 충분히 근거가 있다. 정부가 관료적이고, 대처에 늑장을 부리고, 비효율적인 데다 심지어 문제를 악화시키는 경우마저 있기 때문이다. 하지만 정부는 고결한 덕과 미래에 대한 혜안, 그리고 감동적인 비전의 집합소가 아니다.

정부는 다른 곳에서는 구할 수 없는 것을 제공하는 유일한 수단이라

할 수 있다. 정부만이 외교와 안보, 법률과 질서, 공공재 공급은 물론이고, 민간 부문에서 파생된 부정적 결과에 대항할 수 있는 능력을 갖고 있기 때문이다. 물론 자본주의에는 해결되지 않은 문제가 너무 많고, 그런 만큼 정부의 이런 대응력이 언제나 효과를 발휘하는 것은 아니다. 하지만 정부 외에는 이 정도의 대응력마저도 발휘할 수가 없다.

한마디로 정부가 없다면 복잡한 사회 역시 존재할 수 없다. 또 정부가 사라지면 공공 부문 역시 더 이상 존재하지 못하게 된다. 이것이 자본주의 체제에서 공공 부문이 민간 부문만큼이나 중요한 한 축으로 받아들여지는 이유이다. 게다가 자본주의 체제에서 정부 기능은 국가 안보, 공공 자본, 법률 및 사법 정의의 제공에만 국한되지 않는다는 점을 잊지 말아야 한다. 정부는 나라가 균형을 잃었을 때에는 중심축 역할을 해야 하고, 조타 능력을 필요로 할 때는 조타수 역할을 해야 한다. 세계화 및 지구 온난화의 문제가 갈수록 심각해지는데, 그 해결을 위해서는 강력한 지도력이 있어야만 하는 만큼 앞으로도 이런 상황은 마찬가지일 것이다.

앞에서도 종종 그랬듯이 경제적인 분석은 이 정도까지이다. 결국 대규모 변화에 필요한 것은 자본주의의 혁명성에 대한 적응만이 아니다. 국민적 기질이라든가 지도자의 통찰과 같은 제도 밖의 존재들이 기여하는, 뭐라고 정의하기 어려운 것들도 필요하다. 그런 만큼 경제학을 이해할 필요는 있지만, 이는 바람직한 사회를 이룩하기 위해서가 아니라 경제학을 이해한 뒤에도 여전히 부딪치게 될 지극히 까다로운 문제들에 대처하기 위해서라는 충고로 이 책을 마무리하고자 한다.

찾아보기

지은이 로버트 하일브로너(Robert Heilbroner)는 하버드 대학교 재학 시절 케인스주의자에서 전후 미국 내의 대표적인 마르크스주의 경제학자로 변신한 스위지의 강의를 통해 경제학의 매력에 빠진 이래 슘페터 등 기라성 같은 학자들 밑에서 경제학을 공부했다. 경제학 부문에서 새뮤얼슨 이래 사상 최고의 베스트셀러 작가임에도 불구하고, 주류 경제학이 자본주의에 대한 관심과 인식은 없이 과학적 방법론에만 지나치게 매달리고 있다는 비판적 견해를 견지해 여러 가지 어려움을 겪었다.

레스터 서로(Lester Thurow)는 윌리엄스 칼리지에서 정치경제학을 공부했다. 로즈 장학생으로 옥스퍼드 대학교에서 철학 및 정치학, 경제학으로 석사 학위를, 하버드 대학교에서 경제학으로 박사 학위를 받았다. '제로섬 사회'를 주창해 미래학자로 대단한 명성을 날린 바 있으며, 하버드 대학교 경제학과 조교수를 거쳐 1968년 이후 MIT 경제경영학부 및 슬론 경영대학원의 교수로 재직하고 있다. 특히 급변하는 세계 경제 속에서 변화의 원동력을 진단하고 향후 움직임을 예측하는 능력이 뛰어난 것으로 정평이 나 있다.

옮긴이 조윤수는 성균관대학교 경제학과를 졸업하고, 외무고시에 합격하여 미국, 러시아, 독일, 싱가포르, 쿠웨이트 등에서 근무했다. 미국 로체스터 대학원에서 경제학 석사 및 박사 과정을 마쳤으며, 하버드 대학교 국제협상 과정을 수료했다. 외교통상부 부대변인을 거쳐 현재 터키 대사로 재직중이다. 저서로《세상 밖으로, 시간 속으로》,《동남아시아의선진복지국가싱가포르》(공저) 등이 있다.

한번은 경제 공부

2018년 7월 10일 개정판 1쇄 발행 | 2021년 3월 11일 개정판 2쇄 발행

지은이 로버트 하일브로너, 레스터 서로 | 옮긴이 조윤수
펴낸곳 부키(주) | 펴낸이 박윤우
등록일 2012년 9월 27일 | 등록번호 제312-2012-000045호
주소 03785 서울 서대문구 신촌로3길 15 산성빌딩 6층
전화 02) 325-0846 | 팩스 02) 3141-4066
홈페이지 www.bookie.co.kr | 이메일 webmaster@bookie.co.kr
제작대행 올인피앤비 bobys1@nate.com
ISBN 978 89 6051 640 3 03320

이 책은 2009년에 나온《경제학은 무엇을 말할 수 있고 무엇을 말할 수 없는가》의 개정판입니다.